# 혐오와 왜곡, 감정싸움 없이
# 한국사를 이야기하는 법

한국사를 이성적으로 논하고 싶은 당신을 위한 안내서

토론과 소통이 중요하다고는 하지만 우리 사회는 여전히 감정적이고 일방적인 경향이 강합니다. 역사 논쟁 또한 마찬가지입니다. 박근혜 정권 당시 국정교과서라는 거대한 사회적 논쟁이 있었지요. 대통령이 탄핵되는 사태까지 흘러가서인지 이후 그때처럼 격렬한 역사 논쟁이 벌어지지는 않았습니다.

하지만 따져보면 크고 작은 역사 논쟁들은 계속되어 왔습니다. 뉴라이트가 쓴《반일 종족주의》라는 책을 두고 갈등이 커지기도 했고, 일본군 '위안부' 활동의 지도자였던 윤미향 씨가 국회의원이 되면서 논란이 증폭되기도 했습니다. 김원봉과 홍범도를 두고 독립운동가인가 공산주의자인가 논쟁이 일기도 하고, 김원웅 광복회장의 친일파 비판 발언이 정쟁으로 비화하기도 했죠. 영화나 드라마를 둘러싼 논쟁도 있었고 제주 4·3 사건, 5·18 민주화운동 등 현대사의 굵직한 사건을 두고도 해묵은 갈등이 반복되기도 합니다.

문제는 역사 논쟁이 여전히 정치적이며 정쟁의 성격이 강하다는 점입니다. 내가 특정한 정당을 지지하면 특정한 사건을 비하해야 직성이 풀리고, 상대의 주장은 무조건 틀렸다거나 편향적이라고 몰아세우기 일쑤입니다.

왜 역사 이야기만 나오면 싸움부터 하는 것일까요? 어째서 갈등을 부추기고 누군가를 혐오하고 무작정 언쟁에서 이기려는 사람들이 대화를 주도하는 것일까요? 이런 행태를 바꿀 방법, 보다 더 나은, 생산적인 대화를 나눌 길은 없을까요?

그보다 본질적인 문제가 있습니다. 우리에게 역사란 여전히 암기하고 시험을 봐야 하는 딱딱한 교과목에 불과합니다. 초등학생부터 성인이 될 때까지 역사는 매번 외워야 하고, 외운 것이 맞는지 틀렸는지를 확인해야만 하는 과목이지요. 누가 더 잘 외우고 있는가가 누가 더 잘 알고 있는가의 척도가 됩니다. 그렇다 보니 질문을 하는 경우가 거의 없습니다. 역사 공부가 중요하다는 데에는 모두가 공감하고, 또한 공부라는 것이 암기를 벗어나 인사이트를 주는 창의적인 도구가 되어야 한다고 생각함에도 불구하고 우리는 여전히 과거에서 멀지 않은 자리에 있을 뿐입니다. 적극적으로 질문하고, 과감하게 해석하고, 또한 열린 마음으로 다른 주장에 대해 숙고하며, 받아들일 것은 받아들이고, 설득할 것에 대해서는 탄탄한 근거를 마련해 설득하는 문화가 도무지 만들어지지 않는 것입니다. 아마도 이러한 근본적인 문제들 때문에 불필요하고 소모적인 역사 논쟁이 매번 사회 이슈가 되는 듯합니다.

자, 어떻게 해야 할까요? 이 책은 두 가지 모험을 감행했습니다. 첫째, 거꾸로 가보자. 세간을 떠들썩하게 하는 논쟁적 이슈의 본질을 파헤쳐 역사적 진실과 바람직한 해석에 도달하고자 했습니다. 현상을 통해 본질에 접근하려고 한 것입니다.

둘째, 대화체로 써보자. 이 책에는 여러 사람이 등장합니다. 지식이 부족한 대학생, 감정적인 후배, 보수적인 학자, 고지식한 아버지, 편견이 있는 동생 등등. 모두 우리 주변에서 쉽게 만날 수 있는, 어쩌면 나 자신일 수 있는 사람들입니다. 이들이 모여 다양한 주제로 대화하며 그 안에서 대답을 찾아갈 수 있도록 했습니다.

역사학은 사실에 기초한 학문입니다. 즉, 역사적 증거를 바탕으로 이야기를 만드는 학문이지요. 또한 역사학은 해석하는 학문입니다. 철학적이고 논리적이어야 합니다. 모든 역사책은 사실에 근거하되 고유의 주관이 있습니다. 이 책을 읽다 보면 오늘 우리가 심각하게 생각하는 여러 역사 논쟁이 어떤 맥락을 가지고 있는지, 어떤 것이 진실에 근거하고 있는지, 어떤 주장이 더 논리적이고 합리적인지 구분할 수 있을 것입니다.

모든 역사책이 그렇듯, 이 책 역시 완전한 진리를 담고 있지는 않습니다. 하지만 한국 사회가 쌓아온 학문적 수준과 현대인이 만들어온 이성적인 세계관, 그리고 이것이 감정싸움과 혐오, 반복되는 고질적인 역사 논쟁을 어떻게 해결하고 치유할 수 있는지에 대한 중요한 방향을 제시하고 있습니다. 무엇보다 우리가 매번 써먹는 그 뻔하고 유치한, 공격적이며 감정적인 수준의 역사 인식에서 벗어날 수 있게 함은 분명합니다. 이 책을 통해 좀 더 나은 역사 논쟁을 벌이는 우리가 되기를 기대합니다. 불편하다고 피하지 말고 더 많은 토론과 대화가 이어져서 다양한 역사 지식이 세상에 소통되고 사회를 변화시키기를, 그래서 역사의 질적 진보가 있기를 간절히 소망합니다.

6년 전 격렬한 역사 논쟁이 벌어질 때 쓴 책이 새로운 이름을 달고 개정판으로 나오게 되니 감개무량합니다. 든든하게 후원해주고 좋은 책을 만들어준 휴머니스트 출판사에 진심으로 감사를 전합니다. 특히 이 책의 초판을 처음 만들어준 최윤영 님과 개정판 작업을 함께한 이여경 님과 편집진에게 감사드립니다.

언제나 인생의 지도자가 되어주신 나의 하나님, 그리고 사랑하는 나의 아내와 아이들을 그리며.

2023년 3월

심용환

차례

# 첫 번째 대화

수요집회에 자주 참여하지만
일본군 '위안부' 문제를 깊이 모르는
대학생 제자와 함께

# 일본군 ‘위안부’, 돌아오지 못한 여성들

**심 선생** 열정 넘치는 역사 연구가. 역사 왜곡에 맞서 치열한 논쟁을 벌이기도 한다. 더불어 소통과 상생의 대화를 통해 새로운 역사 대화 문화를 만들고자 노력하고 있다.

**윤 제자** 대학에서 정치외교학을 공부하는 학생. 수요집회에 자주 나갈 정도로 사회 문제와 역사에 관심이 많지만, 지식과 내공은 부족하다.

**일제는 식민지 조선 여성들을 조직적으로 강제 동원해 일본군의 성노예로 만들었다. 일본군 '위안부' 문제는 한국과 일본 간의 첨예한 민족 문제다. 또한 아시아 10여 개국의 여성들이 함께 겪은 인권 문제이자 여성 문제다. 일본군 '위안부' 문제는 복잡하고 풀기 쉽지 않다. 더구나 일본의 우경화 경향, 한일 정부 간 졸속 합의, 그 밖의 일련의 사회적 논란으로 사정이 어려워졌다. 피해자의 입장에서, 여성의 입장에서, 동아시아의 입장에서 이 문제를 바라보고 새로운 해법을 찾아야 한다.**

심 선생 오랜만이다! 너, 일본군 '위안부' 문제와 관련해서 활동하던데, 노란 옷 입고 일본대사관 앞이랑 여기저기서 있는 거 봤다.

윤 제자 히히. 저한테 관심이 좀 있으시군요. 페이스북에 한 번 올렸는데, 거 보세요. 제가 좀 괜찮은 애라니까요. 실천하는 대학생!

심 선생 그래, 그래. 다시 봤다.

윤 제자 제가 엄청 열심히 한 건 아니에요. 할머니들도 직접 만나 뵙고, 관련 단체의 강연도 들으러 다녔어요. 무엇보다 거리에 나가서 활동하다 보니 느낌이 아주 달랐어요. 현장의 공기를 느낀다고 할까요? 그런데 실은 차분히 공부한 적이 없어서 아는 게 별로 없어요.

심 선생 어, 뭐라고?

윤 제자 어휴, 죄송해요. 몸으로는 뛰겠는데 책만 잡으면 잠이 와서요.

심 선생 아이고, 책 안 읽고 활동을 계속할 수 있겠어? 뭘 알아야 주장도 하고, 더 많은 생각도 할 텐데 말이야.

윤 제자 생각은 많아요! 그런데 무슨 책부터 읽어야 할지 막막해요. 일단 샘을 만나자는 생각에 오늘 나온 거예요. 저 잘했죠? 히히.

심 선생 그래, 그만하면 훌륭해!

## 정신대? 성노예? 위안부?

심 선생 때는 1991년 8월 14일. 현재 이날은 '세계 위안부의 날'이기도 해. 김학순 할머니가 '한국 정신대 문제 대책 협의회'(정대협)에서 인터뷰를 하면서 일본군 위안부 문제가 세상에 알려졌지. 할머니의 용기가 이렇게 세상을 바꿔나가게 될 줄은 그땐 생각도 못 했어.

윤 제자 정신대요?

심 선생 먼저, 용어 정의부터 해야겠다. 지금은 '일본군 위안부'로 통일돼 불리고 있어. 흔히 줄여서 '위안부'라고 하지. 일부에서는 '일본군'이라는 말을 반드시 붙여야 한다고 하지만 용어 정의 문제는 어느 정도 해결이 됐지 뭐.

윤 제자 맞아요. 정신대 말고 성노예라는 말도 썼잖아요.

심 선생 '정신대'는 '여자 정신 근로령'에서 나온 말이야. 태평양전쟁이 한창이던 1944년에 여자 정신 근로령이 공포되거든. 12세에서 40세의 여성을 동원했는데 위안부 문제 전체를 포괄하기에는 좀 문제가 있어.

먼저, 위안부를 본격적으로 동원한 시기가 훨씬 빨라. 중일전쟁부터거든. 기록상으로는 1931년 만주사변 당시 일본 해군이 위안소를 설치했다는 사실도 있고. 여하간 중일전쟁으로 이듬해인 1938년에 '국가총동원법'이 통과되고 이때부터 위안부 동원이 본격화된 것만큼은 분명해. 그러니까 정신대라는 용어를 쓰면 이전에 있었던 위안부 문제를 설명하는 데 한계가 있어. 더구나 정신대를 동원한 건 1944년이니까 전쟁이 끝나기 얼마 전이었고, 동원된 여성들 대부분은 공장 노동을 비롯해 일반 노동에 종사했기 때문에 일본군 '위안부' 문제와는 거리가 있기도 하고.

윤 제자 그렇군요. 정신대라고 하면 오히려 문제가 축소되거나 왜곡될 수 있다는 거죠? 그러면 성노예는요?

심 선생 '성노예'라는 말은 자극적이긴 하지만 일반명사잖아. 사건을 정확히 인지할 수가 없어. 예를 들면 일부에서는 '친일파' 대신 '민족반역자'라는 용어를 쓰자고 하거든. 용어의 '역사성'을 고려했을 때, 지난 수십 년 동안 친일파로 불러온 것을 갑자기 바꾸는 것도 문제고 더구나 민족반역자라고 하면 무슨 반역을 했는지 모호하잖아. 고려 말 몽골에 빌붙은 사람들을 가리키는 말일 수도 있고.

성노예라는 용어 역시 사건을 명확하게 표현하는 측면이 있기는 하지만 위안부 문제의 역사성을 간과한 측면이 있어. 그렇다 보니 대부분 '일본군 위안부'라는 용어를 사용하는 거 같아.[1]

## 위안부의 존재, 왜 40년 만에 알려졌을까

윤 제자 샘, 궁금한 게 있어요. 위안부 문제가 왜 갑자기 1990년대에 제기된 거예요? 해방이 된 지 50년이나 지나 갑자기! 뭔가 인과관계가 안 맞아요.

심 선생 오오, 이런 날카로운 질문이!

윤 제자 그… 그런 거예요? 히히.

심 선생 왜 40년 동안 이 문제가 잠잠했는가. 왜 하필 1990년대인가. 역사학자 중에는 '위안부'의 존재 사실을 알고 있던 이들이 있었대. 심지어 다큐멘터리로 만들려는 움직임도 있었다고 하더라. 그런데 문제는 증언자도 없고, 구체적인 정황도 알 수 없었던 거지.

1 **용어의 문제** 사실 '위안부'라고 부를 것인가, '성노예'라고 부를 것인가를 두고 논란이 있다. 2012년 외교부가 위안부를 '성노예'라고 부르는 것에 반대했던 정대협은 '일본군 성노예제'로 재규정하며 용어 전환을 주장했다.

**윤 제자** 그러던 중에 할머니들의 증언이 시작된 거예요?

**심 선생** 아니, 아니. 40년 만에 갑자기 할머니들이 짠 하고 나타나서 이야기할 수는 없잖아. 세상 사람들이 믿어줄 리도 없고. 여성학자들의 노력이 컸어. 본인의 어린 시절을 더듬어보며 연구를 심화한 분들도 있고, 사실관계를 파악해서 직접 증언자들을 찾아다니면서 증언을 듣고, 그것을 다시 학문적인 기준에 맞추어보고. 여기에 시민 사회단체들이 결합하면서 기초가 마련됐지. 이걸 세상에 알리기 위해 할머니들을 설득하는 과정은 또한 얼마나 힘들었겠어.

**윤 제자** 아, 보통 일이 아니었겠네요.

**심 선생** 그렇지. 물론 할머니들의 용기보다 더 귀중한 것은 없지. 지금이야 위안부 문제에 대한 국민적 공감대가 있지만, 그때는 전혀 그런 분위기가 아니었거든. 더구나 할머니들이 겪은 고통, 그것도 성적인 이야기를 공개적으로 한다는 게 얼마나 고통스러웠겠어.

**윤 제자** 맞아요. 할머니들을 생각하면 눈물부터 나요. 곰곰이 생각하면 너무 끔찍하고 무서워요.

**심 선생** 그 고통과 아픔이 세상에 알려져서 공감을 얻기까지 너무나 많은 것이 필요했고 오랜 시간이 걸렸다는 사실이 너무 가슴 아프지. 여하간! 1987년 6월항쟁으로 민주화가 되어서 이런 이야기들을 할 수 있었던 거야.

**윤 제자** 민주화랑 위안부가 무슨 상관이죠?

**심 선생** 예를 들어볼게. 한국전쟁 중에 '거창 양민 학살 사건'(1951)이 있었어. 전쟁 중에 한국군이 경상남도 거창 지역의 양민들을 학살했지. 사실 수많은 학살 사건이 있었는데 운 좋게도 이 사건은 세상에 알려지면서 국회 차원에서 조사단도 파견됐어. 하지만 이승만 정권 때 국방부 장관 신성모를 비롯한 관련자들이 조직적으로 방해하는 바람에 제대로 밝혀지지 못했어. 이 밖에도 한국전쟁 때 벌어진 수많은 양민 학살 사건이 제대로 밝혀지지 못했거든.

그러다가 4·19 혁명이 일어나고 이승만 독재정권이 무너지자 유족들을 중심으로 다시 문제 제기가 이루어졌어. 제2공화국[2] 시절에 진상 규명이 이루어지고 위령비도 세우면서 부족하나마 문제가 좀 해결되는 거 같았거든.

**윤 제자** 그래도 다행이네요.

**심 선생** 그랬지. 그런데 5·16 군사쿠데타가 일어나니까 군인들이 몰려와 위령비를 부수고 합장묘를 만들어버리는 등 극악한 행동을 한 거야.

**윤 제자** 네? 도대체 왜요? 이거 열 좀 받는데요.

**심 선생** 군인의 명예를 훼손했다고 본 거지. 사건의 본질이 아니라 본인

---

2 **제2공화국** 1960년 4·19 혁명으로 제1공화국이 붕괴된 후 1961년 5·16 군사쿠데타 때까지 존속한 두 번째 정권으로, 장면 정권이라고도 부른다.

들의 관점으로 세상을 본 거야.

윤 제자 그러고 보니 우리나라에서 노동자들의 파업이 본격화되거나 시민단체들이 만들어진 게 대부분 6월항쟁 이후더라고요. 민주주의가 중요하다는 것을 또 이렇게 배우네요.

심 선생 중요한 게 또 있어. 1990년대가 정말 좋은 때였어. 우리나라도 본격적으로 민주화가 진행 중이었지만 공교롭게 일본에서도 비슷했거든. 자민당 장기 집권이 무너진 거야. 1950년대부터 무려 40년간 일본에서는 보수 정당인 자민당이 집권했거든. 그런데 1990년대 초반에 자민당 과반 의석이 무너지고, 사민당을 비롯해 일본의 진보 세력이 내각에 진출한 거야. '고노 담화'(1993), '호소카와 담화'(1993), '무라야마 담화'(1995) 등이 그 무렵에 발표되었지.

윤 제자 그건 알아요. 무라야마 담화는 일본이 전쟁 범죄와 식민 지배에 대해 구체적으로 명확하게 사과한 거잖아요. 호소카와 담화가 덜 유명하긴 한데 내용을 살펴보니까 오히려 더욱 명확하게 사죄하고 있더라고요. 고노 담화야 위안부 문제 때문에 최근 더 유명해졌잖아요? 당시 관방장관이었던 고노가 위안부 문제를 인정하고 사과했고요.

심 선생 맞아. 그러니까 결국 우리나라와 일본의 민주주의가 진전되면서 그간 알려지지 않았던 과거사 문제가 새롭게 조명되고 자유롭게 이야기할 수 있게 된 거지. 할머니들의 증언이 이루어지면서 일본 정부가 자체 조사에 들어갔고, 마침 일본 언론에서도 관련 특종을 보도하는 등 여러 사건이 겹치면서 결국 일본 정부가 인정하게 됐어.

## 일본의 과거사 관련 주요 담화

**미야자와 담화**(1982. 8. 26.)

미야자와 기이치 관방장관

한국, 중국은 일본 교과서의 기술에 대해 비판하고 있다. 일본은 이런 비판에 충분히 귀를 기울이고 정부의 책임 아래 시정한다.

**고노 담화**(1993. 8. 4.)

고노 요헤이 관방장관

위안소의 설치, 관리 및 위안부의 이송에 대해 옛 일본군이 직간접적으로 관여했다. 군의 요청을 받은 민간업자가 위안부를 모집했지만, 감언·강압 등 대체로 본인들의 의사에 반해 모집이 이뤄졌다.

**무라야마 담화**(1995. 8. 15.)

무라야마 도미이치 총리

식민지 지배와 침략으로 아시아 제국의 여러분에게 많은 손해와 고통을 줬다. 의심할 여지없는 역사적 사실을 겸허하게 받아들여 통절한 반성의 뜻을 표하며 진심으로 사죄한다.

**간 나오토 담화**(2010. 8. 10.)

간 나오토 총리

정치·군사적 배경하에 당시 한국인들은 그 뜻에 반하여 이루어진 식민지 지배에 의해 국가와 문화를 빼앗기고 민족의 자긍심에 깊은 상처를 입었다. 통절한 반성과 마음에서 우러나오는 사죄의 심정을 표명한다.

김학순 할머니의 증언에 영향을 받은 일본의 역사학사 요시미 요시아키가 일본 방위성 문서를 뒤졌대. 일본 정부가 조직적으로 개입한 정황을 엿볼 수 있는 문서를 발견하면서 위안부 문제에 대한 본격적인 연구가 시작됐지.

## 위안부 문제는 '여성·인권 문제'이자 '식민 범죄'

**윤 제자** 샘, 아까부터 궁금했는데 주변 사정은 그렇다 치고 어떻게 그토록 모를 수 있죠? 피해 여성이 한둘도 아니고 20만 명이나 되는데 왜 침묵하고 있었는지, 어떻게 그 침묵이 40년간 계속될 수 있었는지 도무지 이해가 안 돼요.

**심 선생** 위안부를 포함해 일제강점기 때 국내에서만 강제 동원된 인원이 500만 명이 넘어. 해외로 끌려간 사람들은 200만 명 정도로 추정하고 있고. 당시 우리나라 인구의 3분의 1이 넘는 수준인데 어린아이와 노약자를 뺀다면 사실상 동원할 수 있는 모든 사람을 동원한 셈이야.

1950년대에 정치인들이 연단에 서면 "왜정 때는~" 하고 이야기를 시작했대. "일제강점기를 생각해봅시다. 그때 우리가 얼마나 힘들었습니까!" 뭐 이런 거겠지? 그러면 사람들이 탄식하면서 연사의 말에 집중했지만, 희한하게도 위안부 이야기만큼은 쉬쉬했다는 거야.

**윤 제자** 그러니까 왜냐고요. 뜸 들이지 말고 빨리 말씀해주세요.

**심 선생** 남성 중심의 가부장적인 유교 문화의 영향 때문이지. 차마 말로

하기 힘든 고초를 당하고 와서도 털어놓을 사람이 없는 거야. 부모님한테 털어놓으면 내 딸이 더럽혀졌다며 쫓아내고, 남편한테 이야기하면 창녀하고 같이 살 수 없다면서 쫓아내고, 심지어 자식한테 이야기하면 내가 더러운 피의 자손이라 말하면서 쫓아냈다니까.

**윤 제자** 아니, 아 놔. 샘 화가 나요. 강제로 끌려가서 당한 건데 왜 그게 죄가 되죠? 어떻게 그럴 수 있어요!

**심 선생** 그러게. 사실 지금도 성폭력 사건이 발생했을 때 피해 여성의 탓으로 돌리는 경우가 많잖아. 가해의 원인을 여성에게서 찾으려 하고. 할머니들의 증언을 살펴보면, 가부장적인 유교 문화의 영향이 너무 컸어. "군인을 상대한 불결한 여자"라느니, "양반집에서 너와 같은 계집이 나올 리가 없다"니 하면서. 스스로가 더럽혀졌다고 생각해 고향으로 돌아가지도 못하고, 미군 기지를 전전하면서 접대부로 살아간 경우도 있고.

**윤 제자** 남자들은 정말 나쁘군요. 이렇게 말하면 안 되겠지만 솔직히 그런 기분이 들어요. 시대의 한계일까요?

**심 선생** 그래. 네가 그렇게 말해도 할 말은 없다. 여전히 개선되지 못한 부분도 많고. 이건 여담인데,《성경》을 보면 아담이 죄를 지어서 에덴동산에서 쫓겨난 뒤 가장 먼저 한 일이 하와의 이름을 정해준 거래. 고대 사회에서는 이름을 지어주는 행위가 상대를 지배한다는 의미라 하더라. 신에 의해 쫓겨나자마자 남성은 여성을 지배했다나 뭐래나….

위안부 문제는 남성의 시선으로 여성을 바라보고, 남성의 입장에서 여성을 규정하고, 더구나 남성에 의해 저질러진 범죄인데도 책임을 여성에게 떠넘긴 부분이 있어. 이런 태도는 반드시 개선되어야 해.

**윤 제자** 흠, 샘은 좀 괜찮은 사람이니까 예외로 해줄까요? 아, 근데 너무 화나고 속상해요.

**심 선생** 그래서 말인데 위안부 문제는 '여성 문제'이자 '인권 문제'로 인식해야 해.

**윤 제자** 그건 당연한 거 아니에요?

**심 선생** 자, 생각해봐. 위안부 문제를 두고 우리나라 사람들 대부분은 분개해. 그리고 일본을 욕하지. 당연한 태도야. 그런데 좀 냉정하고 차분하게 생각해보자고. 우리는 왜 흥분할까? 감정도 충분히 사회적이라니까. 우리 민족의 여성들을 짓밟은 나쁜 일본 놈들이라고 대부분 생각해. 그렇지 않아?

**윤 제자** 그야 당연하죠! 혹시 민족주의적인 태도 뭐 그런 걸 지적하시는 거예요?

**심 선생** 그렇지, 우리가 위안부 문제에 대해 분개하는 방식은 철저하게 민족주의적이야. 민족주의적이라는 게 나쁘다는 건 아니야. 일본에 당한 거니까 민족주의적인 분노를 느끼는 건 자연스럽지. 여기서 한 걸음 더 나아가야 한다고 생각해.

무엇보다 먼저 '강제 동원'이잖아. 일제가 조선 '사람'들을 거짓말로 속여서 끌고 갔다고. 그러니까 분명히 '인권 문제'지. '여성'들을 끌고 가 '성적으로 끔찍한 범죄'를 저질렀잖아. 그러니까 '여성 문제'인 거야. 민족적 공분과 더불어 인권적인 견지에서, 여성의 입장에서 고민하고 고통스러워해야 한다고 봐.

**윤 제자** 사람들 대부분은 위안부 이야기를 하면 보이는 반응이 "나쁜 일본 놈들!"이라고 하거든요. 맞는 말이면서도 뭔가 찜찜했는데 샘이 그 부분을 잘 말씀해주셨네요. 인권 문제이고 여성, 바로 우리들의 문제죠! 활동하면서도 좀 더 깊게 생각해보지 못한 거 같아요.

그리고 아까 감정도 사회적이라고 하셨잖아요. 내가 느끼고 분노하는 방식도 이미 정해진 틀 안에 규정되는 경우가 많다는 말씀이죠? 공감해요!

**심 선생** 아직 안 끝났어. 다른 각도로도 이야기해볼게. 위안부 문제는 아주 복합적이거든. '일본 제국주의'가 강제 동원한 거잖아. 즉, 국가가 공권력을 이용해 사람들을 강제로 끌고 갔어. 그러니까 이 문제는 '국가 범죄'지. 더구나 아주 조직적으로 수많은 사람을 '동원'할 수 있었던 것은 일제가 이미 타이완과 조선을 식민지로 가지고 있었기 때문이거든. 식민지였기 때문에 체계적으로 여성을 동원할 수 있었다는 거야. 그런 의미에서 이 사건은 단순한 '전쟁 범죄'가 아니라 '식민 범죄'이기도 해.

**윤 제자** 국가 범죄, 전쟁 범죄라는 말은 이해가 돼요. 그런데 샘은 특별히 식민 범죄를 강조하시는 거 같아요.

**심 선생** 우리가 착각하는 사실은 제2차 세계대전이 끝나고 나서 뉘른베르크재판이라든지 도쿄재판 같은 게 있었으니까 모든 잘못이 처단된 것처럼 오해한다는 점이야. 그런데 이 재판들은 오직 제2차 세계대전이라는 '전쟁 범죄'에 한해서만 이루어졌어.

전쟁 이전부터 있었던 제국주의 국가들의 식민지 범죄에 대해서는 책임을 묻지 않았어. 물었던 적도 없고 심지어 여러 재판 내용을 검토해 보면 독일, 이탈리아, 일본 모두 나쁜 짓을 했음에도 불구하고, 식민지에서 벌인 일에 대해서는 책임을 묻지 않았거든. 솔직히 말해서 연합국인 미국, 영국, 프랑스 역시 식민지를 운영했고, 무엇보다 영국과 프랑스는 대표적인 제국주의 국가였잖아. 제2차 세계대전 후에도 계속 식민지를 유지하려다가 강력한 저항에 부딪히니까 어쩔 수 없이 포기한 거고 말이야.

**윤 제자** 그러니까 샘 말씀은 단순하게 '전쟁 중에 벌어진 사건'으로 이해하지 말고 '제국주의 국가가 식민지를 보유했기 때문에 발생한 사건'으로 이해해야 한다는 거잖아요.

**심 선생** 그래, 이 부분이 위안부 문제가 지닌 독특한 측면이거든. 또 있어. 위안부 문제는 우리 문제이자 '동아시아의 문제'이기도 해. 일본이 중국을 침략했고 다시 동남아시아를 점령했고 이후 미국과 싸우면서 태평양의 수많은 섬을 점령했잖아. 일본은 가는 곳마다 위안소를 설치하고 여성들을 강제로 끌고 가서 성범죄를 저질렀어. 우리나라 여성들이 조직적이고 장기적으로 가장 많이 동원되긴 했지만, 위안부 여성들은 국제적으로 동원됐어. 중국, 몽골 여성은 물론 필리핀, 베트남, 인도네시아 여성, 심지어 네덜란드 여성까지 있었으니까. 그러니 위안부 문제는 우리 민족만의 문제가 아니라 동아시아 여성들의 문제야.

**윤 제자** 샘 말씀을 듣다 보니까 약간 기대가 생겨요. 국제적 연대, 세계사적 가치. 이런 것들과 결부되는 거잖아요? 위안부 문제가 전 세계에 알려지고, 더욱 많은 사람이 관심을 가져서 훨씬 많은 이야기가 밝혀지면 문제가 하나씩 해결될 수 있을 거 같아요. 위안부 문제를 넘어서서 지난 제국주의 시대의 문제들까지 하나하나 해결하면 좋겠다는, 뭐 그런 기대감이요!

**심 선생** 좋다, 기특하네! 그렇게 크고 넓은 이상을 가져야 해. 세계시민으로서의 사명감? 멋지잖아.

## 왜 위안부 제도를 만들었을까

**윤 제자** 그래서 말인데요, 샘. 좀 더 구체적으로 이야기해주세요. 오늘 확실히 뿌리를 뽑아보죠.

심 선생 좋아, 이왕 이리된 거 끝까지 가보자. 뭐가 궁금한데? 위안부가 뭐냐, 위안소는 뭐고. 개념 정의부터 할까?

윤 제자 네. 쉽게 설명해주세요.

심 선생 일본은 1930년대 이후 전쟁 국가로 거듭나. 1931년에는 만주로 쳐들어가서 만주국을 세우고, 1937년에는 중국과 전면전을 벌이지. 그리고 다시 동남아 일대를 장악한 후, 1941년부터 1945년까지는 미국을 상대로 태평양전쟁을 벌이거든. 약 15년간 광기로 얼룩진 시간을 보냈지.

윤 제자 전쟁 미치광이….

심 선생 워, 워…. 흥분하진 말고. 전쟁에는 엄청난 물자와 인력이 동원되잖아. 1년 정도 싸웠던 1904년 러일전쟁 때 일본이 동원한 군대가 수십만이었다고 해. 그러니 15년 동안 전쟁하면서 얼마나 많은 물자를 동원했겠어. 전쟁에 나설 수 있는 남자들은 모조리 동원했겠지. 전쟁 막바지에는 징집 대상 연령이 38세까지 올라가거든. 총을 들거나 삽질할 수 있는 남자들은 모조리 데려간 거지. 또 전쟁하려면 기름이나 강철 같은 물자가 필요한데, 이를 확보하려고 동남아시아를 쳐들어가는 등 결국 전쟁을 위해 계속 전쟁을 벌이는 거야. 그런데 여기서 심각한 문제가 발생해.

윤 제자 무슨 문제요?

**심 선생** 일본 남성들이 군인이 되어서 아주 오랫동안 해외에 주둔하게 되잖아. 그러면 외롭고 답답하고 고립감이 심각할 거 아니야. 바로 옆에서 동료들이 다치고 죽어나가는 모습을 보면서 엄청난 트라우마에 시달리고.

**윤 제자** 그놈들이 힘들건 말건 우리와 무슨 상관이에요.

**심 선생** 왜 상관이 없어? 그런 스트레스를 현지에서 약탈이나 부녀자 겁탈 같은 방식으로 풀어버리니까 문제지. 전투가 끝난 후 점령 지역을 돌아다니면서 닥치는 대로 사람들을 때리고, 죽이고, 약탈하고….

**윤 제자** 아, 짜증 나. 정말 왜들 그러는 거예요. 전쟁을 안 하면 되잖아요.

**심 선생** 그러게 말이다. 더구나 군인들이 돌아다니는 곳에는 꼭 가라유키상(唐行きさん)들이 따라다녔어.

**윤 제자** 뭐, 뭔 상이요?

**심 선생** 일종의 은어인데, 해외 원정 매춘부를 뜻해. 일본에서부터 전쟁터까지 따라오는 경우 그렇게 불렀대. 물론 현지에서도 군부대를 중심으로 이런 업소가 생겨나고.

**윤 제자** 악이 악을 낳는군요.

**심 선생** 여하간 그런 여성들 대부분이 질병 보균자거든. 성병 말이야.

**윤 제자** 앗, 그러면 성병이 군인들한테 마구 돌 수 있다? 그거 좋은데요? 일본군 폭삭 망하게.

**심 선생** 맞아. 군대 내 성병 문제가 심각해진 거야. '시베리아 출병'(1918)이라든지 여러 차례 출병할 때마다 말썽을 일으킨 게 성병 문제였어. 군대 내 질병 중 늘 3위 안에 들었으니까. 그러니 이 문제를 해결할 방법을 고민했겠지.

**윤 제자** 그걸 해결한답시고 여성들을 강제로 끌고 가 위안부로 만든 거군요.

**심 선생** 그래. 그러면 성병 문제가 해결되잖아. 참 어처구니없는 생각이지. 사실 휴가 제도라든지 군인들의 스트레스를 해소할 방법은 많거든. 훨씬 건전하고 돈도 덜 드는데, 성적인 문제만 처리하면 모든 게 해결된다고 판단한 거지. 남자가 짐승이냐!

**윤 제자** 짐승이 되는 환경을 제공했군요.

**심 선생** 전쟁의 참혹한 현실이지. 같은 시기에 미군과 영국군의 경우엔 휴가 제도가 있어서 가족과 많은 시간을 보내게 했거든. 20세기 초반이 되면 민주주의와 여성 인권 사상이 발전하면서 국가가 운영하는 공창 제도[3]도 점점 없어졌지.

---

3 **공창 제도** 조선시대 기생 제도처럼 국가가 공식적으로 돈을 받고 몸을 파는 행위를 관리하는 제도. 우리나라는 1946년에 공식적으로 폐지했다.

**윤 제자** 그러면 일본에는 공창 제도가 여전히 있었던 거예요?

**심 선생** 아니야. 20세기 초반 일본 역시 공창 제도가 소멸되기 시작해. 어찌 됐건 일본은 메이지유신(1868)을 통해 근대화가 되었고, 여성 기독교도들을 중심으로 한 매춘 반대 운동도 있었고, 여러 여성 사상가도 등장하고, 1920년대가 되면 '다이쇼 데모크라시'라고 민주주의도 많이 발전하거든. 비록 일본의 민주주의는 1930년대 이후에 크게 퇴보하지만, 공창 제도는 사실상 폐지되지. 한번 생각해봐. 매춘부들을 데리고 가면 성병 문제가 해결되겠어?

## 강제 동원의 증거가 없다고?

**윤 제자** 알겠어요. 군인들이 가는 곳마다 위안부들을 데리고 갔다는 거죠?

**심 선생** 응. '위안소'라는 걸 설치해. 말 참 웃기지. 위안을 주는 곳이라는 뜻이고, 거기에서 일하는 여성들을 위안부라고 부른 거야. 군인들이 많이 지나다니는 요충지에 위안소를 설치해 군인들을 받는가 하면, 특정 부대를 따라다니는 위안소도 있었어. 중국, 동남아시아를 비롯해 태평양의 여러 섬까지 군인들이 간 곳에는 항상 위안소가 있었지.

**윤 제자** 그러려면 정부나 군부가 관여하지 않으면 할 수가 없었겠어요. 강제 동원 맞네요.

심 선생 그렇지. 우선 1930년대부터 일본 내에서는 '5·15 사건'(1932)이나 '2·26 사건'(1935) 같은 군부쿠데타가 연이어 일어나. 군인들이 정치적인 실권을 장악하게 되거든. 그러니까 정부와 군부를 구분하는 것은 사실 별 의미가 없어. 실제로 위안부는 배를 이용해 세계 각지에 보내졌는데, 당시 도항은 일본 육군성에서 관리를 했어. 우리나라에서 여성들을 동원할 때도 조선총독부를 비롯하여 모든 행정력이 총동원되었고.

윤 제자 아, 그렇게 했으니까 20만 명이나 끌려간 거군요.

심 선생 음, 이젠 20만 명이 하나의 상식처럼 됐단 말이야. 내가 어떤 세미나에 참석했는데 시민단체에서 활동하는 분이 열변을 토하시는 거야. "생각해보세요, 여러분. 무려 20만 명이 끌려갔어요. 20만! 상상이 되세요?" 나는 속으로 생각했지. 아, 이분이 위안부 문제에 대해 깊이 모르시는구나.

윤 제자 20만 명이 아니라는 거예요?

심 선생 아니라는 게 아니고 20만 명은 집계된 숫자가 아니라 추정한 숫자란 말이야. 사람들이 항상 오해하는 게 역사학자들은 일반인이 보지 못하는 광범한 자료와 데이터를 가지고 있는 그대로 과거를 복원한다고 생각하거든. 전혀 틀린 말은 아니지만 자료가 부족해. 추론이나 분석을 통해 진실에 접근하려고 노력하는 거거든. 더구나 위안부 같은 전쟁 범죄는 정보가 더 부족해.

윤 제자 왜요?

**심 선생** 왜냐고? 가해자 입장에서는 죄를 지었으니까 숨기려 할 거 아니야. 전쟁에서 지고 있는데 가만있었겠어? 온갖 불리한 자료는 없애버리려고 했겠지. 일설에 따르면 일제 패망 당시 조선총독부 문서실이 불탔는데 불길이 3일이나 지속됐다고 하더라. 우리나라를 35년간 지배했으니 흔적을 지우는 데 오래 걸렸을 테지.

**윤 제자** 아! 맞아요. 일본 극우파가 주장하잖아요. 입증할 자료가 없다는 이유로 위안부 이야기는 사실이 아니라고….

**심 선생** 없지 않아. 거짓말이야.

**윤 제자** 그, 그래요?

**심 선생** 먼저, 숫자에 관해 이야기해줄게. 위안부 전체에 대한 총람 자료는 없는데 몇 가지 자료를 통해 동원 인력을 추정할 수 있어. 석탄통제회(석탄광업연합회) 동부지부장의 〈고역사역에 관한 건〉 같은 문서라든지, 도야마현의 후쿠키 항만회사의 문서를 보면 30명당 1인 정도로 계산해서 위안부를 동원해. 당시 해외에 파견된 군인이 300만 정도였고 교대 비율까지 고려해서 계산해보면 약 20만 명이 동원되었다고 추정할 수 있지.

**윤 제자** 좀 어려운데요. 그러니까 파병 군인 300만을 기준으로 30명당 1인에 교대 비율까지 고려한다고요?

**심 선생** 응. 교대 비율. 한 여성을 끌고 가서 계속 데리고 있을 수 있지만

## 동원된 위안부 수

| 연구자 | 발표(년) | 병 총수(명) | 매개 변수 | 교대율 | 위안부 수(명) |
|---|---|---|---|---|---|
| 하타 이쿠히코 | 1993 | 300만 | 병 50명당 1명 | 1.5 | 9만 |
| 요시미 요시아키 | 1995 | 300만 | 병 100명당 1명 | 1.5 | 4.5만 |
| | | | 병 30명당 1명 | 2 | 20만 |
| 수 즈일량 | 1999 | 300만 | 병 30명당 1명 | 3.5 | 36만 |
| | | | | 4 | 41만 |
| 하타 이쿠히코 | 1999 | 250만 | 병 150명당 1명 | 1.5 | 2만 |

출처: 하타 이쿠히코, 《쇼와사의 수수께끼를 쫓아(하)》, 문예춘추, 1993
요시미 요시아키, 《종군위안부》, 이와나미신서, 1995
수 즈일량, 《위안부 연구》, 상하이서점출판사, 1999
하타 이쿠히코, 《위안부와 전장의 성》, 신조사, 1999

바꿀 수도 있잖아. 그것까지 고려한다고. 또 다른 문서를 보면 50명당 1인 기준도 있거든. 교대 비율을 고려하지 않고 이 기준으로 계산하면 5만~6만 명이 되지.

**윤 제자** 그래서 5만 명이라는 주장도 있군요.

**심 선생** 그렇지. 동원된 위안부 수를 축소하고 싶은 쪽에서는 5만 명이라고 주장하는 거고 우리는 20만 명이라고 이야기하는 거야. 그런데 여기서 계산되지 않은 숫자도 있어. 현지 징집이나 단기 징집도 많았으니까. 우리나라나 타이완 등 식민지에서 데리고 간 여성들에 비해 필리핀 등지의 현황을 살펴보면 1개월부터 1년까지 끌려갔던 기간이 매우 다양해. 이런 것까지 고려하면 그 수가 확 늘어날 수도 있어.

**윤 제자** 진짜 정확한 실체를 알고 싶네요. 여기에 자발적 매춘부까지 고려한다면….

**심 선생** 자발적 매춘부가 없었다고 할 수는 없겠지만, 그 부분에 관해 학자들은 매우 회의적이야. 앞에서도 말했듯 성병 문제 때문에 이 어처구니없는 만행을 벌였는데, 매춘부들이 끼어들기는 힘들지. 그리고 발굴된 문서들을 보면 현지 업자라든지 매춘부들을 통제하기 위한 노력을 열심히 해.

**윤 제자** 오호, 열심히도 하셨네요. 강제 동원이 새삼 섬뜩해요.

**심 선생** 수많은 여성이 정부 주도로 동원되었어. 〈군 위안소 종업부 등 모집에 관한 건〉(육군성 부관통첩, 1938. 3. 4.)이란 문서가 있거든. 위안부 동원에 관한 중요 문서인데 결재자가 육군차관 우메즈야. 이 사람은 나중에 육군참모총장이 되거든. 일제가 패망할 때 직접 미국 배에 올라가 항복 사인을 했던 장본인이기도 하지. 이 밖에도 여러 문서를 통해 이 일에 관여한 사람들이 육군의 고위 장교라는 게 확인되었지.

**윤 제자** 그런데 일본은 왜 증거가 없다고 해요? 이렇게 버젓이 있는데요.

**심 선생** 증거는 많아. 전쟁 당시 현장에서 위안부를 목격한 일본군의 경험담도 있고, 군부 기록물도 있고, 미 군정의 재판 기록물도 있어. 미 군정 재판 기록물은 일제 패망 이후 미국이 들어와서 수사하면서 만든 문

## 일본군 위안부 강제 연행 증거 자료

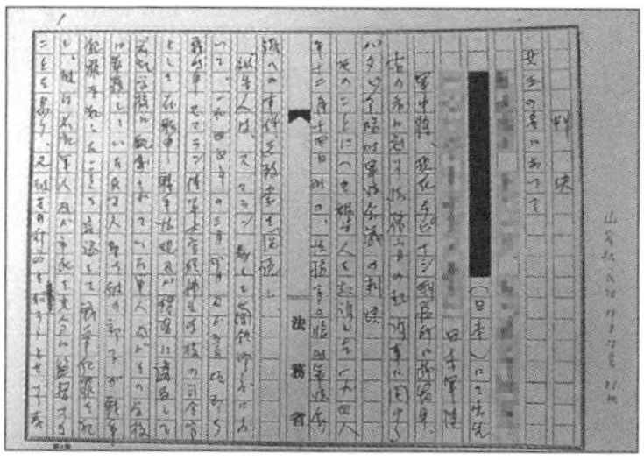

**네덜란드 여성 강제 연행 증거 자료**
일본군이 인도네시아에서 네덜란드 여성 35명을 강제 연행한 사실을 기록한 법정 문서인 바타비아 군법회의 판결문이다. 일본 시민단체의 정보공개 청구로 2013년 10월에 일시적으로 공개되었다. (출처: 도쿄 국립공문서관)

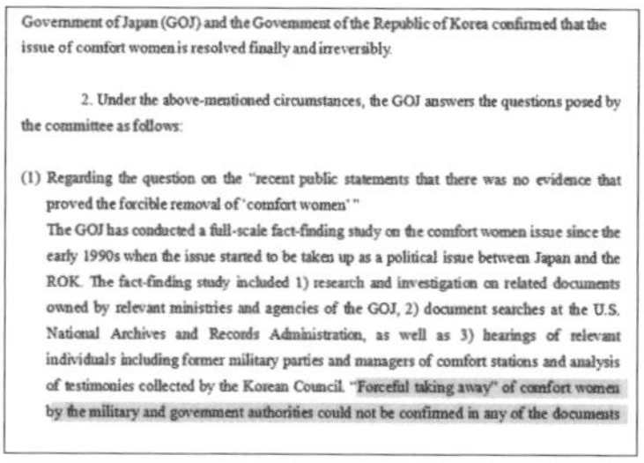

Government of Japan (GOJ) and the Government of the Republic of Korea confirmed that the issue of comfort women is resolved finally and irreversibly.

2. Under the above-mentioned circumstances, the GOJ answers the questions posed by the committee as follows:

(1) Regarding the question on the "recent public statements that there was no evidence that proved the forcible removal of 'comfort women'"
The GOJ has conducted a full-scale fact-finding study on the comfort women issue since the early 1990s when the issue started to be taken up as a political issue between Japan and the ROK. The fact-finding study included 1) research and investigation on related documents owned by relevant ministries and agencies of the GOJ, 2) document searches at the U.S. National Archives and Records Administration, as well as 3) hearings of relevant individuals including former military parties and managers of comfort stations and analysis of testimonies collected by the Korean Council. "Forceful taking away" of comfort women by the military and government authorities could not be confirmed in any of the documents

**일본군 위안부 강제 연행을 부정하는 일본 정부**
일본 정부는 2016년 1월 유엔 여성차별철폐위원회에 "서류 어디에도 군과 관헌에 의한 위안부 '강제 연행'(forceful taking away)은 확인되지 않았다"라는 내용의 국가 문서를 제출했다. (출처: 유엔인권고등판무관실 홈페이지)

서들이지. 그리고 무엇보다 수많은 여성의 증언이 있잖아.

일본 극우 단체들은 관련 기록도 없고 증언도 효력이 없다는 식으로 주장하는데, 참으로 어처구니없는 태도야. 기록은 분명히 있어. 이미 1990년대 일본 관방장관이 인정하고 여러 언론사가 특종 보도를 했을 정도니 넘치지는 않더라도 충분히 있는 거 아니겠어? 그리고 자꾸 증언을 무시하는데, 국적을 달리하는 수많은 여성이 유사한 이야기를 쏟아 놓는다? 그것도 개인의 극히 모욕적인 경험을 공개적으로? 이보다 유효한 증언이 어디 있겠어.

**윤 제자** 그러게요. 참 나, 기본적인 합리성이 없는 거잖아요.

**심 선생** 더구나 일본의 양심적인 학자들도 위안부 문제에 대해 적극적으로 발언하거든. 스즈키 유코, 우에노 지즈코, 와다 하루키, 요시미 요시아키 등. 이들이 왜 그러겠어. 학문적 양심과 보편적 인권을 기준으로 역사적 '진실'에 대해 책임 있게 행동하려는 거잖아.

**윤 제자** 일본 우익 식으로 이야기하면 '홀로코스트는 없었다', 뭐 이런 주장도 성립이 되겠어요. 세종대왕도 없을 수 있고, 지금 제 앞의 샘은 샘이 아닐 수도 있고….

## 가난한 여성들, 누가 어떻게 끌고 갔을까

**윤 제자** 샘, 어디선가 들었는데 직접 여성들을 끌고 간 사람들은 군인이 아니었다고 하던데요.

**심 선생** 하나 정리하니까 또 큰 이야기를 꺼내놓는구나.

**윤 제자** 히히. 저는 그냥 묻는 거고 샘이 크게 생각하시는 게 아닐까요?

**심 선생** 암튼 좋은 질문! 사실 위안부 문제에 대한 이미지가 너무 단순해. 그리고 너무 정숙해.

**윤 제자** 정숙하다고요?

**심 선생** 일단 들어봐. 보통은 그냥 어느 날 군인들이 들이닥쳐서 행복한

가정의 여자애들을 잡아간 거라 생각하거든. 상식적으로 생각해보자고. 일본 입장에서 많은 여성을 데리고 가야 해. 그렇다면 정부가 기획안을 짜고 조선총독부를 중심으로 행정력이 발동되겠지. 그렇다고 해서 무작정 약탈하듯이 군인들을 동원해서 여자들을 끌고 가버리면 무슨 일이 터질 거 같아?

윤 제자 난리 나겠죠. 민중 봉기?

심 선생 그렇지. 일제는 무려 35년간을 통치했다고. 3·1 운동 같은 체제 위기도 경험했고 말이야. 제국주의 국가들이 주먹구구식으로 식민지를 통치한 게 아니잖아. 그들 딴에는 지혜롭게, 우리 입장에서는 교묘하게 통치해야 식민지가 오래 유지될 수 있지. 징용 같은 것도 돈 많이 벌 수 있다고 속여서 데려간 경우가 태반인데, 이건 성격이 더 극단적이잖아.

윤 제자 그래서요?

심 선생 일제가 정부 주도로 조직적인 강제 동원을 한 건 맞아. 하지만 현장에서 징모, 그러니까 여성들을 모집하거나 데려가는 과정은 철저하게 민간업자들을 시켜서 했거든. 식민지에서 위안부를 동원하는 과정 중에 군인에 의해 납치가 되는 건 예외적인 경우였어. 그리고 대놓고 강제 동원을 했던 것은 전쟁 막바지였고 말이야.

윤 제자 민간업자라고요?

심 선생 그게 참 웃겨. 자발적 매춘부를 동원한 민간업자의 개입은 막으면서도, 정부가 주도해 여성들을 모집할 때는 민간업자를 활용한 거야. 군대 위안소 역시 민간업자와 정부가 공동 관리하는 경우도 많았고. 분명한 사실은 위안부 모집 계획, 위안소 설치, 위안부 운영 등 모든 과정을 일제가 총괄했다는 사실은 바뀌지 않는다는 거야. 마치 일제강점기에 조선인을 말단 순사로 발탁해 조선인들끼리 이간질한 것과 유사하다고 생각하면 돼.

**윤 제자** 그러면 '강제'의 과정도 우리가 생각하는 '끌려갔다'와 좀 다를 수도 있겠는데요?

**심 선생** 그렇지. 징용이나 징병이 그랬듯이 위안부 역시 대부분 '속여서' 데리고 간 거야. 돈을 벌 수 있다, 중국에 가서 식모살이를 하면 월급을 몇 배로 받을 수 있다. 심지어 '빨간 구두와 옷'을 보여주면서 꼬드긴 경우도 있어. 당시 일본이 만주를 점령해 만주국을 세웠거든. 거기에 가서 돈 벌 수 있다고 많이 속였지.

**윤 제자** 그렇다면 처음에 끌려갔던 여성들의 경우 가난한 사람들이었겠어요.

**심 선생** 맞아. 위안부 문제가 워낙 심각하고, 일제의 폭압성이 강조되다 보니까 바로 이 부분에서 오해가 있어. 내가 아까도 이야기했잖아, 위안부 문제는 본질적으로 여성 문제라고. 민간업자들이 처음에 접근했던 여성들의 경우 대부분 가난하거나, 가정적으로 문제가 있어서 집에서 나오고 싶고 일자리를 구하고 싶어 했지.

**윤 제자** 전 지금 무척 혼란스러워요. 제가 생각하는 위안부는 뭐랄까. 순진한 여성들이 무참하게 끌려간 이미지였거든요.

**심 선생** 그래서 너무 단순하고 '정숙'하다고 말한 거야. 생각해봐. 학교에서 날라리니 비행 청소년이니 하는 친구들이 범죄나 폭력 앞에 훨씬 취약하잖아. 사기꾼들이 먼저 접근하는 건 바로 그런 친구들이고.

폭력의 방식이 훨씬 교묘하고 사악했던 거야. 정부가 주도해서 가뜩이나 형편이 어려운 여성들을 간교하게 꾀어서는 반인권적인 성범죄를 저지른 거니까.

일제는 점령지가 확대되니까 현지에서 여성들을 납치하는 것도 서슴지 않았어. 마을 촌장을 겁박해서 마을 여성들을 끌고 오거나 겁탈한 후 끌고 오기도 했지. 국제적으로 유명한 '스마랑 사건'은 네덜란드인 여성을 상대로 그런 짓을 벌인 거야.

**윤 제자** 저도 그 사건 알아요. 인도네시아가 네덜란드 식민지였잖아요. 인도네시아를 점령한 이후 네덜란드인 여성들을 강제로 끌고 가 겁탈해서 위안부로 만든 경우가 스마랑 사건 말고도 여러 건 있던데요.

**심 선생** 맞아. 그래서 난 폭력의 과정에 대한 성찰이 필요하다고 생각해. 많은 사람을 강제 동원했다면 동원의 기술이 있었을 거 아니야. 위안부 증언록을 읽어봐야 해. 당시 여성들 대부분이 문맹이었고, 증언록에 따르면 태반의 여성들이 가난에 시달렸고, 아버지의 구타에 시달렸고, 부모가 없었고, 학교에 다니지 못했고, 돈 벌러 중국 갔다가 납치를 당했고… 이런 식이거든.

**윤 제자** 생각할수록 너무너무 속상해요.

## 위안소 생활, 생지옥의 나날들

**심 선생** 속아서 끌려온 곳에선 무엇이 기다리고 있었을까? 도착하자마자 겁탈당하고, 민간업자가 폭력적으로 위협하고, 옷이며 시설 사용료 등을 모두 빚으로 매겨서 통제하고, 하루에 수많은 일본 군인을 상대해야 하고, 몸은 병들고 정신적으로도 심각한 트라우마에 시달리고…. 네 앞이라 차마 구체적으로 말을 못 하겠다.

관련 서적들을 읽어봐. 증언록도 좋고…. 생각해봐, 왕따나 학교 폭력을 당한 고통과 상처는 평생을 가잖아. 인간은 참으로 나약하거든. 더구나 전혀 낯선 곳에서, 철저하게 분리된 공간에서, 언제 끝날지도 모르는 기간 동안, 끊임없는 감시와 폭력 속에서 날마다 성폭력을 경험한다고 생각해봐. 그로 인해 여성들이 겪었던 정신적 고통, 인격의 붕괴, 육체적인 질병과 후유증…. 하나하나가 연구 주제이고 더 자세히 밝혀져야 해.

윤 제자 샘, 눈물 날 거 같아요. 아, 그런데 어떤 정신 나간 녀석이 저한테 민간업자가 문제였지 일본군은 위안부들한테 신사적으로 잘해줬다는 이야길 하는 거예요. 정말 열 받지 않아요?

심 선생 응, 그런 연구도 있긴 해.

윤 제자 뭐라고요?

심 선생 잘 생각해봐. 민간업자나 위안부를 관리하기 위해 파견된 군인들은 위안부들을 억압적으로 대했겠지. 반면에 일반 군인들은 온종일 피비린내 나는 전장에서 시달리다 딴에 여유로운 시간을 보내려고 위안소에 왔어. 그러니 위안부들을 마냥 거칠게만 대하지는 않았을 거야. 그리고 이것도 나름 인연이라고 위안부하고 친해지는 경우도 있었을 테지. 위안부들 역시 타지에서 격리된 상태에서 살아가야 하는 처지이니 군인들과 대화를 나누기도 하고 친해질 수도 있는 게 당연한 거잖아.

매일 괴롭히는 민간업자와 그나마 다정하게 대해주는 군인. 이 와중에 군인과 친해진다? 지극히 자연스러운 거야. 그들 모두 인간인걸. 더구나 대부분 10대의 어린 소녀들이었어.

윤 제자 아, 인정하긴 싫지만 그럴 수도 있겠네요.

심 선생 중요한 건 이런 몇몇 이야기 이상의 가공할 현실이 있었다는 거야. 군인들의 폭력적인 행동에 관한 기록이야 비일비재하고. 위안부를 좋아하던 병사가 동반 자살을 하자고 조르다가 총을 쏘거나 칼을 휘둘러서 다치는 일도 있었어. 위안부가 자살하거나, 자살을 시도했거나, 약물에 중독되는 등 비참한 이야기도 많아.

수년간 계속된 전쟁이라는 극단적인 현실, 고립된 공간에서 위안부와 일본군 몇몇이 연애를 하고 친하게 지냈다고 해서 문제의 본질이 달라지진 않아.

**윤 제자** 당연하죠.

## 비겁한 유언비어들

**심 선생** 심지어 이런 주장도 있어. 일본이 저지른 범죄는 맞지만 당시는 제국주의 시대였기 때문에 시대적인 문제이지 특별히 일본의 문제가 아니라는 거야.

**윤 제자** 뭐라고요? 일본이 저지른 거 맞잖아요. 말장난도 아니고….

**심 선생** 학교 폭력이 우리 사회에 만연하다고 해서 약한 친구를 마구 때리는 게 정당화될 순 없잖아. 더구나 모든 학생이 폭력을 일삼는 것도 아니고.

**윤 제자** 위안부가 돈을 많이 벌었다는 주장도 있던데요.

심 선생 참 나, 그건 무슨 이야기냐면 미얀마 지역의 위안부 월급하고 본국에 있는 일본 장군 월급을 단순 비교해서 그래. 당시 하이퍼인플레이션으로 미얀마의 물가가 일본의 물가보다 최소 1,000배 높았어. 그러니까 단순 액수로 하면 위안부가 받은 임금이 높을 수밖에 없지. 이런 유언비어는 고의적으로 만드는 거야.

윤 제자 월급도 돈이 아니라 전표로 받았다고 하던데요.

심 선생 맞아. 전표로 받았고 위안부의 경우 그나마도 군인들이 주고 간 경우가 많아. 전표는 나중에 현찰과 교환할 수 있는 딱지였는데, 전표를 언제 현찰로 돌려받은 적이 있냐고. 대꾸할 가치조차 없는 유언비어인데, 이런 게 일본 극우 세력에 의해 미국 신문이나 타임스퀘어에 광고가 되더라고.

윤 제자 하아, 샘! 오늘 많이 배웠어요. 마지막으로 질문 하나만 더요.

심 선생 뭐야, 또 있어? 너한테 강의료 받아야겠는걸.

## 위안부 문제, 정부 간 합의가 과연 옳았을까

윤 제자 히히. 다음에 제가 맛있는 거 사드릴게요. 위안부 문제를 두고 정부 간 합의나 기금이 문제가 되고 있잖아요. 자료를 찾아보니까 1990년대 일본에서 시도한 '국민 기금'도 그렇고, 최근 한일 간 합의를 두고도 말이 많은데, 여기에 대해서는 어떻게 생각하세요?

**심 선생** 음, 그게 참 어려운 문제인데…. 1990년대 국민 기금 문제를 놓고 논란이 벌어졌거든. 우리 입장에서는 '국가 배상'이 맞지. 국가 범죄니까 국가가 잘못을 인정하고 그에 따른 배상을 해야 하는 게 당연해.

하지만 일본의 내부 상황이 그렇지 못했어. 자민당이 과반 의석을 잃기는 했지만, 여전히 우익 세력이 강성하다 보니 국민 모금이라는 제도를 만들어서 문제를 해결하려 한 거지. 정부가 공식적으로 사과는 하되, 민간 기금을 조성해 피해 보상을 자율적으로 집행한다는 일종의 우회적인 방식을 선택한 거야.

그런데 집행 과정에서 문제가 생겼어. 기금이 배상금이 아니라 '위로금'이었고, '총리의 사죄 편지'는 위로금을 받지 않은 사람들한테는 전달되지도 않았어. 그리고 애초에 중국, 북한, 말레이시아, 동티모르는 대상국에서 제외되었지.

**윤 제자** 국민 기금 사기 사건도 있었다면서요. 피해자는 신청한 적이 없는데 받은 걸로….

**심 선생** 응. '심달연 국민 기금 사기 사건'이야. 심달연 할머니의 동생이 '피해자 인증서'를 억지로 복사해 간 후 엉뚱한 사람에게 돈이 보내진 적이 있었어. 비슷한 사건이 또 있기도 했고. 피해자가 동의하지도 않았는데, 돈을 목적으로 사기 사건이 발생한 거야. 이 사건의 사실 여부를 확인하는 과정에서 일본 측의 불성실한 태도로 문제가 커지기도 했지.

내부적인 갈등도 심했어. 한일 활동가들이 함께 노력을 많이 했는데 국민 기금 때문에 분열된 거야. 우리 측에서는 강경하게 근본적인 해결을 요구하고, 일본 활동가들 중 일부는 "이 방식 말고 다른 방식이 있단 말인가"식으로 나오면서 타협하지 못하고 갈등이 심각해지고 상황이 복잡해진 거지.

윤 제자 정부 간의 합의로 문제가 해결될 수 있을까요?

심 선생 생각보다 어려운 부분이 많아. 양쪽 국민들이 모두 받아들이는 해법이 쉽게 나올 수가 없잖아? 1965년 한일협정처럼 정부가 나서서 문제를 악화시키는 경우도 있어.

윤 제자 박정희 정부 당시 일본과 외교관계를 맺으면서 피해 배상을 포기한 거요?

심 선생 그래. 경제개발을 명목으로 정부가 일괄적으로 3억 엔을 받으면서 각종 피해 배상을 포기했잖아. 징용, 징병은 물론 원폭 문제, 문화재 반출 문제, 사할린 교포 문제, 심지어 독도 문제까지!

무엇보다 개인 청구권. 그러니까 누군가 일제강점기에 당한 개인적인 피해를 일본 정부를 상대로 소송할 수 있는 법적 근거가 사라져버렸거든. 한일협정을 보면 청구권 포기를 두 차례에 걸쳐서 정확히 명시하고 있어. 그리고 바로 그 부분이 지금도 문제가 되고 있고 말이야.

윤 제자 그땐 위안부 문제를 몰랐으니까 위안부 문제만큼은 따로 협상할 수 있다고도 하던데요.

심 선생 그건 정말 어처구니없는 변명이야. 그럼 다른 문제들은 어떻게 하자는 거야. 현재 위안부 문제 말고도 각종 징용 문제를 두고 소송 중인데 그것들은 모두 포기하자는 건가?

**윤 제자** 그러면 이 문제를 어떻게 해결해야 해요?

**심 선생** 두 나라가 여러 면에서 긴밀한 관계이기 때문에 정치·경제적 문제와 역사적 문제를 별도의 이슈로 접근할 필요가 있지. 당장 먹고사는 문제나 역동적인 정치 환경에 역사적인 이슈가 뒤섞여버리는 순간 이도 저도 해결이 안 되거든.

그리고 문화 교류나 학술 교류는 생각보다 매우 중요한 과정이야. 서로에 대한 호감도가 높아지고, 서로의 문화에 대한 이해도가 높아질수록 대화할 수 있는 환경은 폭넓어질 테니까. 독일이 프랑스 혹은 폴란드와 공동 역사 교과서를 만들어냈던 것처럼 더욱 적극적이고 활발한 소통을 통해 우리도 공동 역사 교과서, 공동 역사교육 시스템을 구축해 나가야 한다고 봐. 김영삼 정부 당시 한일 간의 종합적인 교류를 시도했던 적이 있지만, 일본 측의 시큰둥한 반응으로 제대로 진행되지 못했거든. 정부가 독자적으로 일본 정부를 상대하기보다는 학계나 민간단체의 교류를 적극적으로 지원하면서 양국의 시민사회에 장기적인 투자를 하면 분명히 의미 있는 효과가 나타날 거야.

중국을 포함해 동아시아 국가 간에도 갈등이 꽤 있잖아. 위안부 문제가 해결되는 과정 자체가 동아시아 평화의 중요한 이정표가 될 수 있다고 생각해.

**윤 제자** 정부의 역할이 바뀌어야 한다는 거네요? 성급히 해결하기보다는 관련 활동을 장기적으로 지지하고 지원해야 한다는 거죠? 그러려면 정권이 바뀌어도 같은 태도를 유지해야겠어요. 우리는 너무 정파적으로 역사 문제를 대하는 것 같아요.

심 선생 좋은 생각이야. 그리고 위안부 문제는 국제적인 연대라든지, 중국이나 동남아시아 같은 피해국들도 고려해야 해. 그 부분을 결코 간과해선 안 돼.

최근에는 보편적인 인권 문제로서 국제법을 통한 해결을 모색하기도 해. 인류가 함께 만들어가야 할 공적인 가치를 국제사회가 함께 이루려는 노력인데, 이런 것과도 연계해서 해법을 찾아야 해.

무엇보다 '고통을 해결하는 방법'에 대해 장기적인 접근이 필요해. 어떤 사건으로 인해 사람이 죽었다고 하자. 가족 입장에서는 억만금의 보상을 받는다고 해도 죽은 사람이 살아 돌아오진 않잖아. 피해에 대한 보상과 사죄는 기본이고, 보상과 사죄에도 불구하고 해결될 수 없는 피해자들의 고통에 사회가 관심을 가지고 그들의 아픔을 치유할 수 있는 면밀한 노력이 필요해.

윤 제자 아! 트라우마 센터를 만든다는 이야기를 들었어요. 매번 배상, 보상만 생각하고 치유센터 같은 걸 왜 만드나 했었는데…. 더 열심히 공부해야겠어요. 그리고 이참에 위안부 문제를 넘어 동아시아 근현대사에 대해 공부해야겠다는 생각이 드네요. 단어에 민감하게 반응하기보다는 맥락과 의미를 잘 살펴봐야겠어요.

심 선생 이거 가르치는 맛이 나네! 나도 더 열심히 공부해볼게. 그리고 위안부 문제를 둘러싼 사회적 논쟁에 대해서도 더욱 적극적으로 대처해야겠다. 그 과정 하나하나가 할머니들을 위한 길이 아니겠어?

윤 제자 저도 샘과 함께 열심히~ 하지만 오늘 밥은 샘이!

심 선생 그러지 뭐. 배고프다, 뭐 먹으러 갈까?

일본군 위안부 문제는 점점 아득한 방향으로 나아가고 있다. 일본 제국주의 시대에 대한 역사 교육이 제대로 이루어지지 않고 있는 일본에서는 혐한 현상과 역사부정론이 대두되고 있다. 과거사를 제대로 알지 못한 채 한일관계를 무작정 비판적으로 보는 시선만 강화되고 있는 것이다.

우리나라의 사정 또한 좋지 못하다. 《반일 종족주의》 출간, 윤미향 사태 등으로 일본군 위안부 문제는 정쟁의 영역으로 넘어갔다. 또한 2020년 5월 이용수 할머니 발언 때 드러났듯이, 여전히 국민 대부분은 정신대와 위안부를 구분하지 못하고 있다.

새로운 관점과 방향이 필요한 시점이다. 여성과 인권 문제를 고려한 한일간의 새로운 타협과 협력의 모델을 구축해야만 문제를 해결할 수 있다. 역사의식을 중시하며 과거사 청산에 관심이 많은 우리나라, 자국민에게조차 피해 보상을 인정하지 않은 '다른 역사'를 살아온 일본. 어쩌면 이제야 비로소 대화다운 대화를 시작해야 할 때일지도 모른다.

# 두 번째 대화

과거사를 생각하면 피가 끓지만
반박하려면 말문이 막히는
대학원생과 함께

# 친일파, 그들은 '기회주의자'다

**정 대학원생** 역사학을 전공하는 대학원생. 역사의식도 있고 사회문제에 대해 관심도 많지만 잘못된 주장들에 대응하는 것이 녹록지 않음을 느낀다.

**심 선생** 열정 넘치는 역사 연구가. 역사 왜곡에 맞서 치열한 논쟁을 벌이기도 한다. 더불어 소통과 상생의 대화를 통해 새로운 역사 대화 문화를 만들고자 노력하고 있다.

놀랍게도 친일파 문제는 현재진행형이다. 해방 이후 반민특위를 중심으로 친일파 처단을 시도했지만 제대로 하지 못했다. 또한 한국전쟁과 독재정권을 거치면서 친일파의 상당수가 사회 기득권층으로 자리 잡는 데 성공했다. 이 과정에서 '성공을 위해서라면 무엇이든 하겠다'라는 기회주의 문화가 정착되기도 했다.

1987년 6월 항쟁 이후 민주주의가 정착되는 가운데 친일 청산에 대한 목소리가 높아졌다. 하지만 최근에는 사회적 관심이 무뎌진 것 또한 사실이다. 친일파 문제에 대한 왜곡된 정보와 시선이 다시금 등장하고 있는 것이다. 친일파 문제가 왜 문제일까? 근본적인 부분에서부터 꼼꼼히 다시 살펴볼 필요가 있다.

**정 대학원생** 이건 좀 지나친 거 같아요.

**심 선생** 밑도 끝도 없이 무슨 말이야?

**정 대학원생** 이 카톡 좀 보세요. 이승만 대통령이 친일파를 청산하지 않은 게 당시 문맹률 때문이랍니다. 나라를 이끌어갈 수 있는 사람들이 너무 적어서 어쩔 수 없이 친일파를 등용해 합리적으로 국가를 이끌고자 했다는 거예요. 아무리 몰라도 좀 지나친 주장 아닌가요?

**심 선생** 지나치네. 그래서 넌 뭐라고 했어?

**정 대학원생** 뭐라고 하긴요. "이, 이승만에 미친놈아. 정신 차려라! 이승만 같은 친일파가 세상을 다 망가뜨려서 너희 같은 놈들이 판치는 거야!" 라고 했죠.

**심 선생** 과격한데.

**정 대학원생** 친한 친구랑 한 이야기니까요.

**심 선생** 분풀이도 아니고 역사 전공 대학원생이 설득은 고사하고 그렇게 감정적으로만 대응하면 어떡해.

## 친일파는 누구인가

**정 대학원생** 설득이야 선생님이 하시면 되죠. 아시잖아요, 전 아직 모르는 게 많아서 부담스럽고요. 대학원생이라고 해도 아직 배워야 할 것투성인데, 사람들이 저한테 꼬치꼬치 물어보면 가슴이 철렁해요.

**심 선생** 대학원생이니 보통 사람보단 많이 알잖아? 학부에서도 역사를 공부했고.

**정 대학원생** 전 아직 내공이 딸려요. 제 의견을 말하는 게 솔직히 겁도 좀 나고요.

심 선생 그나저나 넌 친일파가 뭐라고 생각해?

정 대학원생 갑자기….

심 선생 좀 궁금해서…. 어떻게 생각하는지.

정 대학원생 일제강점기에 일본에 빌붙어서 나쁜 짓을 한 사람들? 나중에는 독재자에게 빌붙어서 부역자 노릇도 하고요.

심 선생 역사 전공자치곤 대답이 엉성한데? 일제강점기에 나쁜 짓을 했다고 모두 친일파라고 할 순 없겠지. 구체적으로 일제에 협력하며 민족 반역적인 행동을 한 사람들이겠고. 그렇다면 어떤 방식으로 협력할 수 있었을까?

정 대학원생 한일병합 과정에 협력했을 테죠. 송병준과 이완용이 대표적인 친일파고. 그리고 일본 제국주의 식민 통치에 협력을 한 사람들이 있겠죠. 관료나 군인에서부터 말단 순사나 면사무소 서기까지 포함되겠고요. 그 밖에 3·1 운동이나 독립운동을 방해하는 등 분야별로 따져볼 수 있지 않을까요?

심 선생 역시 전공자! 그리고 죄의 경중도 따져볼 수 있고 말이야. 조선총독부가 제정한 귀족원이라든지 중추원에 참여했던 특급 친일파도 있겠고, 식민 지배 말기 일제의 전쟁 정책에 협력해 조선 민중을 징용, 징병, 위안부로 내몰았던 친일파도 있을 테고.

분야별로 분류하면 친일의 논리를 만들어냈던 지식인, 문화예술계·

경제계 등의 인사가 있을 테고. 개인도 있고 단체도 있겠지.

정 대학원생 네. 정부에서 펴낸 《친일 반민족행위 관계 사료집》은 말씀하신 것처럼 체계적으로 정리했더라고요. 《친일인명사전》 또한 인물 중심이기는 하지만 기준을 가지고 구체적으로 친일 행위를 서술했어요.

## 친일파 문제, 감정적으로 접근하면 안 돼

심 선생 화를 낸다고 해서 상대가 설득되는 것은 아니잖아. 그리고 아까 한 네 말에는 오류가 있어.

정 대학원생 뭐가요?

심 선생 이승만 스스로가 친일파여서 친일파를 비호한 게 아니야. 이승만이 개인적으로 친일파를 두둔한 것도 아니고.

정 대학원생 그건 그렇죠. 이승만은 독립운동가로서 부족한 점이 많았고, 친일파의 살길을 열어주었으니까 친일파라고 한 거예요.

심 선생 독립운동가 개개인의 면모를 어떻게 볼 것인가는 별개의 문제고, 어찌 됐건 이승만이 친일파를 비호했다는 것과, 이승만이 친일파라는 것은 전혀 다른 문제지. 그리고 친일파 문제가 모두 이승만으로부터 비롯된 것도, 이승만 때문에 발생한 것도 아니고.

**정 대학원생** 선생님, 미국 이야기를 하고 싶으신 거죠? 맥아더는 나쁜 사람이에요. 맥아더 포고령이 결국 친일파가 살아날 여지를 마련해준 거니까요. 해방 직후 친일파들이 다 도망가고 숨고 했었는데 말이죠.

**심 선생** 그래, 맞다. 그런데 냉정히 따져볼 부분이 있지. 미국의 입장에서 생각해봐. 일본과 싸워 이겼고, 한반도 문제에 대해 별 관심이 없었고, 점령군으로 한반도에 들어왔으니까 그들 나름대로 행정 편의주의적인 발상을 한 거지.

심지어 일본인 관리들을 그대로 기용하려고 했잖아. 물론 이에 대해서는 거센 반발로 미 군정이 재빨리 취소했지만. 어찌 됐건 한반도 사정에 어두웠고 쉽게 생각했던 건 사실이니까. 일본 통치를 위해서는 수천 명의 전문가를 양성했으면서도 한반도 문제에 관해서는 제대로 된 전문가 하나 없었고, 고작 군정 사령관을 보냈으니까 말이야. 그래서 결과적으로 친일파 문제뿐 아니라 농지개혁 문제, 좌우익 갈등 문제, 양심적인 민족주의 세력 탄압 문제 등등 온갖 심각한 문제가 발생한 거고.

**정 대학원생** 선생님, 왠지 미국을 두둔하는 듯한 느낌인데요.

**심 선생** 난 친일파가 살아남을 수 있었던 배경에 미국이 어떤 역할을 했는가에 관해 이야기하는 거야. 미국이 우리나라 망하라고 제2차 세계대전에서 이긴 건 아닐 거 아냐. 그리고 일부러 무능한 군인들만 한반도에 보낸 것도 아닐 테고. 우리 입장에서 미국에 섭섭하고 기분이 나쁜 거랑 미국 입장에서 우선순위를 선택하고 행동하는 것은 구분할 필요가 있지. 을사조약 때만 해도 미국이 냉정하게 조선을 버렸잖아.

정 대학원생 그러니까요. 이런데도 여전히 미국을 맹목적으로 떠받들고, 한미동맹에 집착하는 사람들이 많아요.

심 선생 틀린 말은 아니지만 사실 그건 감정의 문제야. 나도 그 감정을 공유하고 있고. 하지만 감정이 현실에 대한 객관적 판단을 방해하거나, 문제를 해결하는 데 도움이 안 될 때도 있거든. 그 감정의 실체가 옳다고 해도 말이야.

을사조약 당시 미국의 태도를 누가 마음에 들어 하겠어. 하지만 미국의 입장에선 자신들의 태평양 진출 전략이 있었을 것이고 한반도까지는 신경 쓸 여력이 없었잖아. 제1차 세계대전이 끝나고 워싱턴회의(1921) 때 비로소 만주에 진출하는 수준이었으니, 1905년에 무슨 여력이 있었겠냐고. 당시 루스벨트 미국 대통령의 관심은 파나마에 있었고, 파나마를 장악해서 라틴아메리카에 대한 지배권을 확립하는 게 시급한 문제였으니까. 그리고 영국, 프랑스, 독일 역시 한반도 문제에 개입하지 않았고.

그 후에도 미국이 뭘 했어? 계속 무관심했잖아. 중국 문제조차 관심이 없었고, 만주사변이 일어났을 때도 리튼 조사단을 파견한 게 고작이었지. 일본이 중일전쟁을 일으키고 동남아시아까지 위협하니까 그제야 반응했잖아. 임시정부를 지원했던 것도 결국 태평양전쟁에서 승리하기 위해서였던 것이고.

정 대학원생 아하, 그러니까 선생님 말씀은 친일파가 살아남을 수 있었던 조건으로 국제정치적 환경도 고려해야 한단 거죠?

심 선생 응. 우리 독립운동사를 부정하자는 말은 아니지만, 정치학계가 흔히 지적하듯 태평양전쟁에서 승리를 거둔 나라는 미국이고 그 미국이 패전 국가 관리 차원에서 들어왔으니까 묘한 정치적 공백이 생긴 거지. 우리가 친일파 청산 문제를 이야기할 때 프랑스나 중국을 자주 인용하는데, 이들은 제2차 세계대전 승전국이었잖아. 일제나 나치스에 협력한 부역자들을 처벌할 수 있는 여건이 우리와 전혀 다르다는 사실을 인지해야 해.

정 대학원생 그렇다면 소련이 북한 지역에 들어온 것도 중요한 역할을 했다고 봐야 하네요. 북한에서 내려온 사람들이 많으니까요.

심 선생 그렇지. 나중에 이승만 정권에서 온갖 악랄한 짓을 했던 김창룡[1]은 친일 혐의로 소련군에 체포되어 죽을 뻔했는데 가까스로 탈출해서 남쪽으로 내려왔잖아.

물론 이 말은 신중하게 생각할 필요가 있어. 북한 지역에서 지주계급과 민중의 충돌, 기독교와 공산당의 충돌, 미·소 갈등에 따른 이념 문제 등 짧은 기간 동안 많은 일이 일어났잖아. 그러니 남쪽으로 내려온 사람들이 모두 친일파였다고 말할 수는 없지. 하지만 북한에서 이루어진 일을 보면 '밀어내기'식으로 진행된 것이 많아. 평양과 평안도에 집중적으로 분포하던 개신교도가 집단으로 월남한 것도, 토지개혁이 빠르게 진행된 것도 지주나 우익 들이 남한으로 도망쳤으니까 가능했던 거고, 친일파 중에 상당수도 살기 위해 내려왔고…. 이런 것들이 남한 내부의 갈

1 **김창룡**(1920~1956) 일본군 출신으로 이후 대한민국 군인이 되었다. 남로당 지도자 김상룡과 이주하를 체포했으며 이후 이승만의 신임을 받아 수많은 사람을 빨갱이로 몰았고, '혁명의용군 사건', '부산 금정산 공비위장 사건' 등을 조작했다. 결국 동료들에게 살해당했지만 그가 이끌던 방첩대는 이후 보안사로 발전하는 등 독재정권 시절 공작 정치에서 중요한 역할을 담당했다.

등을 부추겼고 그만큼 친일파가 살아남을 수 있는 여지가 생겼던 거지.

**정 대학원생** 미국이건 소련이건 외세는 그렇다 치더라도 이승만을 비롯한 일부 우익들이 친일파를 비호했던 건 정말 잘못이에요.

김구도 친일 기업가 최창학이 제공한 집에서 살았고, 초기에는 이승만과 궤를 같이하며 극우 진영의 선봉장 역할을 했잖아요. 우익 테러 단체라든지 청년 단체에 가서 연설도 하고, 격려도 했고요.

한민당[2]도 마찬가지 아닌가요? 김병로[3]를 비롯해 초기에 한민당에 꽤 괜찮은 인물들이 있었다는 건 인정해요. 당시 격렬했던 좌우 갈등을 무턱대고 한민당 탓으로 돌리지는 않지만, 한민당은 분명 문제가 있었어요.

한민당 지도부의 40퍼센트 이상이 일본 유학 출신이었고, 20퍼센트 이상이 미국 유학 출신이었으니 엘리트 정당이라 할 수 있죠. 이는 곧 지주 정당이라는 말이고, 당시 지주는 친일 혐의에서 자유롭지 못하다는 거잖아요. 일제가 식민지 통치 과정에서 지주를 협력 파트너로 삼았으니까요. 그러니까 토지개혁을 반대했고, 친일파 처단 문제에도 소극적일 수밖에 없었죠.

**심 선생** 역시 대학원생답네. 좋은 지적이야. 누군가를 신화화할 필요는

---

2 **한민당** 국내파 민족주의자, 지주, 친일파 등이 참여하여 만든 우익 정당. 송진우, 김성수 등이 주도했으며 토지개혁과 친일파 처단에 소극적이어서 민족적 공분을 사기도 했다. 한민당은 민국당을 거쳐 민주당이 되었으며 4·19 혁명 이후 제2공화국을 주도하기도 했다.

3 **김병로**(1887~1964) 대표적인 국내파 민족주의자. 일제강점기 변호사로 수많은 독립운동가의 변호를 맡았으며 좌우합작 단체인 신간회에 참여하기도 했다. 해방 후 초대 대법원장을 지냈으며 이후에도 이승만 독재에 저항하며 야당을 이끌었다.

없거든. 1948년 이후 김구의 정치적 행보가 극적인 전환을 한 건 사실이지만, 초기에 이승만과 밀착해서 극우의 선봉대 노릇을 했고 친일파 처단에도 소극적이었던 게 사실이지. 그 부분을 비판한다고 해서 김구의 인생 전체를 비판하는 것도 아니고.

한민당의 경우 나는 그들의 생존 방식에 주목하게 되더라고. 처음에는 임시정부의 정통성을 강조하면서 임시정부 귀국을 위해 무척 신경을 썼어. 여운형이나 좌익과의 협력을 거부하는 명분도 임시정부의 정통성 때문이었고. 하지만 미 군정이 임시정부를 승인하지 않으니까 재빠르게 미 군정과 결탁하는 모습을 보였지.

더구나 정치적으로 이승만이 부상하고 김구가 몰락해가니까 이승만과 더욱 가깝게 지내고. 미국과 소련의 대립이 심각해지니까 앞장서서 반공을 부르짖고. 뭐랄까, 일제 통치에 순응하고 협력했던 근성 때문인지 민족 정통성이나 사회정의보다는 권력 지향성이 모든 걸 결정하는 듯한 모습이었어.

**정 대학원생** 흐음. 하는 짓이 꼭 독재정권의 부역자들하고 비슷한데요. 그런데 선생님, 제가 공부하다 흥미로운 걸 발견했어요. 미 군정기에도 친일파 처단 시도가 있었더라고요.

## 궁지에 몰린 친일파, 첫 승리를 맛보다

**심 선생** 아하, 미 군정 당시 안재홍, 김규식 등 '과도입법의원'이 주도했던 〈부일협력자·민족반역자·전범·간상배에 관한 특별법률 조례〉[4]를 말하는 거지? 이야, 이름 너무 어렵다.

**정 대학원생** 네, 맞아요. 김구나 이승만 정도의 영향력은 없었어도, 공부를 하면 할수록 안재홍이나 김규식 같은 훌륭한 민족 지도자들이 많았구나, 새삼 느껴요.

**심 선생** 그렇지. 그런데 친일파들의 저항도 대단했어. 괴청년들이 김규식의 집을 둘러싸고 위협 시위를 벌였고, 과도입법의원 사무실이나 안재홍의 집을 습격했지. 무엇보다 경찰들이 지독하게 이 활동을 방해하는 걸 보면 말이야.

**정 대학원생** 하아, 선생님이 뭐라고 하셨지만 전 어찌 됐건 미국은 별로예요. 당시 친일파 처단을 결국 막은 것도 미 군정이니까요. 우익의 대대적인 반대와 친일파를 감싸는 태도도 문제였지만, 안재홍과 김규식 같은 중간파를 지지한다고 공개적으로 천명했던 미 군정이 배신한 거잖아요. 딘 군정 장관이 인준을 보류하면서 이 법이 무력화되었고요.

**심 선생** 맞아. 1947년에 벌어진 이 작은 투쟁[5]은 의미가 있어. 친일파들이 승리감을 맛본 거거든. 관료, 경찰, 군대 등 사회 곳곳에 자리를 잡고 있었는데, 그전까지는 납작 엎드려 있었다고나 할까? 그런데 목줄을 조여오니 저항하게 되고, 여기에 이승만과 한민당 같은 우익 세력이 두둔하고, 김구는 갈팡질팡하면서 영향력이 점점 보잘것없어지고, 거기에 미 군정까지 지지를 보탠 거잖아. 가장 의미 있는 최초의 전투에서 값진

---

4 **부일협력자·민족반역자·전범·간상배에 관한 특별법률 조례**(1947. 7. 2) 미 군정 통치 동안 김규식, 안재홍 등을 보통 중간파라고 부른다. 중간파는 이념을 뛰어넘어 좌우 협력을 강조하며 친일파 처단을 비롯한 적극적인 사회 개혁을 요구했다. 미 군정은 이에 호응하며 공식적으로 지지했지만, 결과적으로 이들의 요구를 수용하지는 않았다.

승리를 경험한 거지. 좀 더 자세하게 이야기해볼까?

정 대학원생 네.

심 선생 왜 친일파들이 이런 승리를 거둘 수 있었냐는 거지. 개인적인 문제 이전에 구조적인 문제거든. 바탕이 있어야 친일을 하든 뭐든 할 거 아냐. 미 군정은 한반도 문제에 큰 관심이 없었고 자국의 입장에서 모든 걸 판단했어. 더구나 행정 편의주의적인 태도로 친일파를 계속 활용했어. 미 군정이 신뢰한 집단이 한민당과 관료, 경찰이었잖아.

---

5 **살아난 친일파** 해방 이후 미국과 소련은 '모스크바 3국 외상회의'를 통해 한반도에 독립국을 세우는 것에 합의했다. 하지만 '신탁통치 문제', '동아일보 오보 사건' 등 여러 이유로 좌우 갈등이 심각해지면서 상황은 혼란스러웠다. 미국은 좌우합작을 표방하면서도 좌익 계열을 탄압했으며, 무엇보다 친일파를 미 군정의 행정력으로 흡수해버렸다. 더구나 경찰의 경우 일제강점기 제도와 인력을 거의 그대로 유지했던 탓에 민심이 돌아서면서 대구 10·1 사건, 제주 4·3 사건 등이 일어나기도 했다. 미국은 좌우합작 운동에 실패하고 냉전이 본격화되자, 결국 이승만과 한민당을 중심으로 대한민국 정부 수립을 지원했다. 이승만 역시 관료와 군대, 경찰 가운데 뿌리박힌 친일파를 제거하기보다는 자신의 친위대로 적극 활용하는 태도를 취했다.

그리고 해방공간에서 민족주의 세력이 사회주의 세력보다 약했던 것도 사실이야. 임시정부 이야기를 많이 하지만 사실 오랫동안 중국에서 활동했기 때문에 국내 기반이 취약했잖아. 윤봉길 의거를 계기로 안창호가 잡혀서 죽었다는 것은 큰 손실이었지. 일정 정도 미국의 비호를 받았던 이승만 역시 그 유명세에 비해 국내 기반이 없었고. 이승만이 한민당이나 친일파와 손잡는 과정이 부족한 세력을 메우기 위해서였다는 지적이 많아.

더구나 송진우, 김성수, 최남선, 이광수, 최린 등 국내파 민족주의자들의 상당수가 비굴할 정도로 일본에 협력했던 것 역시 기억해야겠지. 《동아일보》 창간에 함께 참여했던 송진우, 김성수, 장덕수는 애초부터 일제에 타협적 태도를 취했고, 중일전쟁 이후 일본의 정책에 적극적으로 순응했으니 인심이 좋을 리가 없잖아. 최남선과 이광수가 어떤 사람들이야. 안창호의 뒤를 이을 거라 기대했던 차세대 민족주의자들 아니야. 그런데 최남선은 만주국에서 교수를 하면서 일본의 대륙 진출을 이론적으로 합리화했고, 이광수의 친일 행위는 너무 유명하고…. 최린은 천도교 신파를 이끌던 인물로 일찍부터 일본에 타협적 태도를 보였지. 천도교뿐 아니라 개신교 등 종교계가 결국 주기철, 손양원 같은 소수파를 제외하고는 대다수가 친일의 길을 걸었다는 것도 잘 알려진 사실이지.

**정 대학원생** 저는 우익이 좌익보다 민중 조직 능력이 떨어진 것도 중요하다고 생각해요. 우익이 지도자 중심이었다면 좌익은 노동자와 농민을 조직화하고 세력화하는 데 능했잖아요. 더구나 일본 제국주의는 어찌됐건 자본주의 국가였고 조선 민중을 탄압했기 때문에 조선 민중의 사회주의에 대한 호감도가 높았더라고요. 물론 사회주의에 대한 호감도가 현실 공산주의 국가에 대한 동경을 의미하는 것은 아니었지만, 당시 사회 분위기는 무척 진보적이었던 것 같아요.

심 선생 녀석, 많이 똑똑해졌어. 맞아. 그런 측면도 고려해야 해. 좌익의 경우 여운형이 건국준비위원회[6]를 조직하면서 판세를 주도했지. 비록 미 군정에 의해 건국준비위원회가 선포한 인민공화국이 부정당했지만, 산하 조직이었던 인민위원회는 지속적으로 영향력을 행사했어.

더구나 정치범들이 석방된 후에는 박헌영을 중심으로 거물급 사회주의자들이 대거 등장하고 민전이나 남로당 같은 굵직굵직한 조직들이 빠른 속도로 결성되었지. 이에 미 군정이나 우익은 위기감을 느꼈을 거야.

정 대학원생 그러면 북한의 상황도 영향을 주었다고 볼 수 있는 건가요? 평남 건국준비위원회[7]를 이끌던 북한 지역의 대표적인 우익 지도자이자 기독교 장로였던 조만식이 결국 제거되잖아요. 이 일이 남한에도 충격을 주었다고 보는 거죠?

심 선생 내 말이 그 말이야. 북한 지역에서 기독교도와 공산주의자들 간에 충돌이 계속 일어나거든. 기독교인들이 주도하여 만든 조선민주당도 있었고. 결국 사회주의자들이 북한을 장악하고 토지개혁까지 진행되면서 이들이 남쪽으로 내려왔는데, 그중 일부가 서북청년단[8] 결성에 참여했어.

---

6 **건국준비위원회** 해방을 맞이하면서 여운형을 중심으로 국내에서 만들어진 단체로, 줄여서 '건준'이라고도 부른다. 안재홍 등이 참여해 한때 좌우합작 성격을 띠기도 했지만, 좌익 세력이 강해지면서 우익은 탈퇴했다. 좌익화된 건준은 미 군정이 진주하자 인민공화국 선포를 시도했다.

7 **평남 건국준비위원회** 평양에서 결성된 건국준비위원회 지부. 민족주의자 조만식이 주도했으며 북한에서의 좌우합작 활동을 이끌었다.

서북청년단이 제주 4·3 사건 때 워낙 나쁜 짓을 많이 했기 때문에 지금은 테러 단체 정도로 기억하지만, 어찌 됐건 서북청년단 강령을 보면 평안도 지방에서 시작된 애국계몽운동이라든지, 양기탁과 이승훈 같은 평안도에서 활동한 거물급 독립운동가를 자신들의 원천으로 인식하는 등 나름의 정통성을 정립했던 단체야. 그들이 전하는 고향 소식과 북한 소식이 남한에서 어떤 영향력을 행사했겠어.

**정 대학원생** 서북청년단… 아, 무서워. 그들이 제주도에서 저지른 만행은 정말로…. 이 사건은 지금까지도 제주도민들 사이에서 어려운 주제잖아요. 무시무시해요.

## '반공'의 가면을 쓰고 되살아난 친일파

**심 선생** 심정적으로야 나도 다르지 않아. 내가 하고 싶은 말은 이걸 계기로 친일파가 살아남을 공간이 만들어졌다는 거지. 바로 반공. 공산주의를 반대하면 살아남을 수 있는 새로운 길이 열린 거야. 그전까지는 민족주의라는 뚜렷한 범주가 있었어. 민족주의자들은 유교적 전통문화를 중시했기 때문에 개인의 수신을 강조하며 제국주의적인 야욕보다는 문화주의적인 태도를 보였어. 민족의 독립을 위해 교육과 산업을 강조하며 실력 양성을 위해 여러 노력을 펼쳤고, 민족의 해방을 추구하면서 어떤

8 **서북청년단** 해방 이후 남한에 만들어진 수많은 우익 청년 단체 중 하나. 주로 월남한 인물들을 중심으로 결성되었으며, 우익과 경찰 등의 지원을 받아 자금과 무기를 확보하고 좌익 청년단과 물리적 충돌을 일삼았다. 가장 강경한 반공주의적 태도를 보였으며 제주 4·3 사건 당시 민간인 학살을 주도하는 등 만행을 저질렀다.

국가를 건설할 것인가에 대해 고민했지. 이들이 새롭게 탄생한 사회주의자들과 구별되는 우익이었어.

그런데 해방 이후 상황이 묘해진 거야. 민족주의자로서의 정체성보다 사회주의자들과의 경쟁이 더욱 중요해진 거지. 어차피 미 군정은 민족주의의 순수성 같은 것에 별 관심이 없고 오히려 부담스러워했으니까. 이승만과 한민당은 세력 확장에만 골몰하다 어느 순간부터 적극적으로 친일파를 자신들의 편으로 끌어들이기 시작했어. 분위기가 이러니 생존할 길도 많았지. 과거 만주 지역에서 일본군 하급 장교로 활약했던 인물들은 군대에 쉽게 입대할 수 있었고, 직급이 높은 경찰들은 사실상 친일파가 아닌 인물들이 없었지만, 미 군정에 충성하고 우익 세력을 후원하면서 더할 나위 없는 신뢰를 확보했잖아.

**정 대학원생** 우익이라는 개념이 반공주의 혹은 극우파로 바뀌었다는 말씀이군요!

**심 선생** 그렇지. 해방공간에서는 무엇이 민족주의이며, 누가 민족주의자냐는 것이 논란거리가 아니야. 좌익과 우익의 대립 구도가 모든 것을 규정하는 거야. 좌익과 대립하고, 좌익과 경쟁하며, 좌익을 때려잡아서라도 이길 수 있다면 그것이 바로 우익이 되는 거지.

그리고 해방공간에서 대표적인 민족주의자들의 행보도 혼란스러웠잖아. 안재홍이나 김규식은 여운형과 만나서 좌우합작에 집중했고, 이승만과 김구는 초기에 가까웠지만 결국 이승만은 한민당, 미 군정과 결탁하고, 김구는 떨어져나가지. 더구나 분단이 사실상 확정된 1948년에 김구는 김규식과 함께하며 이승만-한민당-미 군정과는 확연히 대립하는 새로운 행보를 보이고 말이야. 즉, 우익 내에서도 확고한 틀이 없고,

민족주의라는 것 역시 매우 모호한 거지.

하지만 반대로 뚜렷한 게 하나 있지. 바로 좌익과의 대립. 친일파들이 옷을 바꿔 입기 딱 좋은 구조야. 민족반역자 '친일파 처단'에서 어느덧 '좌익과의 세력 싸움'이 더 중요한 과제가 돼버려. 박헌영이 주도하는 좌익 세력의 호전성 또한 보통이 아니니 갈등은 극단으로 흘러갈밖에. 청년단에게 총을 쥐여주고, 미 군정이 좌익을 탄압하고, 이승만과 한민당이 주도하는 우익 정치를 지원하면서 어느덧 친일파는 우익에게 없어서는 안 되는 존재가 되었어. 그러니 반공이 곧 우익의 정체성이 돼버린 거야.

**정 대학원생** 아니, 어떻게 그럴 수가 있죠? 그러면 안 되는 거잖아요.

**심 선생** 하하. 내가 뭐 된다고 했니? 분명한 사실은 해방공간의 정치 역학이 그들에게 생존의 터를 마련해주었다는 거야.

**정 대학원생** 이승만, 김구, 안재홍, 김규식 등이 똘똘 뭉쳐서 친일파 처단을 확실히 한 다음에, 좌우합작이든 좌우 대립이든 했어야 해요.

**심 선생** 역사에 가정이 무슨 의미가 있겠어. 그런 식의 푸념은 누구나 할 수 있어. '김구가 애초에 이승만이 아니라 여운형, 김규식과 손을 잡았으면 어땠을까, 김구가 초대 대통령이 되었다면 어땠을까.' 막연한 김구 희망론이 있기도 하니까.

하지만 역사에서는 경우의 수가 너무 많으니, 가능성 하나를 가정하더라도 나머지 부분을 예측할 수 없고, 설령 낙관적인 예측을 하더라도 이미 엎질러진 물 아니겠니.

정 대학원생 그건 맞아요. 아! 그러면 선생님은 친일파가 독재정권 시절에 독재의 몸통이 되었다는 것 역시 비슷한 관점에서 생각하시는 건가요?

## 친일과 독재

심 선생 바로 봤어. 생각보다 친일파에 대한 연구는 진척되지 못했거든. 여러 이유가 있을 거야. 오랫동안 독재 시절을 보냈고, 이것을 극복하는 데 모든 역량이 집중된 면이 있지. 현실적으로 친일파가 정치·사회 각 분야에 진출해 고위직을 독식하는 상황에서 연구 자체가 어렵기도 했고.

그렇다 보니 주로 인물 위주의 연구였어. 누가 친일파였고, 해방 이후 누가 다시 국가 요직에 진출하고, 또 이런 사람들이 독재정권의 하수인 노릇을 하고…. 논의 구조 자체가 단순했지.

정 대학원생 친일의 역사가 독재정권을 관통해서 지금까지 계속되고 있다는 것은 분명한데, 그다음은 어떻게 설명해야 할지 모르겠어요.

심 선생 아까 말한 것처럼 지금 시점에서는 친일파의 형성과 발전 단계 그리고 독재정권으로 이입, 정착되는 과정에 대한 치밀한 논증은 어려울 수 있어. 그럼에도 불구하고 어느 정도 가늠해보고 고민할 부분은 있다고 봐.

정 대학원생 무슨 말씀을 하시려는 거예요?

**심 선생** 문화적이거나 실존적인 과정에서도 설명할 수 있는 측면이 있다고 생각해. 난 친일파가 막연히 나쁜 놈들이라고 생각하지 않아. 어느 시대나 당시의 상황이 있고, 인간은 선택하는 상황에 맞닥뜨릴 수밖에 없잖아? 그리고 옳건 그르건 적극적이건 수동적이건 판단을 하고, 그 판단의 결과로 인해 인간이 변화될 수도 있고 말이야.

**정 대학원생** 친일파에 면죄부를 주는 위험한 생각 아닌가요?

**심 선생** 이런 가정을 해보자구. 넌 대학원을 졸업하고 교수가 되려고 하는데, 알고 보니 지도교수가 독재정권 시절에 권력에 부역했던 인물이야. 더구나 너의 연구 과제가 독재정권을 다루고 있는데 주제를 바꾸라고 하고, 대신 본인이 원하는 연구를 하면 교수 자리를 알아봐주겠다고 해. 넌 어떤 선택을 할 건데?

**정 대학원생** 아이참, 선생님. 너무 극단적인 가정 아닌가요? 저희 교수님은 그런 분이 아닐뿐더러 지금이 어떤 때라고 그러겠어요.

**심 선생** 바로 그거야. 지금 대한민국은 다소 부족하지만 민주주의 국가야. 언론의 자유도 학문의 자유도 광범하게 보장받지. 우리는 그런 사회구조 혹은 문화적인 분위기 속에서 살고 있어.

구한말이나 일제강점기에도 비슷한 구석이 있었겠지. 이완용의 처지에서 생각해봐. 독립협회 활동도 해봤고, 친미·친러파 쪽에서 활동하면서 일본의 침략을 막으려고 나름 노력했어. 똑똑했고, 붓글씨도 기가 막히게 잘 썼고, 두루두루 유능했던 인물이야. 하지만 조선은 희망이 보이지 않았고, 독립협회 활동 때문에 좌천당하기도 했지. 그런데 이토 히로부미가 내전에 들어와서 을사조약을 강요하는데 아무도 선뜻 나서지 못하는 거야. 송병준이 추천했다고는 하지만 이완용은 애초에 반일 진영에서 활동했고 이토 히로부미하고는 연결 고리도 전혀 없었지. 그런데 기회가 찾아온 거야. 을사조약을 주도하면 이토 히로부미의 눈에 들 거고, 변덕스러운 고종을 감당할 필요도 없고, 확실한 출셋길을 확보할 수 있는 거지.

**정 대학원생** 지금 이완용이 어쩔 수 없이 친일파가 되었다고 편드시는 거예요? 그렇게 따지면 사정이 없는 사람은 아무도 없겠죠.

**심 선생** 끝까지 들어봐. 이완용은 "힘을 기른 후 독립을 도모하자"고 주장하며 을사조약을 이끌었어. 이토 히로부미의 눈에 들었고 결국 총리대신이 되어서 '정미7조약(1907)', '한일병합조약(1910)' 등을 주도했지. 또 3·1 운동 당시 이완용은 《매일신보》에 경거망동하지 말라는 식의 사설을 써서 3·1 운동을 무마하는 데 급급했어. 그 대가로 후작의 지위에까지 올랐어. 이완용은 국권 침탈이라는 '역사적 기회'를 선택한 기회주의자였던 거야. 친일파의 다른 말은 기회주의가 아니고 뭐겠어.

송병준한테는 '출세주의'라는 말이 좀 더 적합하겠네. 시종일관 친일 활동을 하느라 정신이 없었으니까. 하지만 그 역시 일본의 침탈을 '기회'로 판단했고 그것을 활용했지. 농상공부대신이 되고, 한일병합의 대가로 은사공채 10만 원을 받고, 조선 귀족령에 따라 백작에 오르고, 나중에 자작까지 봉해지는 등 당시 조선인으로서의 최고 수준까지 출세했으니까 말이야.

박영효는 특이한 게 친일파로 변절이 본격화되는 시점에 경제적 이권을 챙기기 시작했다는 점이야. 한성재목신탄 주식회사 대주주, 조선식

산은행 이사, 경성방직 주식회사 발기인, 조선경제회 회장, 신민공사 주식회사 취체역, 경성흥산 주식회사 사장, 광영산업 주식회사 발기인 등등 온갖 경제적 이권을 확보해. 그리고 그만큼 대표 친일파로 거듭나게 되고. 뭐라 변명을 하든 그의 친일 행보는 경제적 이권 확보라는 기회가 있었다는 걸 무시할 수 없지.

## 깊게 뿌리내린 기회주의

정대학원생 선생님은 신간회[9]에서 말한 '기회주의'를 말씀하시는 건가요?

심 선생 무관하지 않아. 신간회가 기회주의를 배격한 이유가 뭐야? 이광수와 최린 등이 일제의 문화통치에 협조하며 본격적으로 친일 행보를 시작하잖아. 우리는 아직 독립 역량이 부족하다, 역량을 기르는 동안 일본이 허락하는 범위 내에서 '자치'를 하자, 이런 식의 주장이지.

이게 정말 교묘하거든. 3·1 운동을 겪었지만, 1920년대에 접어들면서 일본 식민 지배가 나름 안정되어가고, 제1차 세계대전 후 세계정세 역시 평화 번영의 시대로 진입해. 그러니 일종의 실현 가능한 타협책을 모색하면서, 독립을 향한 의지를 거두어들이기 시작하는 거지. 안재홍 같은 이들은 바로 이 점을 간파하면서 강력하게 자치론을 비판했고, 신간회를 중심으로 독립 역량을 유지하기 위해 힘썼지.

9 **신간회** 1927년에 창립된 좌우합작 독립운동 단체. 일제가 자치론을 내세우면서 사람들을 회유했고 이광수, 최린 등 민족주의 진영 일부가 이에 협력했다. 이에 비타협적 민족주의를 고수하며 새롭게 등장한 사회주의 세력과 연합해 일제와 싸우기 위한 단체로 신간회가 결성되었다.

# 이완용의 3·1 운동 경고문

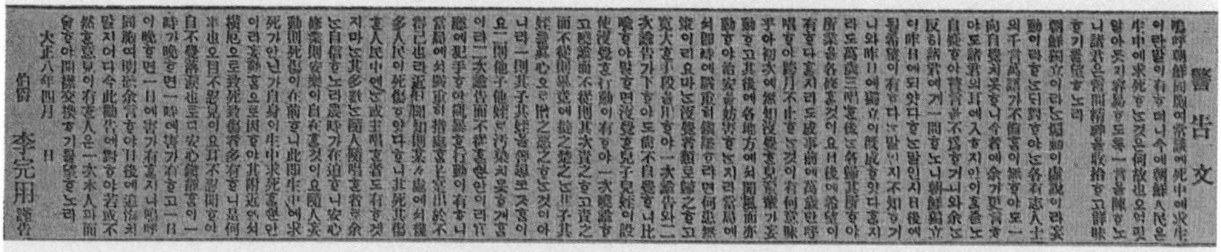
警告文

大正八年四月 日

伯爵 李完用 謹告

3·1 운동이 일어난 지 한 달 만에 이완용이 총독부 기관지 《매일신보》에 기고한 3차 경고문

조선 동포여!

알아듣기 쉬운 말로 한마디 하겠으니 제군은 정신을 차리고 의미를 잘 살펴보기를 바라노라.

조선 독립이라는 선동은 허된 것이고 망동이라 하는 데 대하여 모든 뜻있는 인사들의 천 마디 만 마디 말이 부족함 없음에도 자각하지 못하고 있도다.

근자에 듣자 하니 여러 인민이 죽고 다쳤다 하는데, 개중에는 혹 만세를 외친 이도 있겠지만 다수는 부화뇌동한 자들이라 나는 자신하노라.

농사철이 임박하니 생업에 힘쓰는 것이 안락할 것이요, 망동하면 죽거나 다칠 일이 눈앞에 보이니 살아 있음에도 죽을 길을 택할 것인가!

자신이 죽을 뿐만 아니라 망동으로 인하여 주변 사람들까지 횡액으로 다치거나 죽는 자가 많다 하니 이 일을 어찌할꼬!

동포여 내 말을 잘 들어 후일에 후회하지 말지어다.

1919년 4월 5일

백작 이완용 삼가 고하다.

*출처: 푸른 솔, http://fishes1272.blog.me(의역을 발췌해서 실음)

**정 대학원생** 세상은 좀 평화로워졌다 싶은데 민족 모순은 넘실대고, 일본 놈들은 과거보다 잘 대해주니 뭔가 기분은 살짝 풀리고… 까짓것, 여기서 좀 순응하며 살아볼까? 뭐 이런 감수성에 대한 배격이요?

**심 선생** 그렇지. 일제강점기 교육 제도와 관련해 비슷한 이야기를 하나 더 해볼게.

**정 대학원생** 아아, 황국신민….

**심 선생** 당시 일본의 교육목표는 '모범청년상' 양성이었어. 충효와 일왕에 대한 복종을 중요시했지. 그러니 자연스럽게 모범적인 청년상을 강조할 수밖에. 쉽게 말해 말 잘 듣고, 국가가 제시하는 대로 열심히 사는 거 말이야. 법을 준수하고, 사회적 권위에 이의를 제기하지 않고, 국가가 보여주는 성공을 추구하고 뭐 그런 거 있잖아.

더구나 1920년대가 되면 일제가 서울대학교의 전신인 경성제국대학을 설립해. 이때부터 지독한 입시 경쟁[10]이 시작되었고, 이 경쟁을 뚫고 경성제국대학에 들어간 일부 조선인 학생들이 객기를 부리면서 우월함을 과시하곤 했지.

**정 대학원생** 아, 알아요. 달리는 전차 세우기, 순사 신발에 오줌 누고 도망가기….

---

10 **입시 경쟁** 개교 초인 1926년에 조선인 학생은 전체 학생 150명 중 47명에 불과했다. 이러한 경향은 바뀌지 않아 1941년에는 전체 학생 611명 중 216명만이 조선인이었다.

**심 선생** 물론 이런 모습은 이전부터도 있었지. 조선시대 과거제 역시 못지않았으니까. 하지만 신분제 사회라 경쟁이 양반 계층 내에서 이루어졌고 유교적인 도덕 장치가 강하게 사회를 통제하는 측면이 있었기 때문에, 오직 개인의 출세만을 추구하는 성공 지상주의하고는 달랐어. 여하간 일제강점기에도 이런 식으로 출셋길이 열릴 수 있었다는 거야.

그러다가 1930년대 초반 한반도에서 금맥이 발견되면서 황금 찾기 열풍이 불어. 최창학, 방응모 등이 금맥을 찾아 벼락부자가 된 경우야.

**정 대학원생** 어? 잠깐만요. 최창학과 방응모는 내로라하는 친일파잖아요?

**심 선생** 흐흐, 그렇지. 최창학은 국민정신총동원조선연맹 발기인, 경성부육군지원자 후원회 이사, 조선임전보국단 이사 등을 역임하면서 전쟁터에 조선 민중을 밀어 넣는 데 큰 공을 세웠지. 해방 이후 김구 주변을 얼쩡거리면서 생존을 모색하는가 하면 고리대금업도 했으며, 탈세 혐의로 구속된 적도 있지만 무죄로 풀려나. 반민특위에서 불구속으로 조사를 받았고, 나중에는 학교 이사장도 하고….

**정 대학원생** 전형적인 친일파의 인생 아닌가요?

**심 선생** 그래도 뭐 해방 후에는 크게 성공한(?) 편이 아니야. 방응모에 비하겠니.

**정 대학원생** 하긴 그러네요. 《조선일보》를 인수했고 그 신문이 현재 막대한 영향력을 행사하고 있으니 말이에요. 방응모는 중일전쟁 발발 직후 주필한테 '일본군'을 '아군, 황군'으로, '중국군'과 총통 '장개석 씨'를 '지나(支那) 장개석'으로 고쳐 쓸 것을 직접 지시하기도 했고, 기자들의 반대와 사회적 지탄에도 불구하고 신문의 편집 방향을 철저하게 일제 정책에 맞추어 운영한 걸로 유명하더라고요.

**심 선생** 게다가 1940년 잡지 〈조광〉 창간 5주년 기념사에서 방응모는 "국민 된 자로서는 누구나 실로 최후의 각오를 하지 않으면 안 될 때를 당하였다"라고 발언을 하지 않나, "자유주의, 개인주의를 지양하고 전체주의적 방향으로 향하도록 운명이 결정"되었다면서 절대 충성을 위한 온갖 헌신적인 결의를 주도했으니까 말이야.

**정 대학원생** 최창학과 방응모는 거액의 국방헌금을 낸 걸로도 유명하던데요.

**심 선생** 응. 최창학은 신의주 일대 경비를 목적으로 기관총 2정 금액인 3,200원(1930년대 쌀 한 가마니는 6~7원 정도)을 헌납했고, 국경 경비용 화물

자동차 3대를 평안북도 경찰부에 헌납하고, 평북 구성경찰서 신축비로 8,000원을 헌납했지. 서대문 파출소 신축비 2,000원, 중일전쟁 당시 시국운동비 5만 원, 군용기 6대 제작비 40만 원, 사상범에 대한 사법보호협회 설립 기금 20만 원 등등. 심지어 군인용 부채 1,000개 대금도 지급했더라고. 지극한 충성 경쟁이었지.

다시 본론으로 돌아오면 경성제국대학을 나와 출세하거나, 금맥을 찾아 부자가 되는 길이 있었고, 1931년에는 무슨 일이 일어나지?

정 대학원생 만주사변이요? 일제가 만주국을 세우잖아요.

심 선생 그렇지. 그리고 이 시점부터 본격적으로 일본은 대륙 진출을 준비해. 소련 쪽으로 나아갈 것인가 중국으로 내려갈 것인가를 두고 논쟁이 벌어지기도 하고, 시베리아-몽골-만주-한반도-일본이 같은 민족 또는 같은 문명권이었다는 주장이 이론화되기도 하지. 그러면서 만주국에서 '오족협화'를 외치잖아. 일본인을 중심으로 조선인, 중국인, 몽골인, 만주인, 타이완인이 함께 새로운 세계를 건설하자고 주장해.

정 대학원생 그건 거짓말이고 기만이었죠. 지배 이념으로 그럴듯하게 표방하는 거죠. 아, 갑자기 최남선이 떠오르네요. 일제의 타협 정책에 굴복해 망가진 사람. 경성제국대학 법문학부 교수, 조선 역사를 왜곡하기 위해 만든 조선사편수회, 청구학회 회원. 그리고 만주 침략에 협력한 대가로 만주건국대학 교수까지 됐죠. 선생님이 말씀하신 오족협화를 학문적으로 합리화하기도 했고요.

심 선생 그 정도가 아니야. 최남선은 1940년에 '동남지구 특별공작후원회'의 고문직을 맡았는데, 이 단체는 만주 일대의 독립군을 토벌하기 위해 조직되었어. 우리가 개념적으로야 친일의 유형을 분류할 수는 있지만, 친일파의 면모를 살펴보면 정말 골고루 나쁜 짓을 했어.

그런데 내가 원래 하고 싶었던 말은 최남선 개인의 일탈이 아니야. 생각해봐. 식민지 조선에서는 희망이 없는데 만주사변으로 만주라는 공간이 열린 거야. 박정희, 정일권, 백선엽은 1930년대 후반에 20대였어. 당시 20대 청년들이 무슨 생각을 했겠어? 모두 분연히 일어나서 일본과 싸우려고 했을까? 현실을 인정하고 각자도생을 찾거나 출세를 도모한 사람도 많았지.

**정 대학원생** 그러면 선생님은 간도특설대[11]에서 활동했던 친일 군인들도 기회주의적인 선택이었다고 생각하세요?

**심 선생** 응. 개념적으로나 구조적으로는 깊이 분석을 해봐야겠지만 막연하게 친일파, 친일파 하는 것은 한계가 있잖아? 사실 일제강점기 말기에 이르면 비슷한 모습이 반복돼. 자치론을 주장했던 사람들은 모조리 친일파가 되고, 그래서 교육계-문화계는 거의 초토화되고, 만주국이라는 기회를 선택한 20대 청년들은 극단적으로 변절하지.

반민특위[12] 1호로 잡혀간 박흥식이 대표적인 인물이야. 이 사람은 1930년대 후반부터 성공 가도를 달리거든. 일제가 대륙 침략에 뛰어들면서 중화학공업이 발전하고, 일본 재벌이 동아시아 각 지역에 진출하

---

11 **간도특설대** 일제가 1938년 만주 일대의 한인무장대를 비롯해 항일 세력을 토벌하기 위해 조직한 부대. 1945년까지 활동했으며, 조선인 중 일부가 만주 지역 군관학교에서 교육을 받은 후 이 부대에서 활동했다.

는 것을 성공의 기회로 생각해. 미쓰이와 제휴해서 몽골에서 사업을 벌이기도 하고, 해방 직전에는 조선 비행기 공업주식회사를 설립했는데, 이것은 육군성 산하 공식 제조 업체였어.

놀라운 점은 "신경제체제를 구축하기 위해 자유주의적 원리를 포기해야 한다"라며 반자본가적 발상까지 드러내. 일제의 침략 전쟁에 자신의 모든 경제적 야망을 걸면서 온갖 충성 행위를 하거든. 국민정신총동원 조선연맹 발기인 겸 이사, 영국 타도를 주장하는 배영동지회, 조선총독부 물가위원회 위원은 물론이고, 경성보호관찰소 촉탁보호사, 시국대책 조사회위원 등 총독부 통치 기구에도 이름을 올리니 총리대신 도조 히데키가 초청해 일왕을 배알하는 영광을 누리기도 했어.

**정 대학원생** 가닥이 좀 잡히네요. 사람들은 각자 처한 상황에서 선택할 수밖에 없고, 옳지 않다고 생각해도 선택할 수 있고요.

**심 선생** 선택이 사람을 변하게 하고, 변한 사람은 자신을 끊임없이 합리화해야 하고.

**정 대학원생** 만약 누군가 문제 제기를 하며 덤벼들면, 죽기 살기로 싸울 수밖에 없겠군요.

**심 선생** 그렇지. 기회의 대가, 변절의 대가로 돈, 명예, 출세를 거머쥐었으

---

12 **반민특위** '반민족행위특별조사위원회'의 약칭. 제헌국회는 친일파를 처단하기 위해 반민족행위특별법을 제정했으며, 이를 실현하기 위해 1948년 반민특위를 구성했다. 그러나 남로당 국회 프락치 사건, 반민특위 습격 사건, 이승만 담화 등으로 무력화되었다.

니, 누군가 지적을 하면 모욕감을 느끼고 가능한 모든 수단과 방법을 동원해서 거세게 저항하겠지.

정 대학원생 친일파들이 반공을 부르짖거나 잔혹해질 수밖에 없는 이유가 있네요. 내가 가진 걸 지키려는 본능 같아요.

심 선생 그렇지. 그런데 세상이 또 요동치잖아. 이승만 독재를 거쳐 박정희, 전두환의 군사 독재…. 사실상 대한민국 역사의 절반 이상이 독재라는 끔찍한 시대를 건너왔어.

정 대학원생 일부 사람들은 독재를 기회라고 생각할 수도 있었겠어요.

심 선생 맞아. 독재정권이라고 해서 마냥 나쁜 소리만 했겠어? 정당하지 못한 권력이었으니 명분 찾기에 더욱 열심이었지. 이승만의 '홍익인간', 박정희의 '조국 중흥의 사명', 전두환의 '정의 사회 구현'. 독재정권 시절만큼 도덕적인 구호가 남발했던 시대가 있었을까?

또 사회에 반하는 움직임에는 국가가 강한 통제와 폭력으로 대응했으니 "모난 돌이 정 맞는다, 나서지 마라, 너무 정의로울 필요 없다. 너 잘되라고 이러는 거다" 이런 분위기가 팽배해 기회주의가 더욱 공고해졌지.

정 대학원생 전 조선시대 문화가 계승된 측면도 있다고 봐요. 어찌 됐건 조선시대에는 명분을 중요하게 여겼고, 과거에 합격해 어떤 관직에 오르느냐가 성취의 척도였잖아요? 조선 후기엔 출세가 곧 성공이라는 생각이 더해졌고요.

## 한국과 프랑스의 과거 청산

● 친일파 처단 시도

| 시기(년) | 주관 | 실행 기관 | 내용 |
|---|---|---|---|
| 1947 | 미 군정 | 남조선과도입법의원 | 부일협력자·민족반역자·전범·간상배에 관한 특별 법률조례 제정<br>부일협력자: 10만~20만 명<br>민족반역자: 1,000명<br>전범: 200~300명<br>간상배: 1만~3만. 총 20만 명으로 추산 |
| 1948 | 대한민국 | 제헌국회 | 반민족행위처벌법(반민법) 제정<br>반민특위 조상대상 피의자: 7,000여 명<br>실제 조사 대상자: 688명<br>기소: 221명<br>구형: 41명, 실제 처벌자 없음 |
| 2005 | 참여정부 | 친일반민족행위진상규명위원회 | 1,006명 친일반민족행위자로 확정 |
| | | 친일재산조사위원회 | 친일반민족행위자 재산의 국가귀속에 관한 특별법(친일재산환수법)<br>1,000억 원대 재산 환수, 친일 대가의 약 3% 정도만 환수 |
| 2009 | 역사학 단체 | 민족문제연구소 | 4,776명 친일 행위자 기록 |

● 프랑스의 나치 부역자 청산

| | |
|---|---|
| 협력자재판소 | 5만 5,331건 심리, 6,763명 사형선고, 767명 사형<br>무기징역 2,702명, 유기징역 1만 9,637명, 금고 2만 4,927명,<br>공민권 박탈 3,578명 |
| 시민재판부 | 6만 9,282건 심리, 4만 6,645명 공민권 박탈 |
| 고등협력자재판소 | 108명 재판, 18명 사형, 징역 및 금고형 22명, 시민권 박탈 15명 |
| 이 밖에 나치와 협력한 문인들의 작품 발표 금지, 공무원, 노조 지도자 징계, 나치 점령 기간 중 15일 이상 발행한 신문 폐간, 언론 경영자 처단 및 언론사 재산 몰수, 공무원 2만 2,000~2만 8,000명 해임·파면 등 징계, 기업인과 기업가 간부 숙청 | |

출처: 민족문제연구청년모임 · 정운현, 《친일, 청산되지 못한 미래》, 책보세, 2014

심 선생 그렇지.

정 대학원생 선생님 말씀은 독재정권에서 내세웠던 허울 좋은 집권 명분이 면죄부를 주었고 합리화의 길을 마련해주었다는 거죠? 소위 '사' 자 들어가는 직업을 선택하고 그 자리를 유지하기 위해 독재 권력과 타협하고, 때로 정권의 앞잡이가 되기도 하고, 아예 적극적으로 부합해서 독재 권력과 하나가 되기도 하고요.

심 선생 좀 더 과감하면서도 새로운 논의를 시도하는 게 중요할 거 같아. 최근 들어 '친일파'라는 단어를 오용하거나 감정적으로 소모하는 경우를 보게 돼. 실제로 너무 오래된 이야기이기도 하고 말이야.

그보다는 '왜 사람들은 기회주의자가 되는가' 같은 새로운 질문이 필요해. 인간은 누구나 기회주의적인 측면이 있잖아? 하지만 유달리 기회주의자들이 성공을 거두는 시대가 있고, 기회주의자들이 기승을 부리는 사회가 있지. 인간의 잘못된 욕망이 특정한 사회 조건에 의해 크게 드러나는 거야. '기회주의'가 발생하는 메커니즘을 분석하고 효과적인 대안 체제를 마련할 필요가 있어. 이런 식으로 문제를 바라보는 방식을 더 정교하게 하면 더욱 새롭고 의미 있는 결론에 도달할 수 있지 않을까? 이제 연구 수준의 질적 도약을 할 때가 아닌가 싶거든. 사회에도 긍정적인 영향을 미칠 것이고 말이야.

정 대학원생 흐음. 그 연구 매력적인데요….

## 친일을 둘러싼 온갖 소문

심 선생 돌고 돌아 여기까지 왔네. 다시 원점으로 가보자구. 친일파를 변호하는 황당한 말들이 돌아다니는 거 같던데.

정 대학원생 아, 그거요. 그런 뜬소문은 늘 인적자원이 부족했다는 변명을 해요. 해방 당시 교육받은 사람들이 적어 문맹률이 높았기 때문에 '어쩔 수 없이' 친일파를 활용했다는 거예요. 이에 덧붙여 군인을 강조함으로써 그나마 일본군 출신들이 있었기 때문에 한국전쟁에서 그 정도라도 할 수 있었다는 거죠.

심 선생 그럼 국가 운영 경험이 없는 이승만은 어떻게 대통령이 되었는지 모르겠군.

초대 대법원장이었던 김병로는 어떻게 지금까지도 존경받는 거야? 일제강점기에 인권 변호사로 활동했고 해방 직전까지 10여 년간 은둔 생활을 했는데 말이야. 조봉암은 농림부 장관을 지냈는데, 그가 친일파가 아니어서 농림부에 문제 생겼다는 이야기 들어봤어?

그리고 마치 친일파가 해방 전에 엄청난 일을 하던 사람들인 것처럼 이야기하지만 일제강점기에 주요 요직은 물론이고, 어지간한 기술직이나 기능직은 모조리 일본인들이 담당했어. 친일파들은 순사, 면 서기 등 주로 미관말직이 많았지. 친일파 중에 엘리트가 있을 수는 있겠지만 친일파가 엘리트였기 때문에 어쩔 수 없었다는 식의 발언은 성립이 안 돼.

더구나 군대의 경우 광복군도 많이 참여했는데 광복군 출신이라는 이유로 친일 파벌에 밀려서 출세하지 못한 경우는 있어도 광복군 출신이어서 일을 더 못 했다는 이야기는 들어본 적이 없어.

만약 그 사람들의 말대로라면 해방 당시 1950년에 일어날 한국전쟁을 대비하고 맥아더가 친일 군인들을 적극적으로 받아들였다는 말이 되잖아. 결과를 정해놓고 끼워 맞추는 주장인 셈이야.

그리고 박정희를 비롯해 일제 말기의 군인들을《친일인명사전》에 넣자는 논쟁이 벌어졌을 때는 "일개 소좌나 중좌가 무엇을 알겠냐"라며 몰고 갔잖아. 쉽게 말해 소위나 부사관 정도 되는 사람들이 그저 따라다니면서 일본이 시키는 대로 일한 건데, 그걸 문제 삼는다는 것은 가혹하다는 거였지. 그런데 그렇게 심부름 정도나 하는 일개 말단 장교 덕분에 한국전쟁 당시 우리나라를 지킬 수 있었다?

**정 대학원생** 선생님, 진정하세요.

**심 선생** 하하. 알겠어. 그런데 친일파를 거의 숙청하고 일부 기술자들만 받아들였던 북한은 어떻게 1970년대 초반까지 남한 경제를 앞서 나갔던 걸까?

**정 대학원생** 북한 이야기는 넘어가는 게 낫지 않을까요? 자꾸 이상하게 트집을 잡던데요.

**심 선생** 북한은 친일파를 처단했는데 남한은 못 했다. 자꾸 이런 식으로 가르치기 때문에 대한민국 역사에서 패배감과 굴욕감을 강화하고 있다. 뭐 이런 주장이잖아.

그런데 생각해봐라. 역사적 사실은 그 자체로 받아들여야 해. 그리고 우리의 부족한 점을 인정하고 반성하는 것이 왜 패배감이고 굴욕감이야? 오히려 수준 높은 태도인 거지! 그리고 언제까지 북한을 의식하면서 뭐든지 판단해야 하는 거야? 이건 불필요한 콤플렉스야. 친일파 처단 이야기를 할 때 프랑스나 중국을 예로 드는 건 되고, 북한은 예로 들면 안 된다? 말이 안 되잖아.

정 대학원생 네. 그 부분에 대해서는 세대 차이가 좀 있는 것 같아요. 레드 콤플렉스가 있는 세대와 없는 세대의 정서 문제랄까요.

심 선생 그렇지. 이런 주장들은 사실 그럴싸한 말장난에 불과해. 친일파를 존속시켰기 때문에 사회 갈등이 증폭되었다는 증거는 넘쳐나. 언제나 친일 경찰이 문제가 됐으니까. 갈등의 중심에 있거나, 민중 소요를 더욱 부채질하거나, 독립운동에 대한 잔혹한 탄압으로 문제를 더욱 심각하게 만들거나. 친일파를 처단하지 않아서 좌우 갈등이 극심해졌다거나, 좌익의 폭력적 활동에 명분을 주었다는 등의 이야기들이 차고 넘치지.

그런데 그것들을 반박할 증거나 연구 결과가 있기라도 하니? 친일파들로 인해 행정의 효율성을 기할 수 있었고, 결과적으로 산업화에 큰 도움이 되었다든지, 한국전쟁 때 자유 대한을 수호했다는 결정적 증거 말이야.

정 대학원생 당시에 친일하지 않은 사람이 어디 있냐는 주장도 있잖아요. 친일파라는 범위를 어디까지 보냐에 따라 친일 청산에 대한 평가는 달라질 수 있다. 만약 일본 정부에서 일한 것만으로도 친일파라면, 당시 면사무소 직원이나 학교 선생님도 친일파 아니냐, 뭐 이런 주장이죠.

심 선생 응? 친일파 맞잖아. 일제강점기에 면사무소 직원이 뭐 했고, 말

## 독립유공자 세대별 월 개인소득 (단위: %)

독립유공자 세대별 월 개인소득과 2015년 가구별 월 최저생계비를 살펴보면 본인부터 4대까지 70퍼센트 이상이 200만 원 이하의 소득 수준이다. '이것이 나라를 위해 목숨을 바친 대가인가'라는 탄식이 절로 나온다.

출처: 정준호 기자, 《한국일보》, 2015. 08. 12.

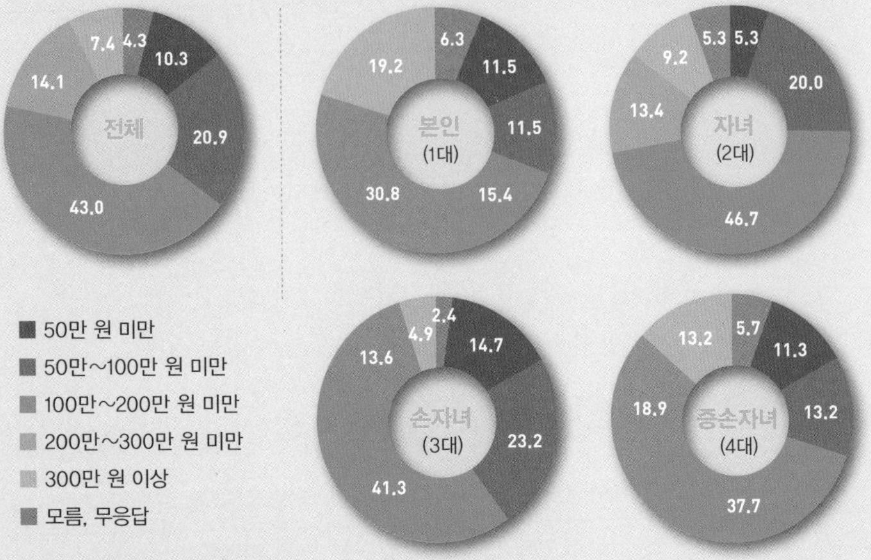


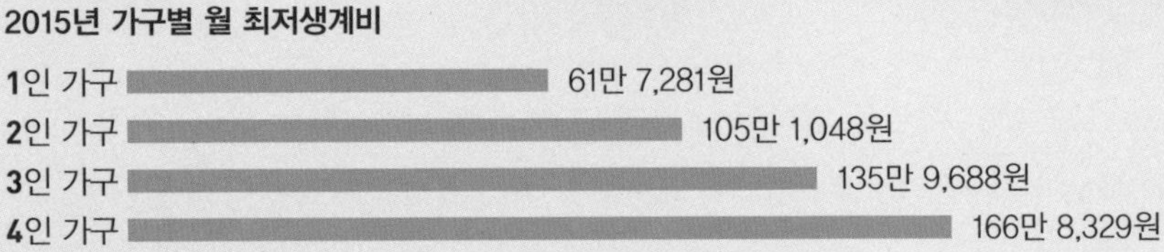


## 숫자로 보는 친일파

일부 친일파들의 재산 대물림 현황이다. 친일재산환수법을 통해 일부 재산을 환수했음에도 여전히 이들은 독립운동가의 자손과는 전혀 다른 삶을 살고 있다.

출처: 정지용 기자·민족문제연구소, 《한국일보》, 2015. 08. 13.

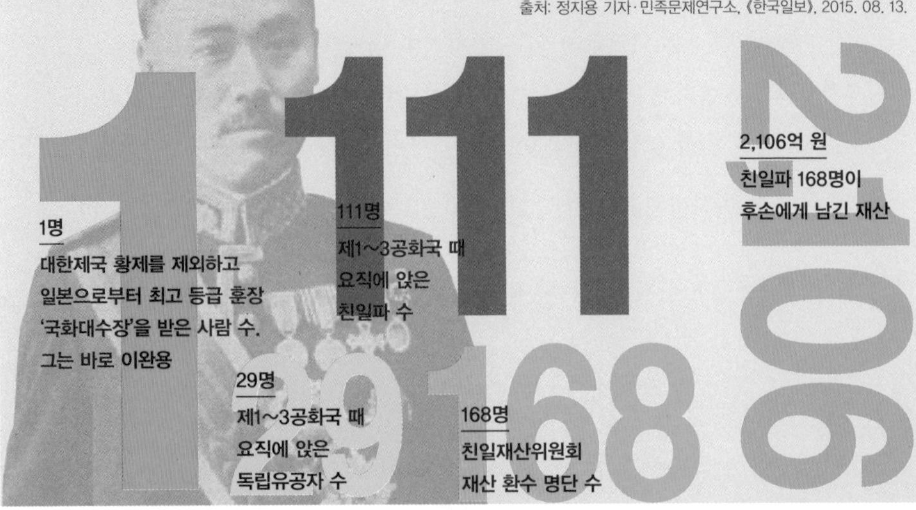

단 순사가 뭐 했어? 학교 선생님은 뭐 했고? 면사무소 직원이 민간 중개업자 동원하고 관리하면서 징용, 징병, 위안부 모집을 관리했고, 말단 순사도 동참했지. 황국신민서사 암송, 신사참배를 강요하거나 조선어 사용 금지했던 거 모두 학교 선생님이 했던 일, 친일 맞아.

**정 대학원생** 그렇게 따지면 친일파의 범위가 너무 넓지 않아요? 일제 말기에 군수를 지냈던 이항녕도 본인의 친일 행적을 공개적으로 사죄하면서 "일제강점기 때 군수 이상이면 모두 친일파였다"라고 한 것도 어느 정도 친일파의 범주를 정한 거 같고, 민족문제연구소나 국가 차원에서 펴낸《친일인명사전》경우 기준을 갖고 4,000여 명 정도로 간추렸잖아요.

**심 선생** 그건 처벌의 범주를 두고 임의로 만든 기준이잖아. 물론 틀린 말은 아니야. 친일의 수준이란 게 있고 정도가 있으니까. 또한 시기에 따른 활동의 범주 같은 것들도 있고. 그래서 이런 기준들을 바탕으로 비교적 명확하게 친일 문제를 체계화하는 작업이 진행된 거고. 하지만 A 범주에 들어가면 친일파라는 말이 나머지는 모두 친일 문제에 책임이 없다는 말은 아니잖아. 군수가 아니어도,《친일인명사전》에 실리지 않아도 친일파의 죄는 죄 아닌가?

**정 대학원생** 아, 그렇군요.

**심 선생** 미국이 태평양전쟁에서 승리한 다음에 전범들을 A, B, C급으로 분류해서 처벌함으로써 모든 문제를 해결한 게 아니야. 일왕의 인간 선언, 전쟁 금지 조항을 넣은 헌법의 제정, 재벌 해체, 토지개혁 실시 등 일련의 일들이 전범 국가의 역사 청산 과정이기도 하고.

프랑스도 마찬가지야. 종전되자마자 사람들이 사적으로 물리적 폭력을 행사해 처단하기도 했고, 국가 차원에서 정식 기소를 해서 처단한 경우도 있지. 우리는 그러지 못했으니까 처단에 대한 간절함이 있고. '처단'만이 친일파를 단죄하는 거라 생각해. 하지만 프랑스, 중국, 타이완에서는 공민권 박탈이라는 제도가 중요한 역할을 했어.

**정 대학원생** 공민권 박탈이요?

**심 선생** 투표권을 박탈해버린 거야. 국민이 기본적으로 누릴 수 있는 권

리 자체를 박탈한 거지. 기준도 매우 꼼꼼했고 광범위했어. 쉽게 말해 나치 정권 시절 공직에 몸담았던 사람들에게는 투표권을 주지 않은 거야. 면사무소 서기, 말단 순사, 학교 선생님 등등. 그러면 어떤 효과가 나타날까?

**정 대학원생** 투표권이 없으니 정치적 영향력을 행사할 수 없겠죠.

**심 선생** 그렇지. 친일 문제를 해결하는 방법은 여러 가지야. 몇몇 나쁜 놈을 죽인다고 해결되는 게 아니잖아. 과거 반민특위가 했던 조사라든지 최근에 정부나 민간단체에서 추진한 친일파 규명 사업을 넘어 친일의 죄과가 얼마나 넘쳐나겠어.

그것들을 일일이 찾아내서 처벌한다는 것 자체가 불가능하잖아. 하지만 공민권 박탈이라든지, 공직 취임 금지법이라든지 다양한 제도적 장치를 통해 친일파들이 발호할 수 있는 사회적 공간을 말살한다면 친일 문제가 근본적으로 해결될 수 있잖아.

**정 대학원생** 그랬다면 박정희가 대통령이 될 수 없었겠죠.

**심 선생** 박정희뿐인가. 박정희 정권 때 국무총리를 지냈던 정일권을 비롯해 숱한 친일의 잔재들이 애초에 자리 잡을 수 없었겠지. 아까 이야기한 박흥식의 경우도 5·16 군사쿠데타 이후에는 박정희 경제 자문이 되거든. 강남 개발, 원자력 발전소 건설 등 다양한 시도를 했지.

친일파들은 이미 죽었지만 그들이 후손에게 물려준 재산과 사회적 지위가 있잖아. 한때 〈친일재산환수법〉이 통과되긴 했지만, 체계적으로 환수하지는 못했어. 특히 소유권이 변동된 경우에는 아예 엄두도 못 냈고.

그리고 무엇보다도 독재정권 시절 부역했던 부분에 대해 친일 문제 못지않은 연구가 필요하다고 생각해. 이승만 – 박정희 – 전두환 시절에 고위 공직을 역임했거나 개헌에 참여했거나, 인권유린에 참여했거나 등등의 기준을 만들면 되겠지.

**정 대학원생** 아, 그러네요. 예를 들면 통일주체국민회의나 유신정우회에 참여한 사람들, 민정당 국회의원, 이들의 활동을 조사, 분석해봐도 재밌을 것 같은데요? '정경유착 환수법' 같은 거 만들어서 제대로 단죄를 하고 특권 혐의가 밝혀지면 재산을 빼앗는다든지요.

**심 선생** 부패, 비리에 대한 처벌 못지않게 잘못된 과정으로 만들어진 사회 모순은 포괄적이고 체계적으로 분석해서 우리 사회가 더 나아지게끔 할 필요가 있다고 생각해. 그러면 사회도 건강해지고, 사람들이 국가나 법의 가치를 소중히 여기면서 건전한 성공을 추구할 것 아니야. 역사는 결코 과거만 다루는 학문이 아니라고.

**정 대학원생** 그래도 강력하게 처벌하고 싶네요. 아무튼 선생님. 역사를 공부하는 이유를 곰곰이 생각하게 되네요. 전 아직은 부족하지만 좀 용기가 생겼어요.

최근에는 일본군 위안부 문제와 더불어 친일파 문제가 정쟁화되고 있다. "일제강점기에 살았다고 모두 친일파냐?", "친일파 문제를 이야기하는 것은 특정 정당 지지자들의 정치 프레임이거나 빨갱이들의 주장이다!" 같은 주장이 들려온다. 친일파 문제에 대한 과거 우리 사회의 분위기를 생각한다면 최근의 분위기는 낯설다 못해 당황스러운 수준이다.

동시에 이 문제를 두고 다양한 해법과 노력이 전개되고 있다. 《친일인명사전》이 편찬되고 〈친일재산환수법〉 등이 추진되었으며, 현충원를 비롯한 국가의 공식 기억 공간에서 친일파를 내몰자는 주장, 친일파의 이력을 공개하고 이들이 남긴 영향에 대한 다채로운 대안을 만들자는 제안 등 역동적인 노력이 이어지고 있다. 무엇을 어떻게 강건하게 이루어낼 것인가는 오늘 우리의 몫이라고 할 수 있다.

# 세 번째 대화

경제학의 관점으로
역사를 바라보는
경제학자와 함께

# 식민지 근대화론? 근대화의 말뜻부터 따져보기

**이 경제학자** 신망받는 경제사학자. 경제학의 시각으로 역사를 바라보되, 열린 마음으로 소통하려고 노력한다.

**심 선생** 열정 넘치는 역사 연구가. 역사 왜곡에 맞서 치열한 논쟁을 벌이기도 한다. 더불어 소통과 상생의 대화를 통해 새로운 역사 대화 문화를 만들고자 노력하고 있다.

**우리는 일제강점기를 어떻게 이해해야 하는가. 35년간의 일제 식민지 지배는 우리에게 어떤 영향을 주었나. 과거에는 수탈만이 강조되었다면 최근 들어서는 수탈에도 불구하고 근대화가 진행되었다는 주장이 대두되고 있다. 근대화란 무엇을 의미하는가. 경제성장, 인구 증가, 서구화 등을 떠올릴 수 있는데 이 과정은 긍정적인 의미만을 내포하지 않는다.**

**조선 사회는 무너지고 있었고, 일제강점기를 통해 기틀을 다진 근대화의 힘으로 대한민국이 만들어졌다고 볼 것인가. 아니면 식민 지배의 문제와 악영향까지 고려해 포괄적으로 근대화론을 이해해야 하는가. 수탈과 개발의 이분법적 잣대를 넘어 근대화론을 이해해야 할 때다.**

심 선생 교수님, 저는 식민지 근대화론이 논쟁의 가치가 있는지 모르겠습니다.

식민지 근대화론을 둘러싼 대중의 이해와 학계의 연구 결과는 격차가 크다. 학술적 논쟁은 생각보다 매우 복잡하게 전개되고, 사회적으로는 연구 성과보다 훨씬 과격한 논쟁이 벌어지고 있기 때문이다.

이 경제학자 흐음. 자세히 이야기해보게.

**심 선생** 사실 논쟁이 극단적이에요. '수탈이냐 개발이냐 둘 중에 하나를 선택하라'는 수준이죠. 전통적으로 역사학계에서는 일제강점기에 자행되었던 억압과 착취를 반복적으로 강조해왔습니다. 학교에서도 마찬가지고요.

**이 경제학자** 그런데 그 와중에 '식민지 근대화론'이 등장했다?

**심 선생** 그렇죠. 일제강점기를 통해 우리가 근대화되었다, 식민지 시대를 긍정적으로 이해해야 한다. 뭐 이런 식의 주장을 하니까 반발이 거셀 수밖에 없죠.

**이 경제학자** 허허. 그런데 식민지 근대화론이라는 게 수탈을 완전히 부정하는 건 아니잖아. 근대화가 긍정적인 의미만을 가진 것도 아니고 말이야.

**심 선생** 네, 그렇긴 합니다. 하지만 여태까지 식민지 기간은 억압과 수탈로 점철되었다고 배워왔고, 이 역시 역사적 사실이잖아요.

**이 경제학자** 물론이네. 억압과 수탈의 요소를 배제하고 어떻게 식민지 기간을 설명할 수 있겠나. 그럼에도 일제가 무려 35년이나 지배했고 그것이 우리 역사에, 우리의 삶에 큰 영향을 주었다는 것은 인정해야 하지 않겠나?

## 식민지 근대화론과 뉴라이트

심 선생 하지만 '수탈'이라는 식민지의 본질이 바뀔 수는 없지 않나요? 설령 인구가 늘어나고, 임금이 올라가고, 심지어 생활양식이 바뀐다 하더라도 식민 통치의 목적은 억압과 착취, 그 이전에 '지배와 피지배'의 양상을 보이는 것은 분명하잖아요.

이 경제학자 그건 그러네.

심 선생 네, 제가 말씀드리고 싶은 것이기도 하고, 많은 사람이 반발하는 이유가 바로 이 부분이에요. 왜 식민지의 본질을, 식민 지배를 목적으로 하는 통치의 본질을 왜곡하냐는 거죠.

이 경제학자 글쎄, 그렇다고 해서 매번 그 이야기만 하는 것은 학자로서의 의무는 아닌 것 같네. 식민지 기간에 많은 것이 바뀌었는데 언제까지 '수탈'에 관해서만 자세하게 배우고 나머지 수많은 변화는 간과하려고 하냔 말일세.

심 선생 물론 교수님 말씀에 동의하는 부분이 있어요. 사실 수탈의 과정만 살펴보더라도 다양한 영향이 있었다고 봐요. 폭압 앞에 순응할 수밖에 없는 구조나 문화라든지, 정치·사회적으로 무관심해야 살아남을 수 있고 성공할 수 있다는 신념 같은 것들은 결코 일제강점기와 무관하다고 생각하지 않습니다. 다만….

이 경제학자 다만?

심 선생 식민지 근대화론을 주장하는 사람들은 스스로 많은 문제를 일으키고 있으니까요. '일제가 근대화에 기여했다'는 것을 지나치게 강조한 나머지 '일제강점기를 미화'하고 무엇보다 '친일파를 비호'합니다.

이 경제학자 그건 전혀 다른 문제지, 어떻게 이야기가 그렇게 흐르나?

심 선생 안타깝게도 실제로 그렇습니다. 이른바 뉴라이트 진영에서 펴낸 서적들을 보면 '친일파에 대한 긍정적인 해석'이 곳곳에 있어요. 단순히 식민지 기간에 근대화 과정이 있었다는 담담하고 객관적인 서술이 아니니까 문제가 되지요.

**이 경제학자** 그래, 그런 사람들이 문제야. 쯧.

**심 선생** 더구나 식민지 근대화론을 강조하는 사람들이 8·15 광복절을 건국절로 지정하자, 이른바 친일파로 불리는 사람들은 일제강점기를 통해 자본주의를 배웠고, 그들이 해방공간에서 공산주의자들을 물리치고 자유 대한을 건국했다, 그들은 이승만, 박정희와 함께 대한민국을 부강한 나라로 만들었다. 뭐 이런 식으로 쓴 책이 한두 권이 아니에요.

**이 경제학자** 허어, 이야기가 그렇게 이어지나? 대한민국이 이승만과 친일파가 연합해서 세운 나라라는 말이야? 사실 여부를 떠나서 정치적인 목적을 가진 발언 같네.

식민지 근대화론이 나오게 된 배경에는 경제학적 성과가 있다네. 자네도 알다시피 경제학은 '수량과 통계'를 바탕으로 현실을 이해하지. 다소 불편함은 있더라도 일제강점기에 대해 면밀한 과학적 통계를 내보니 분명한 변화가 있었다네. 그러니 그 부분을 이야기하는 거지.

그런데 뉴라이트의 주장은 이런 경제학적 성과를 한참 넘어선 것일세. 그런 주장은 경제학이 아니라 정치학이나 역사학의 영역에서 다루어야 할 걸세. 그 같은 의제에 왜 경제학의 실증적 연구가 덕지덕지 덧붙여져야 하는지 모르겠네. 경제학자나 경제사학자의 몫이 아니야.

## 왜 다르게 보나, 수탈론 vs 식민지 근대화론

**심 선생** 그리고 뻔한 비판인지 모르지만, 경제사학자들의 주장이 '수량과 통계'라는 한계를 벗어나지 못한다는 게 안타깝습니다.

**이 경제학자** 어떤 의미에서? 실증성을 확보하고 구체적인 지표를 분석하는 작업은 그간의 역사학계에서 제대로 이루지 못한 일이야. 경제학을 두고 왈가왈부하지만, 어찌 됐건 현재 우리나라에서도 경제 현실을 예측하고 분석할 수 있는 유일하고 과학적이고 합리적인 도구가 수량과 통계에 기초한 실증적 지표 아니겠어?

**심 선생** 네, 그 점을 부정하지는 않아요. 하지만 경제학 역시 거시경제학, 미시경제학을 비롯해 경제를 이해하는 다양한 방식이 있잖아요. 실물경제는 언제나 변화무쌍한 요인 때문에 학문적 예측을 넘어서 변화하고 발전하니까요. 결국 지표가 지향하는 바는 실물에 다가서는 것이고요.

예를 들어 일제강점기에 경제가 쭉 성장했다고 가정을 해보자고요. 이때 '성장'을 반드시 '긍정적'으로만 평가할 수는 없지 않나요? 경제가 성장했다고 하더라도 배분이 제대로 이루어지지 않았다면 결코 살 만한 사회가 아니니까요. 불평등 지수가 높은 문제 많은 사회잖아요. 그리고 경제성장을 통해 농업 구조에서 공업 구조로 사회가 바뀌고, 일자리가 늘어난다고 해서 삶의 질이 향상되었다고 단정할 수도 없고요.

**이 경제학자** 그렇지. 나는 '근대화'라는 말을 좋은 의미로만 보지 않네. 근대화란 기존의 동아시아 농업 생산구조에서 서구 열강이 주도하는 자본주의 산업사회 구조로 편입되어가는 과정을 의미하네. 그 과정 자체가 도덕적으로 선하거나 사회가 진보한다는 것을 뜻하지는 않아.

다만, 일제가 추진했던 정책들이 서구 산업사회가 보여준 궤적을 따라가고, 그것을 통해 식민지 조선이 변화했다는 것만을 말하고 싶은 걸세.

그런 의미에서 실증적으로 입증되는 '성장'이라는 것 역시 자네가 말

## 식민지 근대화론에 따른 '개발과 성장'

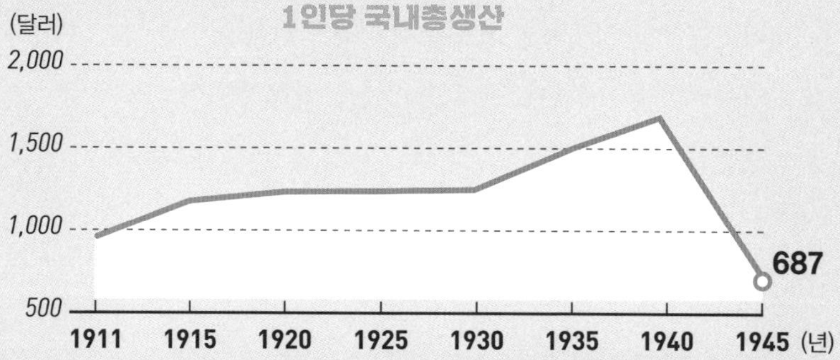


출처: A. 메디슨, 〈모니터링 월드 이코노미〉, OECD, 2000

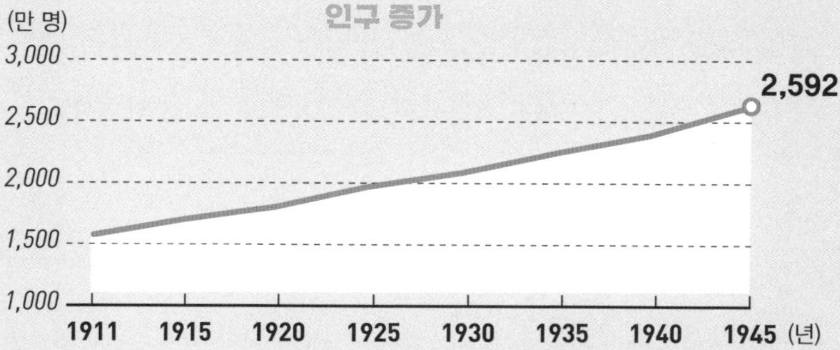


출처: 김낙년 교수 추계(2003)

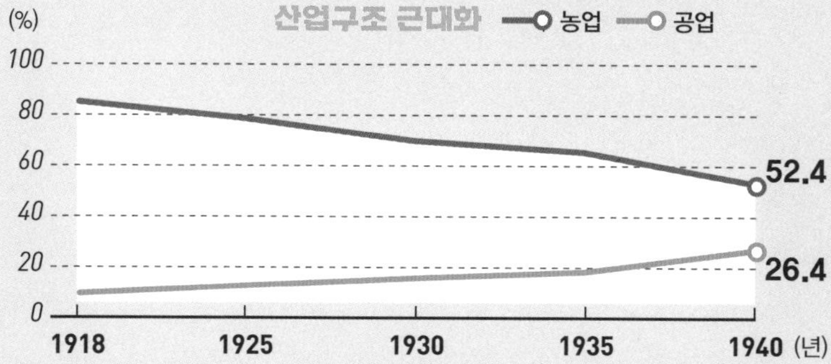


※수치는 총부가가치의 중농·공업 비중 출처: 김낙년 교수 추계(2003)

식민지 근대화론의 강력한 주창자이자 국정교과서 집필에 참여한 김낙년 교수의 연구. 통계 자체가 부족한 근거를 바탕으로 성급하게 일반화를 시도했다는 비판을 받고 있다. 하지만 이보다 더욱 중요한 것은 질적 측면을 간과했다는 점이다. 국내총생산이 늘거나 산업구조가 개선된다고 해서 그것이 조선인들에게 이득이 되었다고 할 수는 없다. 강제징용, 위안부 징모 등이 진행되며 중국, 미국 등과 전면전을 벌인 1930년대 후반에도 지표가 상승하고 있기 때문이다. 또한 인구 증가의 경우 조선시대에도 지속해서 증가했고, 1910년대 인구 증가는 호구조사가 자세히 이루어진 결과이기에 일제가 지배하면서 인구가 급증했다고 보기는 어렵다.

한 부분까지 입체적으로 고민할 필요가 있네. 방금 불평등 지수 같은 것을 이야기했지만, 경제학은 현실을 이해하기 위한 다양한 틀을 고안하고 있다네. 역사를 이해하는 데도 사용될 수 있고 말이야.

**심 선생** 네, 그렇죠. 그런데 역사의 질적 측면이라는 것은 '수량과 통계'로는 애초부터 논증 불가능한 영역도 있다는 점을 고려하셨으면 합니다.

**이 경제학자** 응? 질적 측면?

**심 선생** 예를 들어 식민지가 돼서 인구가 늘고 경제가 성장했다고 해도, 그 누구도 우리나라가 다시 식민지가 되는 걸 원하지 않을 테니까요.

**이 경제학자** 그걸 말이라고 하나?

**심 선생** 그건 논리적이거나 합리적 계산에 의한 판단이기보다는 정서적이고 직관적이고 문화적인 판단이거든요. 이것은 수치화할 수도 없고 눈에 보이는 것도 아니지만, 현실에서 강력한 영향력을 발휘하죠.

**이 경제학자** 아, 알겠네. 역사의 질적 측면에 대한 통합적인 인식이 필요하다, 뭐 이런 이야기인가?

**심 선생** 네. 이것은 보완적인 부분이 아니라 역사의 결정적 요소가 되는 경우도 상당하거든요. 갑오개혁(1894) 당시에 상투를 금지했잖아요. 지금은 그게 무슨 대단한 일이냐 하겠지만 그땐 상투가 오래된 문화적 관습이었죠. 동호, 숙신을 비롯한 이민족과는 확실히 다른 풍습이었고 그 역사 또한 수천 년간 이어졌죠. 더구나 유교적 의례가 정비되면서 효의 실천 수단으로 인식되었고요. 일본이 을미개혁(1895)을 추진하면서 단발령을 시행하니까 어떻게 되었나요? 을미의병이 일어나잖아요.

예를 들어 독립운동도 확률로 따진다면 무모한 도전이지만 끈덕지게 벌어지고요. 죽을 걸 알면서도 폭탄을 던지고…. 이런 것은 수량과 통계로 확인할 수 없지만 역사의 전면에서 중요한 역할을 했죠.

**이 경제학자** 정치학적인 요소가 중요하다는 말인가?

**심 선생** 아뇨. 역사적 변화의 동인은 무궁무진하고, 비경제적인 영역이 역사를 움직일 수 있다는 점에 대해 깊이 생각할 필요가 있다는 말씀입니다. 역사학이 상당히 포괄적인 견지에서 인간과 시간의 과정을 이해하는 인문학이라면, 경제학은 사회과학적인 입장에서 역사의 특정 부문에 접근하고 특정 결론을 도출하는 데 유용하지요. 이런 점을 상호간에 솔직히 인정하고 대화하면 더욱 풍성한 결론에 도달할 수 있지 않을까요?

**이 경제학자** 흐음. 틀린 말은 아닐세. 학문 분과가 나뉘는 이유도 분명히 있으니까.

**심 선생** 네, 그렇다고 제가 경제학을 무시하는 것은 결코 아닙니다. 그리고 시대적인 차이에 대한 고려도 필요하고요. 오늘날처럼 매일매일 경제지표가 분석되고, 상황을 예측해서 대비책을 마련하거나, 또 문제가 생기면 경제적인 요인을 분석해서 해결책을 찾거나 하는 것들은 전근대 사회에서는 불가능했잖아요. 더구나 농경사회여서 자연환경에 크게 영향을 받고, 사람들은 대부분 태어난 곳에서 전통적인 문화, 관습, 종교에 의존해 살던 세계에서 경제가 갖는 의미가 어떻게 오늘과 같겠어요.

이 경제학자 전근대사회를 근대 학문으로 함부로 재단하지 마라, 뭐 이런 소리로 들리는군.

심 선생 하하. 경제학적인 분석은 당연히 필요하죠. 실제로 경제사 분과가 있고, 꼭 경제학자가 아니더라도 경제사 분야를 집중적으로 연구하는 역사학자도 많고요.

다만, 당대의 경제 현상을 지표로 구현해내고 그 지표를 해석하는 과정에서 경제학의 관점만으로는 해결할 수 없는 부분이 분명히 있는데, 그걸 경제학자들은 간과하는 듯해 드린 말씀이에요.

이 경제학자 그건 그러네. 자네는 왠지 경제학을 공부하는 나한테 역사학의 특성을 설명하려고 하는 것 같은데….

심 선생 뭐 설명까지야…. 그런데 이런 것도 있어요. 숫자로 따지면 일제 통치에 타협한 사람들이 대다수였을 거고, 친일파 수가 어쩌면 독립운동가 수보다 많았을지도 모르잖아요? 그런데도 당시에 훨씬 소수였던 독립운동가를 조명해 역사를 쓰는 이유는 그게 더 중요하고 가치가 있다는 판단 때문이죠.

이 경제학자 '가치'라, 역사관하고도 연결되는 거군.

심 선생 네, 단적으로 '민족'을 예로 들더라도 이것이 마냥 객관적인 실재는 아니잖아요. 어떤 역사적·문화적 경험을 공유했느냐에 따라 민족별로 느끼는 바가 다르지요. 더구나 식민지 민족이 겪는 설움 같은 것이 어찌 오늘의 '민족'과 똑같겠어요.

이 경제학자 의미 있는 이야기네. 나도 경제학적인 관점에서 식민지를 연구하면서 겪는 답답함 같은 것이 있네. 근대화가 무작정 좋은 개념은 아니라고 말하면서도 역사학자처럼 정확하게 혹은 비판적으로 일제 식민통치의 문제점을 서술하진 못하거든.

심 선생 네, 그 말씀 또한 드리고 싶었어요.

이 경제학자 흐음. 그런 면에서 나도 여러 가지 고민이 있네. 지표를 살펴보더라도 일관적이지 않은 것이 너무 많으니 말이야. 농업생산력이 비약적으로 발전해서 그것을 바탕으로 공업화가 이뤄진 것도 아니고, 총독부의 경제정책이라는 것이 언제나 본국의 이해관계를 기준으로 설계되었으니 말이야. 식민지 경제라는 것이 근본적으로 왜곡될 수밖에 없잖은가.

심 선생 그렇죠. 저는 그런 측면에서 수탈론도 업그레이드가 필요하다고 봐요.

이 경제학자 그건 또 무슨 말인가?

심 선생 전 수탈을 묘사하는 방식이 너무 단순하다는 생각이 듭니다. 어떤 폭력을 얼마만큼 행사했는가, 물질적 피해가 얼마였나, 얼마나 비참했는가. 뭐 이런 식으로 단순하게 표현하는 것 같아요.

조선 후기부터 일제강점기 직전까지는 주로 상권, 이권 침탈을 강조해요. 강화도조약(1876)[1] 이후 청일전쟁(1894)까지 일본은 청 상인과 경쟁하면서 상권 침탈에 앞장섰고 다시 아관파천(1896)부터 러일전쟁(1904)까지 러시아와 경쟁하면서 이권 침탈을 했다는 거죠. 그 과정에서 조선 상인들이 몰락했고, 경부선을 비롯하여 각종 철도, 광산 등을 빼앗깁니다.

일제강점기에도 경제사 서술 방식은 사실상 같아요. 1910년대에 일제는 토지조사사업을 통해 토지를 약탈했고, 1920년대에는 산미증식계획을 실시해 농촌 경제를 파탄 냄으로써 농촌을 떠난 농민들은 토막민[2]으로 전락했습니다. 이후 1940년까지 세 차례에 걸친 산미증식계획으로 농촌 경제는 벼랑 끝까지 몰립니다. 1930년대에는 농촌 진흥 정책이나 남면북양정책[3]을 폈지요. 하지만 구제책이었던 농촌 진흥 정책은 문제를 조금도 개선하지 못했고, 남면북양정책은 식민지 조선의 농촌 문제 해결책이 아닌 세계 대공황(1929)에 대한 대응이었고요. 마냥 부정적인 이야기만 나열되고 있어요. 그런데 당시에도 사람들이 살아가던 시대이

---

1 **강화도조약** 조선이 일본과 맺은 최초의 근대적 조약. 치외법권, 해안 측량권 등이 담긴 불평등조약이다.

2 **토막민** 농촌에서 쫓겨난 도시 빈민. 1920년대 산미증식계획은 일제가 본국의 공업화와 쌀 부족을 해결하기 위해 식민지 조선에 실시한 정책이다. 증식 과정에 대한 비용을 지주가 부담했으며 이를 벌충하고자 기존에 지주가 부담하던 수리 조합비, 비료 대금 등을 소작농에게 떠넘기면서 문제가 심각해졌다. 지주들은 쌀을 수출해 자금을 벌충할 수 있었으나 농민의 삶은 극단에 내몰렸으며 몰락 농민 중 일부가 도시 빈민이 되었다. 하천변이나 다리 밑에 흙굴을 파고 그 위에 거적을 둘러 만든 주거에서 생활하는 이들이 토막민이었다.

3 **남면북양정책** 공업 원료 증산 정책의 일환으로 한반도 남쪽에는 목화 재배를, 북쪽에는 면양 사육을 강요한 일제의 식민 정책이다.

니까 여러 일들이 있었잖아요.

이 경제학자 그러니 연구가 중요한 걸세. 수탈론은 어떤 면에서 너무나 단순해. 식민지 근대화론이 자네가 말한 문제들이 있는 것은 사실이지만 어찌 됐건 근대화라는 개념을 식민지 연구에 결합하면서 그동안 간과했던 부분을 밝혀내지 않았는가?

심 선생 네, 그런 부분도 있겠지요. 다만, 아까 교수님이 근대화가 무조건 좋은 의미가 아니라고 하셨지만, 아직은 경제학자들이 보여준 근대화에 대한 이미지가 별반 다를 바가 없는 듯해요.

이 경제학자 그건 또 무슨 말이야?

심 선생 생각해보세요. 우리 사회에서 '근대화'라는 말은 보통 좋은 의미로 쓰이고 있어요. 더구나 산업화 시대를 거치면서 근대화는 개발이나 산업화를 가리키는 의미가 되었고, 경제적으로 풍요로워지는 과정 혹은 민주주의가 성숙하는 과정 정도로 이해되었잖아요.

그런데 식민지 근대화론을 주장하는 사람들은 수탈을 인정한다고 하면서도 '수량과 통계'를 들이대며 경제가 성장하고 있다든지, 임금이 올라가고, 인구가 증가하고 있다는 점만을 강조하면서 결국 근대화의 좋은 측면만 부각하고 있으니까요.

이 경제학자 그거야 실증적 연구 결과가 아니겠는가? 그런 측면이 있다는 것을 이야기할 뿐이지.

**심 선생** 글쎄요. 교수님은 근대화는 좋은 의미만 지닌 것이 아니라고 하지 않으셨나요? 그렇다면 다르게 생각해볼 수 있는 여지가 있다는 건데, 실증적이라는 말로 근대화가 지니는 다양한 의미를 무시하는 것은 아닌지요.

더구나 근대화라는 것이 경제적 동인만으로 일어난 것도 아니잖아요. 서양의 역사를 보더라도 그렇고요. 정치적으로 시민사회가 성숙하면서 오랫동안 여러 형태의 시민혁명이 일어났고, 사상적으로는 사회계약설, 계몽주의, 사회주의 등 여러 사조가 등장했으며, 경제적으로도 산업혁명뿐 아니라 보호무역에서 자유무역으로 변화한다든지 하는 다양한 일이 일어났잖아요.

식민지 근대화론이 오히려 근대화라는 용어가 지닌 다양한 의미를 축소하지 않나 하는 생각이 듭니다.

## 수탈론의 맹점

**이 경제학자** 원론적인 이야기는 이 정도면 된 거 같네. 이야기를 좀 확대해보지.

**심 선생** 네?

**이 경제학자** 심 선생의 지적은 유효해. 의미가 있네. 하지만 자네도 알다시피 이건 우리 학계가 반드시 거쳐야 하는 과정일세. 사실 그간 조선 후기 – 일제강점기 – 대한민국 정부 수립 과정에 대한 이해가 너무 단선적이었던 것이 사실이야.

### 자본주의 맹아론(조선 후기) → 수탈론(일제강점기)

조선 후기에는 자본주의 발전의 씨앗이 자생적으로 움트기 시작했고, 외세의 침략 가운데 개화 정책을 비롯해 각종 근대화를 위한 노력을 했지만 일제가 조선을 식민화하면서 모든 노력이 물거품이 되었다.

이를 내재적 발전론이라고 부르기도 하지. 지나치게 민족주의적인 시각이랄까. 조선 후기에 비록 여러 어려움이 있긴 했지만 경제만큼은 역동적으로 성장하고 있었고, 이 가능성은 일제가 강제로 조선을 병합하면서 말살되었다는 단순한 도식이지.

심 선생 그렇죠.

이 경제학자 '자본주의 맹아론→수탈론'으로 이어지는 주장이 틀린 건 아니지만, 그간의 연구 성과를 담아내기에는 부족하지 않나? 더구나 경제사 분야의 연구 성과도 쌓였고, 경제학자들도 이 분야에 대해 연구를 많이 하고 있는데 이런 게 제대로 알려진 것 같지 않네.

심 선생 네, 현재의 역사교육이 지닌 문제점을 지적하시는 거죠? 상당 부분 공감합니다. 조선 후기에 관해서는 이중적인 면이 있거든요. 임진왜란, 병자호란 이후 조선의 역사 발전에 근본적인 한계가 있었는데, 정치사적으로는 특히 세도정치로 인해 정치적 마비기를 맞았던 반면, 경제사 측면에서는 역동적인 경제 발전이 꼼꼼히 서술되거든요. 다양한 분야의 상인들이 등장했고, 모내기법을 중심으로 농사에서 근본적인 전환이 있었고…. 각각을 보면 틀린 이야기는 아닐지 모르겠지만 좀 더 포괄적인 해석이 필요하다고 봐요. 정치 이야기와 경제 이야기가 서로 엇박자가 나니까요.

**이 경제학자** 그렇지. 그리고 더욱 심각한 것은 조선 후기 경제변동을 곧 근대화로 가는 실마리로 볼 수 없다는 게 문제지. 생각해보게, 중국은 명·청 대가 되면 공장제 수공업까지 등장하네. 시장만 수십만 개였어. 일본은 화폐 유통부터 상설 시장까지 에도막부 후기에 상당히 높은 수준의 경제 발전을 보이네. 하지만 우리는 어땠는가? 18세기 후반 지방 대부분은 오일장이 서고, 공장이라는 개념도 없었네. 경제변동이 있기는 했지만 자본주의의 맹아라고는 볼 수 없네. 자본주의 맹아론은 폐기해야 할 이론이야.

어디 그뿐인가. 알다시피 흥선대원군의 개혁은 한계가 뚜렷했어. 청나라는 이미 양무운동(1861~1894)을 통해 근대화에 일찌감치 뛰어들었고, 일본은 흥선대원군 집권기에 메이지유신(1868)을 성공시켰고 청나라보다도 근본적인 개혁 작업에 착수했지. 하지만 흥선대원군은 '개화 없는 개혁'에 몰두했고, 다시 명성황후 일파는 '개혁 없는 개화'를 표방하면서 정치적으로든 경제적으로든 제대로 된 변화를 만들지 못했지 않았나. 일부에서는 고종이 광무개혁(1897) 당시 추진했던 수도 재개발 계획 같은 것에 찬사를 보내지만, 이는 부분적인 성과네. 우리에게는 잠재력이 있었는데 일제가 들어와서 망했다? 이건 올바른 태도가 아니야. 역사 연구자인 자네가 더 잘 알겠지.

**심 선생** 네, 사실 역사 교과서에서 조선 후기 서술 방식이나 근현대사 서술 방식이 꼭 같거든요. 정치사 부분에서는 '노력을 했지만 안타깝게 실패했다. 하지만 이러이러한 의의가 있다.' 대부분 이런 식이죠. '김옥균, 박영효 등이 근대국가를 세우기 위해 정변을 일으켰지만 실패했다. 하지만 그들이 표방한 개혁정강 14개조는 여러 의의가 있다.' 갑신정변을 설명하는 방식이죠. '전봉준 등은 동학농민운동을 일으켰다. 아래로부터의 개혁이었지만 안타깝게도 실패했다. 하지만 반외세, 반봉건의 의의를 지녔으며 갑오개혁에 영향을 주었다.' 동학농민운동을 설명하는 방식이고요. '서재필, 윤치호 등은 독립협회를 세우고 만민공동회를 벌이면서 활발한 활동을 했지만 실패했다. 하지만 그들의 노력은 이후 애국계몽운동에 영향을 주는 등 여러 의의가 있다.' 독립협회와 애국계몽운동 서술도 마찬가지예요. 정말 단순하죠.

이 경제학자 호오, 재밌네그려. 경제학자의 입장에서 갑신정변은 그리 눈길이 가지 않네. 사회 엘리트층이 주도한 정치적 모험이었고, 3일 만에 끝났기 때문에 거시적 관점에서 의미를 추론하기가 어렵지.

이에 비해 동학농민운동은 흥미로운 면이 있네. 전봉준이나 동학이라는 종교 운동으로서의 가치도 있겠지만, 한반도의 기름진 옥토에서 농민들이 주체가 되어 일으킨 저항 운동이거든. 조선 후기 경제사와 연관지어 생각해볼 부분이 많지. 독립협회와 관련해서는 나보다는 정치학자들이 더 관심을 보일 거 같네만.

심 선생 그렇죠. 매우 비대칭적인 사건들이고, 의미와 여파가 다양한데 그것을 단순하고 도식화해서 설명하니까 배우는 재미까지 떨어집니다. 경제 관련 서술도 마찬가지예요.

'조선 상인들은 장통회사, 대동상회 같은 근대적 상회사를 세웠으나 실패했다. 방곡령을 내려 쌀 유출을 막아보려 했지만 실패했다. 보안회는 일제에 대항해 황무지 개간권 반대 운동을 펼쳐 막아냈고, 농광회사는 스스로 황무지를 간척하려 했다.' 외세의 침략에 대항하거나 실패했지만 의의가 있다는 서술 방식이 되풀이됩니다.

**이 경제학자** 잘 지적했네. 경제활동에 대해 너무 단순하게 이해하는 거네. 상인들이 근대적인 상회사를 세우는 것은 민족운동의 관점에서 이해하면 안 되네. 구글, 애플, 유튜브는 외세고 네이버, 다음, 삼성은 민족자본인가? 물론 그런 측면이 있기는 하지만 경제를 보는 시각이 너무 단순하지 않나.

조선 상인들이 근대적 상회사를 세운 것은 일차적으로 생존을 도모하기 위해서네. 근대 조약을 체결하고 외국 상인들이 들어오니까 그에 대응한 거지. 거기에 '민족적이다'는 이름표를 붙이는 것은 편협한 사고방식이야.

**심 선생** 네, 그런 측면이 강해요. 광무개혁 당시 고종의 경제정책을 보면 당시 자산가의 경제적 욕구를 자극해 생산을 늘리고 산업을 일으키는 식산흥업 정책을 펼치려고 했더라고요. 그 내용을 보니 저도 회의감이 들더군요. 이런 것을 민족운동 차원으로 이해할 필요가 있나 하는….

**이 경제학자** 그렇지. 경제는 민족운동이 아닐세. 보안회(1904)[4] 같은 애국계몽 단체의 활동을 깎아내리려는 게 아니네. 모든 것을 민족운동이라는 관점에서 보면 왜곡과 문제가 생길 수 있지.

---

4 **보안회** 을사조약 직전에 활동했던 애국 계몽 단체. 일본이 조선의 황무지 개간권을 요구하자 이에 맞서 규탄 투쟁을 주도하며 개간권을 수호했다.

더구나 실패는 필연적이었어. 상대는 자본과 기술을 갖고 접근하고 경제적 관점으로 일을 처리하는데, 우리는 정치적인 노력 혹은 요즘 식으로 표현하면 시민운동적인 태도로 문제를 해결하려고 드는 거 아니겠나. 경제학적으로 본다면 이보다 어리석은 짓은 없네. 경제는 인간의 욕구를 바탕으로 한 자연스럽고 필연적인 과정이네. 정치나 운동은 이에 영향을 줄 수는 있지만, 그 한계가 명확해.

예를 들어 빈민 구제 단체를 만들고, 구세군 같은 단체에서 성금을 모금하는 것이 의미는 있네. 하지만 산업 설비가 뒷받침되고 경제가 발전되어야 문제를 근본적으로 해결할 기회를 얻는 거 아니겠는가. 어느 정도 경제적 여유가 있어야 사회복지 제도도 만들고, 부의 재분배도 가능한 거고 말일세.

**심 선생** 네. 과도한 민족주의적인 관점이 경제사 서술에서 심각한 문제를 일으킨다는 점에 대해서는 공감합니다. 편협한 틀에 박힌 서술 관점으로 인해 오히려 당시의 역동적인 모습에 대한 이해가 어렵고, 역사 발전을 너무 단순하게 이해하려는 경향이 있는 것이죠. 그러다 보니 일제강점기에 대한 인상도 막연히 우리 것을 '강제로 빼앗아갔다' 식으로 이해하는 것이고요.

**이 경제학자** 바로 그거야. 수탈론! 좀 과장하면 군인과 경찰을 호남평야에 풀어놓고 농민들을 때리면서 쌀과 토지를 수탈했다고 생각하는 거지. 소설도 이런 소설이 없어. 그것도 아니면 토지조사사업이나 산미증식계획 모두 오로지 조선 농민들의 쌀을 빼앗기 위해 추진된 정책으로 오해하지. 토지조사사업은 분명히 근대적인 토지소유권을 확립했고 통념만큼의 토지 약탈이 없었네. 수백만 평의 토지가 불법적으로 점탈되었고 주로 곡창지대인 전라도에 집중되어 있었지만, 전체 토지의 40퍼센트를 빼앗겼다는 식의 이야기는 이제 학계에서 누구도 이야기하지 않네. 내가 일제의 입장에 맞추어서 당시 사정을 축소하거나 간과한다고 생각하면 곤란하네. 나는 경제사에 대한 객관적 고찰이 중요하다고 말하고 싶은 거야.

## 식민지 근대화론의 한계

심 선생 저는 수탈론에 문제를 제기하는 분들도 문제가 있다는 생각이 들어요.

이 경제학자 그건 무슨 말인가?

심 선생 교수님은 기존 역사학계의 도식화된 사고방식을 비판하셨잖아요. 민족주의적 관점에서 모든 것을 '내재적 발전론'으로만 이해하는 것, 즉 우리 스스로 할 수 있었는데 일제 때문에 망했다는 시각이요. 그 비판에는 공감합니다. 조선 후기 자본주의 맹아론이나 일제강점기 수탈에 대한 과장된 주장에 대해서는 문제 제기가 많이 있었고, 최근에는 역사학계 스스로 많이 바뀐 것 같아요.

방금 말씀하셨듯이 한때 토지조사사업을 통해 전국 토지의 거의 절반을 일제가 빼앗아갔다고 가르치던 적이 있었죠. 하지만 지금은 그게 틀렸다는 사실을 역사학계도 인정하고 있고, 오히려 연구가 발전되어서 임야 침탈의 심각성이 고발되고 있는 형편입니다. 임야조사사업(1918)을 통해 한반도 임야의 60퍼센트가 국유림이 되었으니까요. 이를 통해 농촌 공동체의 임야 이용권을 통제하고, 1942년까지 400만 정보 이상의 토지를 상당 부분 일본인들에게 팔아버렸고요. 어떤 학자는 임야 침탈을 합치면 수탈의 규모가 기존의 주장과 얼추 비슷하다는 주장도 하지만, 이전에는 임야를 빼고 이야기했던 것이니까 과장되었던 것은 분명하다고 봅니다.

하지만 저는 수탈론을 비판하는 쪽 역시 도식적이라는 생각이 듭니다. 결국 '19세기 조선 경제 붕괴론 → 식민지 근대화론 → 발전국가론'

을 이야기하고 싶다는 생각밖에 안 들거든요.

**이 경제학자** 좀 더 자세히 이야기해보게.

**심 선생** 기존 역사학계가 조선 후기 경제가 역동적으로 발전하고 있었던 측면만 강조했다면, 반대로 비판론자들은 '19세기 조선 후기에는 경제가 붕괴 직전에 있었다'는 식으로 주장하잖아요. 결국 자생적 가능성 자체를 부정하는 논리에 이르게 되고요.

**이 경제학자** 비판의 틀 역시 단선적이라고 말하고 싶은 건가?

**심 선생** 네. 극단적인 건 매한가지죠. 학술 논문을 보면 그나마 세밀한 논쟁들이 진행 중이지만, 소위 경제사학자들이 쓴 통사를 보면 결국 19세기 구한말 조선의 농업은 심각한 위기를 맞은 데다 스스로 해결점을 찾지 못했으며, 1910년대 일제의 토지조사사업을 전후로 농업생산력을 복구할 수 있었다는 점만 반복해서 강조합니다. 또한 일제의 공업화 정책으로 인해 비록 고통스럽긴 해도 다양한 근대적 동력을 확보할 수 있었고 이를 바탕으로 대한민국이 성장할 수 있었다. 이런 식의 주장으로 일관하지 않나요?

**이 경제학자** 그렇지. 그들은 '19세기 조선 경제 붕괴론 → 식민지 근대화론 → 발전국가론'의 단계를 밟고 있지.

**심 선생** 네, 그래서 저는 비판론자들의 비판점이 유효하기는 하지만 그들 역시 역사에 대한 이해를 지나치게 단순화하고 있다고 생각해요.

## 식민지 근대화론의 쟁점 — 토지조사사업

**이 경제학자** 의미 있는 지적이야. 다만, 아직 제3의 대안이 나온 것은 아니니까 차라리 각론으로 들어가서 이야기를 나누면 재밌을 듯하네.

**심 선생** 하하. 무슨 이야기로 저를 공박하시려고요.

**이 경제학자** 공박은 무슨…. 조선시대에는 '토지대장'을 '양안'이라고 불렀네. 토지조사사업을 '양전사업'이라고 했고. 그런데 흥미로운 점은 광무개혁 이전의 양안에는 실제 경지 면적이 기재가 되지 않았다네. 광무개혁으로 양안에 경지의 실제 면적을 기재했지.

**심 선생** 고종이 추진했던 사실상 최후의 개혁 작업 때, 비로소 최소한의 근대적 형태의 소유권이 정립되었다는 걸 말씀하시는 건가요?

**이 경제학자** 사실 조선시대 토지대장과 광무개혁 당시 추진된 양전사업의 결과로 만들어진 '양안'을 둘러싼 논쟁은 무수하지. 그중 내가 관심을 두는 부분은 이거야. 광무개혁 이전의 양전사업은 토지 현황에 대한 객관적 이해라기보다는 '수조권[5] 분여', 즉 관리들에게 월급을 주기 위한 기초 장부의 역할이 매우 컸다는 것이네.

**심 선생** 토지 현황을 조사하는 목적이 달랐다는 거군요.

---

5 **수조권** 토지로부터 조세를 걷을 수 있는 권리를 말한다.

**이 경제학자** 그러네. 그리고 1910년 한일병합 이후 실시된 토지조사사업은 광무개혁을 통한 토지조사를 한층 더 확실하게 정립한 거네. 소유권을 중심으로 토지 현황을 파악하고 이를 기초로 총독부가 농업 체제 전체를 파악한 것이지.

**심 선생** 식민지 과정에서 '근대화'된 측면이 있다는 말씀이세요?

**이 경제학자** 그렇지. 소유권의 개념이 바뀐 거잖나. 관리가 세금을 거둘 수 있는 권리가 아니라 실측을 통해 면적을 정확히 파악하고, 특정 영역에 대한 개인의 소유권을 정비한 것이니 얼마나 큰 변화인가. 더구나 이를 주도한 총독부는 이전의 조선 왕조보다 토지 장악력이 높을 수밖에 없었을 테고. 또한 개인 간의 토지 거래 과정 역시 이전과는 분명히 달랐을 것이고. 오해하지 않았으면 하네. 중요한 사실은 조선은 전근대 농업 문명국가였다는 거야. 중국의 토지제도에도 영향을 많이 받았지만 독자적인 모습 또한 갖추었지.

하지만 여러 이유로 조선 후기가 되면 기존의 농업 체제가 근본적으로 흔들리기 시작했고, 강화도조약 이래 조선은 근대국가로 나아가야만 하는 상황에 몰리게 됐어. 그리고 광무개혁이 근대적 경제개혁을 표방하면서 새로운 시도를 했지만 그 역시 실패했고, 새로운 시스템을 구축한 것은 좋건 싫건 일제강점기 토지조사사업부터였다는 점이지.

**심 선생** 하지만 토지조사사업의 의미를 인정하더라도 근대화라는 거대한 전환의 관점에서 본다면 이 역시 '부분적'이었다는 것을 인정해야 한다고 생각합니다. 일제강점기에 근대적 소유권이 정착되고 농업이 국가 산업의 부문으로 정착되었다는 측면이 있다는 것을 인정하더라도 그것만으로 근대화가 되는 것은 아니잖습니까?

해방 이후 중국, 북한, 남한, 일본이 모두 농지개혁을 실시하지요. 사회주의건 자본주의건 할 것 없이 지주제 혁파[6]에 나서는데, 이 역시 근대국가로 나아가는 중요한 과정이었죠. 지주제가 해체되면서 소유권 문제가 정리되니까요.

지주제 문제가 조선 중기 이래 누적된 심각한 과제였는데, 일제는 이 문제를 개선하는 데 적극적이지 않았어요. 지주계급을 식민지 파트너로 삼아서 경제적 이득을 취하려 했으니까요. 그래서 제2차 세계대전 이후 동아시아 각국의 토지개혁을 중요하게 보는 거죠. 이 부분을 고려한다면 일제강점기에 진행된 토지조사사업에 대해 지나치게 의미 부여를 하는 건 피해야 할 것 같습니다.

## 식민지 근대화론의 쟁점 — 기업가 정신

이 경제학자 그건 그렇지. 대화가 점점 재밌어지는걸? 자네랑 이야기하면 나도 모르게 열정적이 된단 말이야. 또 이런 부분도 있네. 외국의 많은 경제학자나 역사학자가 지적하듯 식민지 조선에서는 탁월한 조선인 기업인들이 등장하거든.

---

6 **지주제 혁파** 조선 중기 이후 양반 지주들은 다양한 방법으로 토지 소유를 늘리고 농민들을 소작농으로 전락시켰다. 일제는 지주를 식민지 파트너로 삼고, 토지조사사업을 통해 지주의 소유권만을 보장하면서 일반 농민들의 처지를 더욱 어렵게 만들었다. 또한 산미증식계획 당시에도 비료 대금, 수리 조합비같이 원래 지주가 부담하는 부분을 소작농에게 전가함으로써 지주에게는 이득을, 일반 농민들에게는 심각한 경제적 부담을 떠안게 했다. 해방 이후 농지개혁을 통해 지주제가 해체되고 자작농체제로 전환되었다.

심 선생 경성방직 주식회사, 평양메리야스 공장, 평양고무신 공장 이야기 하시려는 거군요?

이 경제학자 그렇지. 이게 사실 간과할 부분은 아니네. 수많은 식민지가 있었고, 일제의 억압 체제를 생각해본다면 그 와중에 이 정도 기업을 세워서 발전시켰다는 것은 보통 역량이 아니지. 통상 민족자본이 1퍼센트 미만이었다고 하지만, 전 세계 식민지 국가에서 1퍼센트 미만이더라도 민족자본이라고 불리면서 의미 있는 성장을 거듭한 경우를 찾아보기란 쉽지 않네.

심 선생 네, 아까도 이야기했듯이 민족자본이라는 말 자체가 모호하거든요. 그리고 지금도 회사 사장이 자기 공장 하나 건사하는 게 보통 일이 아니잖아요. 기본적으로 자본은 시장의 논리로 순환하고, 기업은 경영을 통해 시장에서 생존하는 게 목표니까요. 합리적 노사관계, 자본가의 도덕적이거나 올바른 정치·사회적 태도는 이차적이죠. 그리고 당시 기업인들을 보면 한편에서는 민족주의자들의 활동을 후원하면서도 다른 한편에서는 일제 식민지 정책에 순응하고…. 여간 모호하지 않더라고요.

이 경제학자 그렇지. 경제학적 기준으로 본다면 식민지 조선에서는 소수였다 해도 자본가 집단이 일제강점기에 형성된 것을 부정하기는 어렵네. 자본주의 체계가 작동하기 시작하고 시장이 경제의 중심이 되어가는 상태에서 그 시장에 적응하는 새로운 기업가들의 등장은 분명히 이 시기에 있었으니까.

심 선생 저도 그 부분은 동감합니다. 우선, 자본가 집단이 생겨난 것은 일제의 통치 때문이라기보다는 조선이 자본주의 체제에 편입되어갔기 때문이라고 봅니다. 꼭 일제의 지배를 받지 않았더라도 어떤 형태로든 자본주의 체제에 편입되었을 테고 자본가 집단은 등장할 수밖에 없었다고 봐요. 마치 베트남에서 프랑스 식민 지배 시기를 통해 초기 자본가 집단이 등장하듯이 말입니다. 더구나 자본주의라는 새로운 세계 체제에 편입되는 과정은 식민지가 되었기 때문에 일어나는 현상이 아니기도 하고요.

이 경제학자 흐음….

심 선생 그리고 좀 더 깊숙이 들어가고 싶어요. 사실 김연수[7]를 비롯한 당시 자본가들은 계속 민족주의 진영의 기대를 저버리잖아요. 물산장려운동을 할 때는 가격을 올려서 이득을 취했고, 일제가 대륙 침략에 나서자 친일의 선봉에 섰죠.

이 경제학자 전쟁을 경제학적으로 어떻게 볼지를 이야기하면 자칫 논의가 확대될 수도 있지만, 여하간 일제가 대륙 침략을 했고, 조선의 자본가들이 침략 정책에 적극적으로 부응하면서 중화학공업 발전에 편승한 것은 자기 파괴적 요소가 강하네. 대륙 침략을 통해 일본 재벌이 성장했던 것은 사실이지만, 민간경제나 중소기업은 파괴되었고 결국 전쟁 패배의 후폭풍도 감내해야 했으니 전쟁을 선택한 것 자체가 반자본주의적이거나 반경제학적인 발상이라 할 수도 있겠지.

---

7 **김연수**(1896~1979) 식민지 시기 대표적인 조선인 자본가. 삼양사, 경성방직 주식회사 사장을 역임했다.

**심 선생** 그런데 저는 이런 태도 자체가 이후 대한민국 경제사에 영향을 주지 않았나 하는 생각이 들거든요.

**이 경제학자** 무슨 말인가?

**심 선생** 정부 정책을 압도하거나 그에 기생하며, 때로는 반자본주의적인 선택까지 불사하는 기업가 정신이야말로 식민지가 대한민국에 물려준 유산이 아닐까 생각합니다. 그렇지 않나요? 사실 자본가들이 등장했다고는 하지만 해방 이후 대한민국의 경제사는 매우 복잡다단했고 일제강점기에 성공한 기업인들 중에 해방 후에도 성공을 이어간 경우는 찾기 어렵잖아요.

무엇보다 일제강점기와 독재정권 시절의 경제 발전 방식은 상당히 유사하죠. 정부가 주도한다든지, 정경유착적이라든지, 도덕적으로 정당하지 못하다든지…. 이러한 유사성 때문에 다른 것은 몰라도 적어도 '기업인의 정신과 태도'만큼은 계승되지 않았나 하는 생각을 하는 겁니다.

이런 측면을 고려한다면 근대화 과정에 대해 좀 더 넓게 생각해볼 수도 있고, 식민지 근대화론이나 개발독재론 같은 것들이 경제사적인 고려와 무관하지 않다는 것도 입증할 수 있지 않을까요?

**이 경제학자** 하하. 일리 있는 말이네.

## 식민지 근대화론의 쟁점 — 19세기 조선 경제 붕괴론

**심 선생** 그런데 식민지 시기 근대화 과정에 대한 이야기가 나온 김에요,

교수님은 '19세기 조선 경제 붕괴론'에 대해 어떻게 생각하세요?

18세기 이후 200여 년간 임금이나 지대가 지속해서 내려가는 등 전반적으로 생활수준이 악화되었고 무엇보다도 농업 생산성에서 문제가 있다는 주장 말입니다. 그저 막연히 주장한 게 아니라, 영암 문씨 가문, 영광 신씨 가문 등 다양한 양반 지주 가문의 고문서를 연구한 실증적 주장이다. 뭐 이런 이야기가 많잖아요. 그리고 바로 이런 주장이 한국사에 대한 통설과 충돌하는 거고요.

이 경제학자 난 신중해야 한다고 생각하네. 거시적 지표로 상황을 단순화하는 것에는 반대하네. 우선, 반론이 너무 많아. 충분히 자료가 축적되지 않은 상태에서 일부 자료만으로 지나치게 장기적인 통계를 추출했거든. 더구나 조선 후기의 경제사를 농업 위주, 그것도 쌀농사로만 한정해서 보는 것도 무리일세. 상업과 광업의 발전이라든지, 쌀농사 외에 잡곡 같은 품목도 검토해봐야 하거든. 축산업의 발전 또한 숙고해야 할 과제지.

게다가 자료가 선택적이었다는 지적도 있거든. 자료 대부분이 몰락한 양반 지주만을 대상으로 했다는 점, 당시 선교사들의 기록과 차이를 보인다는 점, 무엇보다 광범한 농촌 황폐화 현상을 찾아보기 어렵다는 점 등등. 반론이 많아.

심 선생 서양인들의 기록도 살펴보셨나 봐요.

이 경제학자 응. 당시 조선 사정에 정통한 사람들의 기록이나, 농촌을 구석구석까지 다녔던 사람들의 관찰은 중요한 의미를 지닐 수밖에 없잖나. 중국이나 일본보다 후진적이긴 했지만 성장세가 있었다는 기록도 있고, 전반적인 생활수준이 안정적이었다는 점에서도 대개 일치하거든. 심지

## 서양인의 눈에 비친 조선

멋진 계곡들과 아담한 마을들이 아늑하게 자리 잡고 있었다. 주민은 모두 농부들로서 아주 소박하고 원시적인 방식으로 살고 있었다. 돈은 거의 보기조차 힘들었다. 거기서는 돈이 정말 아무 필요도 없는 만큼 시장이나 가게도 없었다. 그들에겐 부족한 게 거의 없었다. 필요한 양식이나 옷 그리고 난방용 화력 따위는 자기들이 손수 만들고, 간단한 물품들은 서로 바꾸어서 충당했다.

모두들 양식과 땔감이 넉넉했고 완전히 만족스러운 삶을 살고 있는 것 같았다. 술주정과 거짓은 아예 모르는 일이었다. 그들에게는 아주 사소한 차별조차도 거의 필요가 없다고 원님이 우리에게 말했다. 우리에게도 그들은 점잖고, 친절하고, 소박하고, 정직한 농부들과 어부들로 보였다.

출처: 릴리어스 호턴 언더우드, 《언더우드 부인의 조선 견문록》, 이숲, 2008

경제적 수준과 만족스러운 삶을 누리는 것은 별개의 문제임을 1900년경 선교사의 기록을 통해 쉽게 이해할 수 있다.

어 동학농민운동이 일어났던 1890년대조차 사회질서가 파괴된 곳이 없다는 것을 보면 이 시기는 단선적으로 이해할 수 없다는 거지.

심 선생 조선 후기에 회복 불능의 붕괴가 없었다는 거군요. 그럼 이건 어떻게 생각하세요? 1900년경에 일본 벼 품종의 보급이나 일본인이 주도한 수리 시설 확충 활동에 큰 의미를 부여하던데요. 결국 일제강점기 농업정책을 통해 농업 생산성이 비약적으로 향상되었다는 주장이잖아요?

**이 경제학자** 난 그에 대해 아직은 판단 보류네. 1906년 조선에 진출한 일본 농업인이 1,065호였고 논 면적이 4,875정보거든. 일본 벼 품종은 개항장 정도에 보급되었고 1912년 보급률이 고작 2.8퍼센트 정도야. 그 밖에 일본인 농업인이 주도한 근대적 농업화 과정이라는 것을 계량화해 보더라도 일반화하기는 어려워.

**심 선생** 비약적인 생산성 향상이 있었다고 보기 어렵다는 건가요?

**이 경제학자** 쉽게 단정 지으려고 하지는 말게.

**심 선생** 확실한 것은 조선 경제가 회복할 수 없을 정도로 붕괴했고, 그것을 일제강점기에 기적적으로 구원해냈다는 실증적 증거가 없다는 말씀 아닌지요.

**이 경제학자** 큰 틀에서 나는 그렇게 보네.

**심 선생** 부분적 근대화 과정에 대해서는 찬성하지만, 거시적이거나 과도한 해석에 대해서는 경계한다, 뭐 그 정도로 생각하면 좋을까요?

**이 경제학자** 뭐 그렇다고 할 수 있겠지. 나는 다만 학문적인 성과를 가지고 가능한 범위 내에서 진지하게 생각하는 것이 중요하다고 보네. 편을 들어 뭐 하겠나.

## 실질임금 변화 추이

**월평균 실질임금(2000년 가격 기준)**

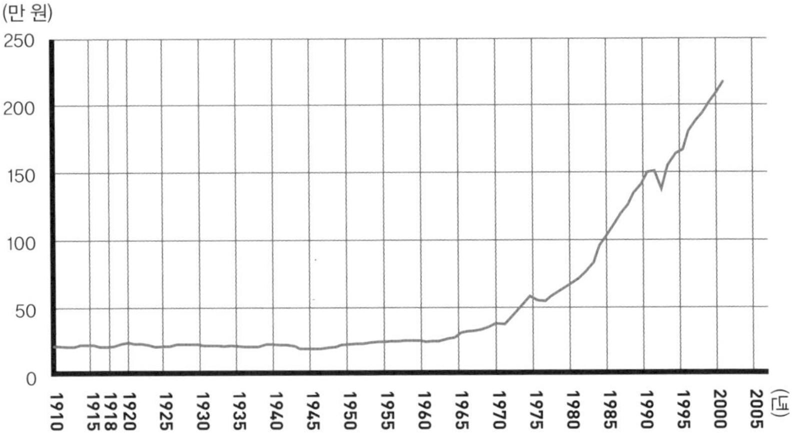


출처: 허수열, 〈1945년 해방과 대한민국의 경제 발전〉, 《한국독립운동사연구 제43집》, 2012

실질임금은 절대다수의 조선 민중의 생활을 가늠할 수 있는 중요한 지표다. 식민지 기간의 실질임금 상승은 사실상 없었으며 해방 이후 독자적인 산업화 과정을 통해 대한민국의 경제 발전이 이루어졌다는 것이 허수열의 주장이다. 이 또한 통계 지표를 통한 분석이라는 점에서 역사의 질적인 측면을 포괄하는 것에는 분명 한계가 있다.

---

심 선생 그럼 제가 굳이 편을 들어볼게요. 어찌 됐건 식민지 근대화론의 이론적 틀 자체는 여전히 미성숙한 거 같아요.

결국 식민지 근대화론의 여러 전제가 충족이 안 되잖아요. 무엇보다 '식민지 필연성'과 '식민지 경제성장'이 입증되어야 하는데, 교수님 말씀을 들어보더라도 제대로 논증이 안 되잖아요? 부득이하지만 어쩔 수 없이 일제의 힘을 빌려 근대화했을 만큼의 붕괴나 혼란이 존재하지도, 일제강점기에 비약적인 경제성장을 한 것도, 일제강점기를 거치면서 성숙한 산업 발전이 이루어진 것도 아니고, 그나마 있던 물적인 유산이 제대로 대한민국에 계승된 것도 아니고요.

이 경제학자 음. 틀린 말은 아니네. 일부 학자들이 주장하는 것만큼의 심각한 경제 붕괴도 없었고, 1910년대 일제의 농업정책을 통해 비약적인 경제성장이 이루어졌다고 보기도 어렵네. 도식화하는 것은 무리야.

심 선생 그죠. 더구나 농업에 대해서야 이런저런 논쟁이 벌어지지만 공업화 부분은 전혀 그렇지 않잖아요. 농업정책은 있었지만 공업정책은 부재했고, 그나마 수립된 공업정책은 모조리 본국의 이해관계 때문이고요. 더구나 북부 지역에 건립된 공업지역 역시 전쟁을 위한 군수 시설이 주를 이뤘고요. 조선 기술자는 양산된 적이 없었고, 해방되면서 일본인들이 빠져나가자 조선의 산업 자체가 붕괴한 것을 보면 일제강점기를 통해 산업화의 기초가 마련되었다는 것은 겉만 보고 내리는 결론이 아닐까요?

이 경제학자 그렇지. 더구나 일제의 농업정책과 공업정책이 중요한 인과관계를 가지고 있는 것도 아니니 말이야. 결정적으로 대한민국의 산업화 동력이 확보된 것은 1960년대 이후네. 박정희 정권의 경공업정책에 따라 충주를 비롯한 여러 곳에 비료 공장이 세워지면서 본격화되었으니까. 인적 구성원, 지리적 위치 어디 하나를 가지고도 일제강점기 공업화와 대한민국의 공업화의 연관성을 실증적으로 계량화할 수가 없어. 심지어 자네가 이야기한 일제강점기의 자본가들 있지 않나. 김연수, 박흥식 같은 인물들 말일세. 이들 역시 산업화와 재벌 대열에 끼지 못한 채 도태되어버렸잖아. 인적 구성원으로도 연결점을 찾기 어려워.

## '한국형 근대화' 연구는 진행 중

심 선생 그렇죠. 교수님 말씀을 들으니 세세한 논쟁을 하기 전에 학문의 역할과 학자가 주장할 수 있는 범위 자체에 대한 고민이 듭니다.

이 경제학자 뭔가 듣고 싶었던 말을 들었다는 느낌이군. 허허.

심 선생 교수님을 뵈면 배우는 즐거움이 크니까요. 제가 경제지표에 약하기도 하고요. 그런데 개인적으로는 근대화에 대해 새로운 통찰을 얻었어요.

이 경제학자 응?

심 선생 적어도 일제강점기와 대한민국이 문화적 연속성이 매우 강하다는 점이에요. 문화적 연속성이 강하기 때문에 일제강점기와 유사한 사

회구조를 만들었고, 그렇기 때문에 이를 거꾸로 생각해서 식민지 근대화론 같은 주장이 나오는 것은 아닌가 하는 생각이 들었거든요. 물론 좀 더 다듬어야 할 생각이지만요.

이 경제학자 좋은 생각이네. 이른바 '식민지 시대의 유산', 그러니까 일제강점기부터 내려온 사회·문화적 연속성이 제대로 규명되지 않았다는 거잖아. 그렇다면 '한국형 근대화'란 무엇일까?

심 선생 한국형 근대화요?

이 경제학자 사실 근대화라는 말은 널리 사용되고 있잖나. 학계에서는 물론 일반적으로도 많이 쓰지. 하지만 이 용어를 두고 합의가 이루어지지는 않았다고 보네. 그러기 어려운 측면도 있고 말일세. 서구화뿐 아니라 공업화, 민주화, 합리화, 도시화…. 온갖 개념이 그때그때 근대화로 표현되니까 말이야. 여하간 우리는 이 용어를 상당히 학문적으로 개념적으로 쓰잖아. 더구나 서양학자들의 개념 정의를 그대로 가져와서 모던-포스트 모던 논쟁을 벌이기도 하고. 덕분에 더 복잡해지는 듯도 해. 하지만 나라마다 시대마다 각각의 개별성과 고유성이라는 게 있잖나.

심 선생 교수님 말씀은 '일제강점기'라는 큰 범주 안에서 우리 식의 근대화 과정이 있었다는 것을 고민해보자는 거죠?

이 경제학자 바로 그거네. 우선 우리는 근대화 하면 '조국 근대화', 그러니까 박정희 때 산업화를 생각하는 경향이 있어. 그러니 근대화라는 말이 한쪽에서는 마냥 좋게만 들리고, 다른 한쪽에서는 독재를 옹호하는 말이 되기도 하지.

학문하는 입장에서 근대화 하면 너무 서구적이야. 그런데 서구의 역사 과정과 우리는 너무나 다르지 않나. 그러다 보니 학자들이 개념적으로 이야기하는 것을 일반인이 이해하기 힘들고, 그러니 식민지 근대화론 같은 논쟁도 튀어나오는 것 아니겠나.

심 선생 흐음. 일제강점기에 대한 좀 더 종합적인 연구가 있어야겠는걸요. 그건 보통 작업이 아니겠는데요!

이 경제학자 자네가 한번 해보는 게 어떻겠는가. 기존 세계관을 확 뒤집어엎을 수 있는 그런 도전 말이야.

심 선생 헐. 왜 제게 그런 짐을….

이 경제학자 자네라면 할 수 있을지도 모르겠네.

모든 학문은 '논리적 합리성'을 바탕으로 만들어진다. 적절한 근거와 적합한 이론이 결합되는 데 역사학 또한 예외가 아니다. 하지만 아무리 탁월한 주장이더라도 새로운 연구 결과에 따른 변화는 피할 수 없다. 다만, 몇몇 새로운 연구 결과를 가지고 일반화하는 것은 불필요한 논쟁을 불러일으킬 수 있다.

무엇보다 자신의 학문적 성과를 정치적인 힘에 의지하여 강요하거나, 한계나 문제점을 인정하지 않고 일방적으로 주장한다면 가장 큰 피해를 보는 이는 대중과 학생일 것이다. 이른바 뉴라이트 계열의 학자들은 이 지점에서 심각한 과오를 저질렀다.

일제강점기 연구는 이제 시작이다. 일제강점기는 단순하게 도식화해 설명하기에는 복잡다단한 시간이었으며, 무엇보다 오늘 우리 삶에 직간접적으로 다양한 영향을 주었다는 점을 인정해야 한다. 그것들을 하나하나 새롭게 규정하며, 일제강점기 연구의 새로운 지평을 열어갈 때다.

# 네 번째 대화

신학과 신앙의 관점에서
이승만을 바라보는
목사와 함께

# 이승만, 그 맹목적인 믿음과 마주하기

**진 목사** 이승만의 열혈 팬인 목사. 반공주의, 친미적인 사고와 기독교적인 세계관을 구분하지 못한다.

**심 선생** 열정 넘치는 역사 연구가. 역사 왜곡에 맞서 치열한 논쟁을 벌이기도 한다. 더불어 소통과 상생의 대화를 통해 새로운 역사 대화 문화를 만들고자 노력하고 있다.

이승만은 대한민국임시정부와 대한민국의 초대 대통령이었는데 공교롭게도 두 정부에서 모두 쫓겨났다. 임시정부에서 쫓겨난 후에는 주로 미주 지역을 기반으로 독립운동을 펼쳐나갔으며 외교 독립론과 반공주의를 강조했다. 독단적인 성격으로 숱한 갈등을 일으키며 독립운동 진영을 혼란으로 몰아넣기도 했다.

해방 후 민족주의와 반공주의를 강조하며 우익을 대표하는 정치 지도자가 되었고, 미 군정과 친일파의 지지를 받으며 대한민국 초대 대통령이 되었다. 두 차례의 개헌으로 네 번이나 대통령이 되면서 장기 집권을 꿈꿨다. 하지만 집권 13년 동안 뚜렷한 업적을 찾기 어렵고 권력욕의 끝은 비참했다.

진목사 심 집사, 기독교인으로서 이승만 박사를 그렇게 보면 안 되네.

심선생 네? 이승만에 대한 평가와 기독교 신앙이 무슨 상관이 있죠?

올 것이 왔다.

진목사 이승만 박사가 없었다면 지금 대한민국이 어떻게 있겠나. 더구나 북한의 위협 속에서 누가 이 나라를 지켜냈겠는가?

무엇을 어떻게 대답해야 할까? 어디서부터 이야기를 시작해야 하나? 대화를 한다고 달라질까? 자리를 피하고 싶다. 애꿎은 갈등은 마음만 상하게 한다.

심 선생 글쎄요.

진 목사 자네가 하나님을 얼마나 열심히 믿는지 내가 잘 알다마다. 다만 전공이 역사학이다 보니 때론 좀 지나친 듯해.

심 선생 어떻게 말씀을 드려야 할지 잘 모르겠습니다. 다만, 이승만 말고도 훌륭한 기독교 독립운동가가 많다고 생각합니다. 특별히 기독교인으로서 이승만을 강조할 이유가 있나요?

## 뜨겁고 과격했던 젊은 독립운동가

진 목사 거참, 그럴 줄 알았네. 이 박사는 일찍이 독립운동을 했던 인물 아닌가. 독립협회 활동도 눈부셨고, 교도소에 잡혀가서도 복음을 전파하셨네. 자네 《백범일지》 읽어봤나? 이 박사가 교도소에 있을 때 수백 명에게 복음을 전파했어. 그 모습에 감격한 교도소장이 뭘 해줄까 물었더니 이 박사가 뭐라고 한 줄 아나?

이승만에게는 늘 '박사'라는 호칭이 따라다닌다. 이승만에 대한 수식어는 그 이상의 의미를 지닌다. 일종의 면죄부 같은 느낌, 참 불편하다.

심 선생 수백은 아니고 수십 명이었죠. 도서관을 지어달라. 그리고 1년 후엔가 김구가 그곳에 와서 도서관을 보면서 감격했다죠.

진 목사 거 보게! 그리고 교도소에서 영한한 사전 편찬을 시도한 적도 있네. 정말 비상한 정신의 소유자 아닌가. 영어와 한문과 한글을 잇는 사전의 편찬이라니.

심 선생 네, 젊은 시절 이승만의 탁월함에 대해 저만 아니라 학계에서도 딱히 비판적이지 않습니다만….

진 목사 그렇지 않네. 역사학계에서는 이 박사의 진면목을 너무 몰라. 이 박사가 쓴 《독립정신》 읽어봤나? 그리고 그가 배재학당 시절이며 독립협회 시절에 어떤 활동을 했는지 깊이 생각해보게나.

심 선생 독립운동가가 남긴 글이야 많죠. 《독립정신》도 좋은 글이지만 저는 솔직히 그 정도 수준의 글은 많이 봐서 특별한 영감은 없었습니다. 물론 그 책을 읽고 감동받았다는 것을 비판하는 것은 아니지만, 일부에서 이승만의 초기 저작을 지나치게 과장하는 모습은 보기에 거북합니다.

이승만이 프린스턴대학과 워싱턴대학을 다니면서 5년간 학사, 석사, 박사 학위를 모두 따냈다는 것이 신화처럼 내려오기는 하지만 학점이 매우 낮았고, 박사가 되는 과정에서 선교사들의 영향력이 있었기도 하고요.

진 목사 지금 그분의 행적을 폄하하는 건가?

**심 선생** 사실을 말하는 겁니다. 제가 이승만을 우상화라도 해야 한다는 말씀이신지요. 기독교인으로서 누군가를 우상화하거나 절대화하는 것은 옳지 않다고 생각합니다.

**진 목사** 그분의 참모습이 일부 좌파 역사학자들에 의해 폄하되니까 안타까워서 하는 말이네.

**심 선생** 초창기 독립협회나 《제국신문》에서 활동할 당시는 대단했지요. 그런 모습들이 많은 사람에게 각인되었고 오랫동안 해외에서 활동했음에도 불구하고 꾸준히 국내의 지지를 유지할 수 있었던 원동력이 되었던 것은 분명합니다.

임시정부 대통령 시절에도 신규식, 김구 등이 이승만에 대한 절대 지지를 표방하면서 반이승만파와 격렬하게 대립하기도 했고, 국내 민족주의를 대표하는 이상재 역시 황성기독교청년회(오늘날 YMCA의 전신)나 흥업구락부를 이끌면서 적극적으로 이승만을 후원했죠. 경쟁자였던 안창호가 이승만을 대통령으로 만들거나, 해방 후에도 가장 광범위한 지지를 얻었던 사람이 이승만이었다는 것 역시 간과할 부분은 아니라고 생각합니다.

**진 목사** 오오! 바로 그거네. 참으로 위대하고 훌륭한 민족 대통령 아닌가.

**심 선생** 저는 그런 '측면'이 있다고 말씀드렸을 뿐입니다. 사람에게는 여러 가지 모습이 있고, 또 인생은 여러 과정을 거치게 되잖아요. 제가 이승만에 대해 '긍정적인 측면'을 인정했다고 '부정적인 측면'을 부정한다든지, 개인의 인격에 대해 칭찬했다고 그의 역사적 책무 전체에 면죄부를 준다고 보시면 곤란합니다.

**진목사** 뭐가 그리 복잡한지…. 구한말 그 어려운 때 그만큼 탁월한 인물이 대체 어디 있다고. 더구나 선교사들도 인정할 정도로 훌륭한 기독교인이었다네.

**심선생** 음…. 저는 목사님이 왜 그렇게 젊은 시절 이승만에게 집착하는지 모르겠습니다. 두각을 나타낸 독립운동가가 한둘이 아닌데 말입니다. 일부 사람들은 마치 이승만이 독립협회를 이끈 것처럼 이야기하지만 전혀 사실이 아니에요. 독립협회를 기획했던 사람은 서재필이었고, 만민공동회를 이끌면서 정말 제대로 된 시민단체의 면모를 드러내는 데 일조한 사람은 윤치호였어요.

사실 독립협회 시절 이승만은 과격했습니다. 고종을 신뢰하지 않았고, 공화정을 모의하고, 일본으로 망명한 박영효를 끌어들이려 하는 등 독립협회를 위기에 빠뜨리는 데 큰 공을 세웠죠. 당시 정치 지형도를 보면 이승만의 선택은 상당히 무모했고 위험했다는 비판에서 자유로울 수 없지요.

**진목사** 바로 그 점이 탁월하다는 걸세.

**심선생** 네?

**진목사** 생각해보게. 구한말 조선이 어디 나라였나. 고종은 민비 치마폭에 싸여서 무능하기 짝이 없었고, 흥선대원군은 정쟁만 일삼았잖아. 서재필은 총명했지만 진득함도 없고 불안하기 짝이 없었지. 윤치호는 잘하긴 했지만, 기껏 해봤자 온건 노선밖에 더 되나? 더구나 그는 친일파가 되고 말았지. 오직 소장파 이 박사만이 과감하게 미래를 내다본 것 아니겠는가. "공화정으로 나아가자, 그것이 대답이다"라고 말일세.

**심선생** 저는 목사님이 이승만을 중심으로 이야기를 만든다는 느낌이 듭니다. 당시를 평가하는 데는 여러 관점이 있는데, 당시 오직 이승만만이 제대로 된 판단을 했고 나머지는 어리석거나 유약했다는 것처럼 들려요.

**진목사** 뭐 그런 부분이 없지는 않네. 하지만 생각해보면 대단하지 않나? 무너져가는 조선의 정세를 제대로 꿰뚫어 보았잖은가. 결국 고종은 흥선대원군과 비슷한 수준으로 무너졌고 독립협회도 해산됐고… 좀 아쉽

네. 차라리 이 박사가 크게 세력을 얻고 대범하게 활동할 수 있는 기반이 있었다면 우리나라는 식민지가 되지 않을 수도 있었을 텐데 말이야.

**심 선생** 흥선대원군의 개혁이라든지 고종이 40여 년간 펼친 노력이 비록 실패로 돌아갔지만, 과정상 중요한 의미가 있었고 그런 노력이 다음 역사를 이어가는 자원이 되지 않았나요?

더구나 당시 독립협회 상황은 냉정하게 살펴볼 필요가 있어요. 청일전쟁 이후 일본은 재기를 노리고 있었고 고종은 러시아에 의존해서 간신히 국체를 유지하고 있었습니다. 어찌 됐건 사람들은 조선왕조에 대한 깊은 충심이 있었죠. 박영효는 갑오개혁에 참여하면서 고종과 사이가 나빠졌고, 고종을 상대로 정변까지 시도했던 인물이잖아요. 더구나 독립협회 활동을 고종을 몰아내는 방향으로 이끌어가기 위해 무던히 애썼고요. 아직 입헌군주제에 대한 인식도 제대로 갖춰지지 않은 상태에서 이승만의 정치적 선택이 위험했다는 평가는 타당한 듯합니다.

**진 목사** 허허. 입장은 언제나 다양할 수밖에. 심 집사처럼 생각하는 사람도 있고, 나처럼 생각하는 사람도 있는 거지요.

**심 선생** 하지만 지금 목사님이 이승만만을 중심으로 독립협회나 그 시대를 해석하려는 거 같아서 드리는 말씀입니다. 당시 서재필이나 윤치호 같은 지위에 있지 않았던 이승만이 얼마나 역사적으로 의미가 있는지는 생각해봐야 합니다.

## 기독교를 대표하는 독립운동가, 이승만

**진 목사** 역사 선생이신데 어련하겠소. 나는 다만 하나님의 관점에서 하나님의 사람에 대한 이야기를 한 것뿐이오. 심 집사가 역사를 전공했듯 나는 신학을 공부했고《성경》으로 모든 것을 판단하는 사람 아니오. 허허.

**심 선생** 그런가요? 신학이나《성경》어디에 이승만을 찬양해야 하는 근거가 있는지 궁금하네요. 왜 유독 이승만을 강조하는 건가요? 이승만 말고도 훌륭한 기독교 독립운동가가 많았습니다. 안창호, 조만식…. 이상재는 기독교 운동과 독립운동을 통합적으로 이어간 인물이고, 이 밖에도 김구, 김규식 모두 기독교인 아닙니까?

**진 목사** 그분들이 훌륭한 신앙인이란 건 부정하지 않소. 조만식 장로는 한국의 간디로 불렸소. 평생 비폭력을 실천하셨고 평양에 머물면서 물산장려운동을 벌이는 등 훌륭한 일을 많이 하셨지. 정말 한국 교회가 낸 귀한 분이오. 이상재 장로는 조만식 장로 못지않은 분이오. 민립대학설립운동도 이끄셨고 인품 또한 훌륭했기에 우리나라 최초로 사회장을 치렀잖소.

나도 심 집사의 생각과 같아요. 안창호, 김구, 김규식 모두 훌륭한 기독교인이지. 하지만 솔직히 이 박사를 따를 분들은 아니지 않소.

**심 선생** 무엇이 아니라는 말씀이죠? 대통령이 아니었기 때문에요?

**진 목사** 뭐 그런 면도 있겠소. 특별함을 열거하자면 한두 개가 아닌데.

심 선생 혹시 다른 분들에 대해서는 잘 모르시는 거 아닌가요? 하하!

진 목사 뭐 심 집사보단 모르겠지. 허허. 그런데 무엇보다 이 박사는 정체성이 뚜렷했소. 그래서 대통령이 됐기도 했고요.

심 선생 정체성이요?

진 목사 그렇소. 안창호 선생이 훌륭한 것은 인정하오. 미주 지역의 호걸 세 명을 꼽으라면 안창호, 박용만(1881~1928)[1], 이승만이오.

심 선생 그렇죠. 미주 지역에서 중요한 인물이었죠.

진 목사 박용만 선생은 조금 지나쳤소. 매사에 폭력에 의존하려 했고 하와이에서 쓸데없는 분란을 일으켰지.

심 선생 사실관계를 잘못 아신 듯합니다. 박용만 세력에 대해 강력한 테러를 감행하며 하와이 지역에서의 분란을 일으켰던 인물은 이승만 아닌가요? 설령 양쪽에 책임이 있다고 하더라도 고집스럽게 외교 독립론[2]만 밀어붙이면서 한인 사회에서 분란을 일으켰던 것은 이승만 진영이었습

1 **박용만(1881~1928)** 미주 지역의 대표적인 독립운동가. 하와이로 건너가 농장을 임대해 조선인들이 공동 경작하도록 했다. 또한 이들에게 군사 훈련을 실시하며 미주 지역의 대표적인 무장 단체 '대조선국민군단'을 이끌었다. 이승만과의 심한 갈등 끝에 하와이에서 쫓겨났으며, 임시정부 외무총장에 선임되기도 했지만 이승만과의 견해 차이로 주로 임시정부 불신임 운동 진영에서 활동했다. 말년에 일제에 타협적인 태도를 보이는 등 독립운동가 사이에서 여러 오해와 불신을 받던 중 암살당했다.

2 **외교 독립론** 외교 활동에 의존한 독립 노선. 미국 등의 열강을 설득해 독립하겠다는 발상인데 미국의 윌슨 대통령이 주장한 민족자결주의에 대한 기대 때문에 한때 고양되었던 방책이다.

니다. 너무 유명한 이야기지요.

**진목사** 글쎄. 자잘한 것에 대해서는 문제 삼지 맙시다. 갈등은 어쩔 수 없이 일어나기도 하고…. 나는 역사학자들이 유독 이 박사에게 가혹한 거 같아서 답답하오. 내가 심 집사처럼 자세히 알지는 못하지만 조소앙이나 김원봉도 김구 선생과 충돌했고, 또 사실 김구 선생도 물의를 일으킨 적이 있소.

**심선생** 네, 그건 맞습니다. 가끔 이승만이 성격 이상자인 것처럼 몰고 근현대사 연구를 '이승만 부정적으로 보기' 식으로 끌고가는 사람들이 있는 건 인정합니다. 똑같은 잣대로 다른 독립운동가들을 평가하지 않았다는 지적은 시사점이 있지요.

**진목사** 그렇소. 역시 심 집사는 마음이 넓다니까.

**심선생** 그렇다고 해서 이승만이 하와이나 미주 그리고 임시정부 활동 당시에 보여준 고집스러운 태도라든지, 지나치게 경쟁주의적인 태도, 분란을 일으키거나 분란이 일어났을 때 보여준 무책임한 태도에 대해 옹호할 수는 없습니다. 다른 사람들에 대한 평가가 냉정하게 이루어지 않았다고 이승만에 대해서도 잣대를 낮추어야 한다? 그건 아니죠. 그는 임시정부 대통령이었으니까요.

**진목사** 뭐가 얼마나 그랬다고 그러는지…. 허물 없는 사람은 없지 않소.

**심선생** 글쎄요. 대강 넘어가시려고 하지만 박용만이 누굽니까? 하와이 한인 사회에 이승만을 소개해준 인물 아니었던가요? 더구나 독립에 대한 방향과 전략이 다르긴 했어도 하와이에 대규모 농장도 조성하고, 대조선국민군단을 만들어 하와이 한인들의 독립 의기를 높였던 사람입니다. 그런 사람을 상대로 세력 다툼을 벌이면서 수차례 폭력 충돌까지 일으켜서 하와이 신문에도 수차례 보도되었는데 이게 어떻게 자잘한 걸까요? 이 충돌 때문에 하와이 한인 사회가 분열되고 아직도 상처가 남아 있는데 사소한 허물은 아니지요.

그리고 임시정부 시절 이승만의 행적에 대해서는 유명하지 않습니까. 안창호는 검소한 생활로 일관했고, 김구 역시 너무 가난했기에 아내를 잃는 고통을 겪기도 했고요. 솔직히 독립운동가 대부분이 가난했는데 대통령이라는 직함을 빌미로 호텔에서 생활했던 것도 이승만 아닙니까.

**진목사** 너무 인신공격 아닌가? 대통령으로서 안전과 보안이 보장되는 곳에 머무르는 건 예우이지 않나요?

**심선생** 네. 그럴 수도 있지요. 하지만 임시정부 대통령 시절 이승만은 무책임했습니다. 신채호는 "이완용이 있는 나라를 팔아먹었다면 이승만은 없는 나라를 팔아먹었다"라고 비난했죠. 그럴 수밖에 없는 것이 이승만은 독립운동을 매우 불성실하게 했고, 무엇보다 3·1 운동 등에서 보여준 민의를 무시했으니까요.

이동휘는 임시정부 국무총리였습니다. 더구나 만주-연해주 지역의 무장투쟁 세력을 대표하는 인물이기도 했고요. 그가 속했던 국민대표회의의 인사들이 모두 합류하지 않았음에도 이동휘는 임시정부에 과감하게 참여했는데, 이승만과의 관계는 어떠했습니까? 다 이승만 탓이라고 할 수는 없지만, 1921년에 둘의 관계는 회복 불능의 상태까지 이릅니다. 결국 이동휘가 떠나면서 임시정부의 한 축이 무너졌고요.

임시정부는 수많은 갈등에 휩싸였고 그 원인의 상당수가 이승만한테 있었는데, 이승만이 보여준 리더십이 어땠습니까. 대통령이면서도 상하이에서 머물렀던 기간이 1년도 안 되었고, 갈등이 심각해지니 홀연히 미국으로 가버리지 않았습니까. 미국에서도 임시정부 활동을 훼방 놓는 행동도 했고, 미주에서도 안창호, 한길수 등과 갈등도 일으켰고요. 이건 인신공격이 아니라 지도자로서 갖추어야 할 리더십과 자세의 문제입니다.

**진목사** 그런 부분도 있었군. 그런데 난 좀 다르게 생각하네. 이 박사가 그럴 수밖에 없는 이유가 있었어. 그게 확실히 다른 기독교 지도자들과의 차이점이라네.

**심선생** 뭐가 다르다는 건지….

## 이미 실패한 임시정부 대통령

**진목사** 심 집사의 이야기는 일정 부분 일리가 있네. 이 세상에 완벽한 사람은 없고 우리 모두는 죄인 아닌가. 그런데 이 박사가 비범한 것은 공산주의의 위험뿐만 아니라 미국의 진가도 일찍부터 인식했다는 것이네. 다른 사람들은 순진했어. 그들이 덜 훌륭한 게 아니라 덜 비범했던 거지.

**심선생** 설마 1919년 2월 제출한 위임통치 청원서[3]도 이승만의 통찰력에서 비롯된 것으로 보시는 건가요?

**진목사** 그러네. 물론 감정적으로 기분 나쁠 수 있어. 일제에 지배받고 있는데 국제연맹에 찾아가서 미국이 위임통치를 하게 해달라고 했으니까. 하지만 생각해보게. 당시 일제 지배 아래 있던 우리가 독립될 가능성은 만무했네. 이 박사는 굴욕을 감당하면서까지 진정한 가능성을 본 거야. 민족자결주의라고 들어봤나?

**심선생** 모를 리가 있겠습니까. 미국 대통령 윌슨이 모든 민족은 자신의 나라를 세울 수 있다는 것을 천명한 거잖아요.

**진목사** 윌슨은 이 박사의 스승이기도 하지. 윌슨이 총장 시절 이 박사가 학생이었으니까. 이 박사는 윌슨의 새로운 세계 평화 전략을 꿰뚫어 본 걸세. 생각해보게. 이전에 영국, 프랑스, 러시아는 남의 나라를 침략한 반면 미국은 그렇지 않았잖은가. 열강 중에서 유일하게 양심적이었네. 미국이 제1차 세계대전을 수습하는 과정에서 새로운 세계 전략을 제안한 거네. 세계 평화를 고민하면서 말일세. 이 박사는 바로 그것을 인지했기 때문에 다소간의 오해를 감수하더라도 위임통치 청원서를 제출했던 거지.

---

3 **위임통치 청원서** 파리강화회의(1919) 당시 미주 동포 모임인 대한인국민회 대표로 파견된 이승만 등이 윌슨 미국 대통령을 통해 조선을 위임통치해 달라는 청원서를 제출했다. 이를 두고 임시정부 대통령 선임 과정에서 신채호가 격렬히 반발했다.

심 선생 글쎄요. 미국이 제국주의 경쟁에서 빠져 있었던 건 서부 개척이라든지 라틴아메리카 종속화 작업 때문이었지, 자신들이 청렴하고 고고해서가 아닙니다. 실제로 미국은 먼로독트린 이후 끊임없이 라틴아메리카에 영향력을 행사했어요. 쿠바, 도미니크공화국, 푸에르토리코 등 라틴아메리카로 가는 주요 길목을 장악했고 비슷한 시점에 스페인과 싸움을 벌여 하와이, 괌, 사이판 그리고 필리핀으로 이어지는 태평양 식민지도 건설하죠. 필요에 따라 자국의 영토에 편입시키거나 투표권이 없는 영토로 만들고, 식민지로 만들기도 했고요. 미국은 을사조약 당시 조미수호통상조약에 있는 거중조정 조항[4]을 위반하고 가쓰라-태프트 밀약(1905)[5]을 맺으면서 조선을 버리기도 했잖아요.

진 목사 허허. 뭐 나도 미국이 완벽한 나라라고 말하는 건 아니라네. 상대적으로 그렇다는 거 아니겠어. 상대적으로.

심 선생 사실 민족자결주의도 마찬가지입니다. 철저하게 승전국의 논리로 활용되었기 때문에 패전국의 피지배 민족에게만 적용되었고, 제1차 세계대전은 일본이 승전국이었으니까 우리에게는 적용조차 되지 않았죠. 김규식이 외무총장 자격으로 파리강화회의에 파견되었을 때 미국이 남다른 모습을 보였나요? 전혀 그렇지 않았습니다. 무엇보다 미국이 제

4 **거중조정 조항** 오늘날 중재(mediation) 조항 정도의 개념이다. 1882년 조미수호통상조약을 맺을 당시만 하더라도 국제법에 특정한 나라 간의 공수동맹 개념이 없었으며, 국가 간 최고의 협력 단계를 '거중조정'이라 표현했다. 두 나라 중 어느 한 나라가 위협을 당하면 성실하게 도울 것을 의무화한 것이다.

5 **가쓰라-태프트 밀약** 러일전쟁에서 일본의 승리가 분명해지고 일본의 조선 지배가 구체화되자 미국은 조미수호통상조약의 거중조정 조항을 피하려고 일본과 밀약을 맺었다. 이 밀약으로 일본은 미국의 필리핀 지배를, 미국은 일본의 조선 지배를 승인해줬다.

안한 새로운 세계 평화는 물리적 지배에서 경제적 지배로 전환하는 것을 의미하는데, 목사님이 이 부분을 과장하시는 것 같아 우려됩니다.

또 이승만이 윌슨의 제자였다는 것은 지나친 표현이고, 윌슨이 총장이었을 때 이승만이 학생이었다는 건데 그게 임시정부 활동에 특별한 영향을 주었던 것도 아니었고요.

**진 목사** 어찌 됐건 세계 질서가 바뀌는 것만큼은 사실 아닌가. 그 부분을 이 박사가 날카롭게 보았고 다른 독립운동가가 그렇지 못했다는 것은 인정해줘야 한다는 말이지. 안창호 선생이 훌륭하다고는 하지만 1920년대 때 뭘 했나. 기껏 공산주의자들과의 연합을 주장했으니 얼마나 어리석은가. 이상재 선생도 조선일보다, 신간회다 하면서 좌익들이 성장하는 데 빌미를 주었고. 결국 해방 당시에 조만식 선생이나 김규식 선생도 다 이용당했지. 김일성이네 소련이네 믿고 건국준비위원회 활동을 하다가 어떻게 죽은지도 모르는 게 조만식 선생의 말로고, 김규식 선생도 여운형이랑 어울리다가 비참하게 망가진 거 아닌가. 그나마 김구 선생이 이 박사와 뜻을 같이했는데 인생 마지막에 길을 잘못 가셔서, 참 안타깝네, 안타까워.

**심 선생** 하하. 또 그렇게 해석하시는군요. 글쎄요. 목사님은 독립운동과 친미적 정서, 반공주의 간에 구분 없이 뭉뚱그려 생각하시는 것 같네요. 목사님 말씀을 그냥 받아들인다고 하더라도 1920년대에 이승만은 뭘 했나요? 한 게 없지 않았나요? 사실상 1920년대부터 1940년대까지 거의 진공상태였다고 평가받을 정도로 이승만의 독립운동은 고립되어 있지 않았습니까?

**진목사** 꼭 그렇게만 볼 수는 없네. 학교도 운영하고….

**심선생** 네, 활동을 전혀 안 했다고 할 수는 없겠죠. 하지만 특별히 기억에 남을 만한 그 무엇도 없죠. 안창호 선생은 민족유일당운동을 제안하면서 민족주의 진영과 사회주의 진영의 연대를 도모하는 등 운동 전선의 통일을 위한 온갖 노력을 기울였습니다. 사회주의 진영이 보여준 여러 정치·경제학적인 성과를 수용하면서 민족주의적 세계관을 확대했고요. 노동 문제라든지 여성 문제, 사회·경제적 모순 같은 것들에 대해 민족주의의 세계관이 빈약했던 것은 사실이잖아요. 이를 인식하고 민족주의적 세계관을 풍성하게 만든 것은 안창호 같은 이들의 노력 덕분 아닌가요?

**진목사** 공산주의가 사상적으로야 훌륭하지. 하지만 독립운동은 생각이 아니라 현실이고 공산주의는 역사적으로 언제나 민족주의를 배신해왔어. 그렇지 않은가?

**심선생** 그건 또 다른 토론 주제인 거 같아요. 사실 이광수 등이 자치론이다 기회주의다 하며 일제에 순응하면서 민족주의 진영이 위기에 처했던 것도 사실이니까요. 이상재 같은 사람들이 자신들의 종교와 신념을 확고하게 유지하면서도 '다른 생각'을 하는 사람들을 인정하고 그들에게 장을 마련해주면서 민족운동을 발전시켰다는 것도 대단하지 않습니까. 예수가 수많은 죄인을 용서하고 회개시키셨던 것처럼 기독교 독립운동가들이 다양한 흐름을 수용하고 존중하는 것도 의미 있는 활동이었다고 보는데 말입니다.

**진목사** 허어, 자네 지금 위험한 발언을 한 거야. 죄인을 용서하는 것과 빨갱이들과 타협하는 건 근본적으로 달라. 너무 순진한 거지. 그러니까 한국전쟁 때 그렇게 당한 거고.

**심선생** 제 생각이 순진하고 위험한 건지는 모르겠지만 목사님은 '편향적'인 발언을 하고 계세요. 반공주의나 친미적인 세계관은 대한민국이 수립되고 발전해오는 과정에서 생긴 거 아닌가요? 역사는 객관적으로 그 시대의 입장에서 바라보아야 하고, 또 당대의 여러 모습을 최대한 포괄적으로 담아내야 하는 거라고 생각해요. 반공주의나 친미적인 세계관보다 독립운동사가 먼저 있었습니다. 목사님 식으로 말하면 제2차 세계대전에서 미국과 소련이 연합해 히틀러나 일본과 싸운 것도 문제가 될 수 있겠죠.

더구나 한국 근대사는 목사님의 세계관으로는 해석하기 힘든 부분이 너무 많습니다. 제국주의와 식민지 시대의 이야기를 어떻게 미국과 소련이 대립하던 냉전시대의 눈으로 해석할 수 있을까요? 더구나 반공주의나 냉전주의 시각도 이젠 너무 낡은 세계관이고요.

여하간 우리 역사 속에서 민족주의 못지않은 여러 사상이나 흐름에 대해서도 객관적이고 중립적으로, 또 가능하면 시대적 상황에서 역사라는 그릇에 담는 것이 우선이고요. 개인의 정치적 견해와 역사 해석은 별개로 접근해야겠죠.

**진목사** 자넨 좋은 신앙인이지만 어떤 면에서 조금은 물들어 있어. 뭐, 진보적이라고 해두세. 보수도 있고 진보도 있으니까 말이야. 내가 그리 꽉 막힌 사람은 아니라네. 허허.

심 선생 물들어 있다니요? 정치적 견해라든지 세계관의 문제는 별도라 하더라도 이승만에 대한 평가는 역사적인 주제입니다. 역사적인 문제는 학문적으로 엄정한 방법론을 취해야 해요. 역사학적인 방법론이건 사회과학적인 방법론이건 분석의 기준이 명확하고, 판단도 냉정해야 하며, 여러 견해에 대한 열띤 논쟁과 토론도 있어야 하겠고요. 선입견을 가지고 본인의 입맛에 따라 역사를 해석해선 안 된다고 생각합니다.

더구나 목사님 앞이라 망설였습니다만, 독립운동가들 중에 이승만처럼 추문이 많은 이가 또 있었나요? 비폭력 외교 독립론을 주장한다면서 장인환·전명운 의사가 친일파 미국인 스티븐스를 처단한 것을 두고 살해라는 이유로 변호를 거절하지 않나, 상하이에서 임시정부 자금 운용을 두고 심각한 갈등을 일으키지 않나. 오죽하면 임시정부 각부 차장들이 집단 사직을 결의하며 구미위원부도 폐지하고 이승만 사퇴까지 요구하지 않았습니까. 1925년에 임시정부에서 탄핵되어 대통령직에서 쫓겨날 때까지 거의 해마다 이승만 때문에 문제가 발생했으니까요. 1925년은 반이승만파였던 이동휘나 창조파 등이 모조리 임시정부를 떠난 때였으니 사실상 친이승만 계열이 보다 못해 이승만을 쫓아낸 꼴이잖아요. 심지어 국적을 일본으로 표기했다든지, 미혼 여성과의 불미스러운 일로 체포되었다든지, 미주에서 운영했던 학교의 자금을 횡령했다든지, 과장된 언행을 일삼는 등 여러 이슈를 두고 지금도 갑론을박이 이어지고 있기도 하고요.

일부 국내 기독교 세력이 이승만을 지지하기 위해 만들어낸 논리라는 게 목사님 주장처럼 '나무가 크면 바람을 받기가 쉽고 옷이 깨끗하면 때를 잘 타는 법' 뭐 이런 식이었죠. 왜 본인뿐 아니라 수많은 사람의 강렬한 독립 의지조차도 이렇게 흐려놓았는지 전 너무 답답합니다.

## 해방공간에서 이승만의 선택

진목사 뭐 그렇다고 해두세. 나도 역사에 대해 모르는 바가 아니고 열린 마음으로 세상을 보려고 해요. 그런데 심 집사, 독립운동사는 그렇다 치더라도 해방 이후 상황을 생각해보시오. 공산주의자들과 소련은 한반도를 집어삼키려고 분주했고, 미국은 상황을 제대로 파악하지 못했고, 민족주의 세력은 미약하기 짝이 없었지. 안재홍 선생은 여운형의 꾐에 넘어갔고 임시정부는 국내 기반이 없었소. 송진우나 김성수 같은 이들이 한민당을 만들며 분주히 활동했지만, 이 또한 한계가 명확했어요.

심선생 그 상황에서 이승만이 활약했다고 주장하시려는 거죠!

진목사 정읍 발언[6]을 가지고 말들의 많아요. 분단을 재촉했다느니 어쨌다느니. 이 박사라고 해서 분단을 원했겠소? 하지만 상황이 그렇지 않았잖소. 빨갱이들의 공세는 심각했고 곳곳에서는 무지한 민중이 빨갱이들의 선동에 넘어가서 폭동을 일으키지 않나….

심선생 빨갱이들의 선동이라니, 대구 10·1 사건이나 제주 4·3 사건을 말씀하시는 건가요?

진목사 나는 미 군정과 친일 경찰의 잘못도 있었지만 10·1 사건이나

6 **정읍 발언** 1946년 6월 3일, 이승만은 전북 정읍에서 남한만의 단독정부 수립을 공식적으로 주장했다. "우리는 남방만이라도 임시정부 혹은 위원회 같은 것을 조직하여 38 이북에서 소련이 철퇴하도록 세계 공론에 호소하여야 할 것이다."

4·3 사건은 좌익이 개입해서 일어난 거라고 생각한다네. 당시 이 박사의 입장에서는 결단을 내릴 수밖에 없었네. 물론 과잉 진압이라든지 민간인 학살 등은 유감이지만 당시 상황을 폭넓게 봐야지.

친일파 문제도 그렇소. 이 박사가 어찌 친일파들을 수용하고 싶어 했겠소. 평생 독립운동에 몸담아온 분이 친일파 따위에게 영혼을 팔았겠느냔 말이오. 이 박사의 뜻은 높고 숭고했지. 소련과 북한, 스탈린과 김일성이라는 악의 무리에 영혼을 판 세력에 대응하며 그나마 남한이라도 지키고자 결단을 내린 거라고 볼 수 있지. 친일파를 품자, 우선 공산주의에 대항하는 큰 숙제를 처리한 후에 풀자, 무엇보다 나라를 세우는 게 중요하다고 생각했던 거요. 그러다 보니 반민특위와 뜻하지 않게 갈등했고 이후 한국전쟁이 일어나면서 안타깝게도 친일 문제가 제대로 정리되지 못한 거였지.

**심 선생** 그렇다면 한국전쟁 중에 자행된 민간인 학살에 대해서도 어쩔 수 없었다고 생각하시겠군요.

**진 목사** 보도 연맹 사건(1950), 국민 방위군 사건(1950), 거창 양민 학살 사건(1951)…. 수많은 목숨이 희생되었네. 정말 잘못된 일이지. 하지만 전쟁 중에 벌어진 부득이한 일이었다는 점은 분명하네. 역사라는 게 균형적인 시각이 중요하지 않나.

전면적 남침을 누가 했나. 북한 아닌가. 누가 민간인을 대상으로 인민재판을 벌이고 학살극을 저질렀나. 빨갱이들 아닌가! 더구나 낙동강 전선까지 밀리는 상태에서 빨갱이들이 어떻게 민중을 호도할지 모르는 상황인데 방도가 없지 않은가. 너무나 안타깝지만 부득이했고, 속상하지만 큰 결단을 한 걸세. 이 박사니 그 정도였지 다른 지도자였다면 우왕좌왕하다가 나라도 잃고 어쩌면 민간인 학살이 더 큰 규모로 이루어졌을지도 모르지. 일부 사람들이 이 박사의 과오를 감추려고 급급한데 난 아니라고 보네. 부득이했지만 잘못한 것은 잘못한 거지. 다만, 불가피했다는 것, 더 큰 것들 때문에 어쩔 수 없었다는 것도 알았으면 하네.

## 미국을 등에 업고, 반공주의의 십자가를 들고

**심 선생** 목사님, 좀 더 균형적인 시각을 가졌으면 좋겠어요. 대강대강 편의대로 역사적 사실을 선택하는 태도는 지양해야 한다고 생각합니다. 그런 태도가 역사 왜곡을 불러일으키니까요.

**진 목사** 그럼, 그럼. 좋은 말이네. 전적으로 동의해.

**심 선생** 앞서 말씀드렸지만 저는 해방공간을 그렇게 일방적으로 보지 않습니다. 사실 미국은 제2차 세계대전을 승리로 이끌었고 태평양전쟁에 소련을 끌어들였잖아요. 미국이 세계를 주도하고 있었고 미국에 의해 동아시아 문제가 관리되었죠. 목사님은 소련과 공산주의자들의 음모를 강조하셨지만요.

남한의 경우 미 군정이 무력을 행사하면서 좌익은 크게 위축되었고, 격렬한 충돌이 있었다곤 하지만 1949년이 되면 남한 내에서 좌익 활동은 사실상 무력화됩니다. 그러니 한국전쟁이 일어났을 때도 박헌영이 예상했던 남한에서의 혁명적 상황, 즉 좌익이 강력하게 주도권을 잡는 일은 일어나지 않았지요.

**진목사** 그게 바로 미국의 탁월함 아닌가?

**심선생** 아뇨, 제가 말씀드리고 싶은 것은 미국의 능동성, 즉 자기 주도 능력을 말씀드리는 겁니다. 상황을 객관적으로 판단하는 데 좋다, 나쁘다는 가치판단은 필요없지요.

해방 초부터 한국전쟁까지 미국은 동아시아 전역을 관리하면서 중대한 영향력을 행사했죠. 한반도나 동아시아가 아니더라도 제1차 세계대전 이후 미국은 지금까지 전 세계를 쥐락펴락하고 있습니다. 왜 해방공간이나 한국전쟁을 이야기할 때 역사의 주체가 소련과 북한인지 저는 잘 모르겠습니다.

**진목사** 어찌 됐건 소련과 북한이 세계 평화나 한반도 평화에 위협이 되었던 것은 사실 아닌가?

**심선생** 하지만 제1차 세계대전 이후 세계를 주도했고 제2차 세계대전에서도 승리하면서 확고한 최강자로 떠오른 1945년 당시의 미국 입장도 고려하셨으면 좋겠습니다. 윌슨이 그랬듯 루스벨트 역시 미국이 주도하는 세계에 대한 비전이 확고했고 그 범주 안에는 소련도 있었지요.

빨갱이들은 믿을 놈이 못 된다, 소련과 북한이 일방적이고 간교하게 나왔다는 식으로 말씀하시니, 그들 못지않게 미국과 우익들도 같은 방식을 취했다는 말씀을 드리는 겁니다.

해방공간에서 우익 정치인들은 실업 위기에 놓인 청년들을 선동했고, 경찰은 그들의 손에 무기를 쥐여줬습니다. 송진우, 여운형, 장덕수, 김구 같은 거물급 지도자들이 암살당했고 좌우익 청년단이 서로를 공격했으니 말입니다. 1946년 한 해만 해도 경무부에서 집계한 무력 충돌이 200

여 건이고, 사상자가 1,000여 명이었어요. 우익의 대표 청년단인 반탁전국학생총연맹은 좌익 계열의 조선인민보사, 조선인민당, 서울시인민위원회를 습격했고 이 시점(1946. 1. 18)에 군정 경찰 역시 좌익의 대표 청년단체인 학병동맹의 본부를 포위 공격하기도 했습니다. 이 사건으로 3명이 죽고 140명이 체포됐죠. 대한민주청년동맹의 경우 우익이 파업 진압 자금을 지원했고, 경찰이 무기를 제공했으며, 60명 단위로 50개의 특공대를 조직하기도 했어요. 완장을 차고 장총, 단검 등으로 무장하고 주로 경상북도 일대에서 활동했죠. 우익청년단 하루 일당이 300~500원, 당시 노동자 평균 하루 임금이 61원이던 상황에서 대단히 매혹적인 일자리였던 셈이었죠.

아이 두 명이 싸워도 사정을 들어보면 복잡하기 짝이 없는데 당시 상황이 어떻게 단순하고 일방적일 수 있겠습니까.

**진 목사** 자칫하면 북한 편드는 소리처럼 들릴 수 있겠네.

**심 선생** 그럴 리가요. 좌우 갈등이 심각한 상황에서 미국은 목사님이 생각하는 것처럼 우아하게 행동하지 않았어요. 《동아일보》 오보 사건[7] 때도 침묵하면서 좌우 갈등을 증폭시켰죠. 여운형을 사실상 유일한 좌익 파트너로 삼으면서, 좌익과의 대립을 능동적으로 강화해나갔어요. 더구나 친일파 문제에 대해서도, 농촌의 소작문제에서도 소극적인 태도로 일관하면서 좌익들이 민중 사이에 영향력을 강화하는 데 일조했죠.

---

7 **《동아일보》 오보 사건** 《동아일보》는 모스크바 3상회의 당시 5년간의 신탁통치 제안을 미국이 아니라 소련이 주장했다고 잘못된 보도를 한다. 미 군정은 이것이 오보임을 알고 있었음에도 침묵으로 일관해 국내의 좌우 갈등을 방조했다. 이후 한반도 정책에서도 미 군정은 미 국무부보다 더욱 우익적인 태도로 일관했다.

10·1 사건이나 4·3 사건의 배경에는 그런 측면을 무시할 수 없겠고요.

물론 좌익도 비판에서 벗어날 수 없다고 봅니다. 여운형은 좌익을 온전히 장악하지 못했고 박헌영은 투쟁 일변도로 상황을 몰고 갔죠. 하지만 이때 김구나 이승만은 어떻게 했습니까. 김구는 김일성 암살을 시도할 정도로 강경한 자세를 고수했고, 이승만은 남한만의 단독정부 수립을 주장하면서 좌우합작 활동을 사사건건 방해했습니다.

이처럼 혼란한 상황에서 좌우 대립을 해소하며 통일 정부를 수립하려고 노력했고, 이념을 뛰어넘어 민족의 완전한 해방을 추구했던 인물들이 안재홍, 김규식 그리고 말년의 김구 아닙니까. 그들의 선택을 빨갱이들한테 말려 들어갔다고 단순화할 수는 없지요.

**진 목사** 그래? 그렇다고 하세. 자네 말에도 일리가 있네. 안재홍, 김규식, 김구 같은 분들을 폄하해선 안 되지. 우리 이 박사가 탁월했다고 해서 다른 독립운동가들에 대해 함부로 말하면 안 되고말고.

## 첫 대통령의 참 나쁜 리더십

**심 선생** 제 생각을 조금이라도 이해해주시니 감사합니다. 이야기를 좀 더 나아가볼까요?

**진 목사** 말해보게.

**심 선생** 민간인 학살 문제 말입니다. 그래요, 애초에 좌우 갈등이 심각했고, 휴전선에서 크고 작은 충돌이 많았다 하더라도 전면적 남침은 차원이 다른 문제입니다. 하지만 북한이나 김일성과는 별개로 대통령 이승만이 전쟁 중에 보여준 리더십에 대해서는 냉정하게 판단해야죠.

**진 목사** 거참, 자네 왜 이러나. 이 박사가 최고의 대통령이라는 것은 한국전쟁 중에 입증되었어. 아까 말했듯이 민간인 학살 부분에 관해서는 잘못이 있네. 인정한다니까! 하지만 그 부분은 북한도 똑같았어. 더 잔혹하고 잔인했지.

하지만 좋은 면을 보게. 이 박사가 아니었으면 태평양 구석에 있는 작고 힘없는 나라를 미국이 도와주러 왔겠느냔 말이야. 그의 유창한 영어 실력이라든지, 미국 정치인이나 맥아더와의 각별한 친분 관계가 얼마나 대단했는가. 그런 게 없었다면 미국이 우리를 도왔겠느냔 말이야.

**심 선생** 미국에 오래 살았으니 당연히 영어 실력이 좋았겠죠. 하지만 이승만 말고도 미국에 유학을 하고 영어 잘하는 사람들이 많았어요. 서재필도 그랬고, 인천항에 처음 진입한 미군을 맞으러 간 조선인 대표 두 명도 모두 영어에 능숙했습니다. 그중 한 명은 브라운대학을 나온 인물이기도 했고요.

**진 목사** 그런 조무래기들은 왜 이야기하나. 내가 어학 실력만을 이야기하나? 지도자로서 갖추어야 할 여러 덕목 중에 탁월한 어학 실력도 있었다는 말이지.

**심 선생** 아뇨, 저는 이승만 지지자들을 보면 엉뚱한 구석에서 이승만의 탁월함을 입증하려고 하는 거 같아요. 이승만이 맥아더라든지 그의 부관이었던 굿펠로, 그 밖에 미국 보수 정치인들의 지지를 받았던 건 유명합니다. 반면 위험인물로 낙인찍혀 견제되고 비판받지 않았던가요?

얄타 밀약설[8]을 폭로하며 소련의 음모에 맞섰다고 말하지만 이 사건 때문에 임시정부의 국제 외교가 실패했고, 이승만 개인이 명성을 얻었는지 모르겠지만 극우 반공 로비스트라는 불명예로 해방이 되고도 국내로 들어오기 어려웠죠. 미 군정과 갈등도 심했고 국무부에 의해 국내에서 추방당했던 적도 있죠. 이승만이 영향력을 지녔다는 말에 대해서는 동의할 수 있을지 모르겠지만, 이승만이었기 때문에 미국을 끌어들일 수 있었다는 말은 동의할 수 없어요.

사실 이승만은 한국전쟁 전까지 미국을 설득하지 못했어요. 미국은 이승만의 북진 통일론에 심각한 우려를 표했고 이승만이 원한 무기를 지원하지 않았습니다. 혹시나 북한을 공격하며 전쟁을 일으킬 수도 있으니까요. 더구나 전쟁이 일어났을 때 이승만의 태도는 어땠습니까. 본인은 대전, 대구 등을 오가면서도 북진하고 있다는 듯이 거짓 방송을 했죠. 더구나 한강 이북에 국군의 주요 전력이 있었고 서울 시민들이 피난을 가지 못한 상황에서, 그것도 피난민이 다리를 건너고 있는 상황에서 서둘러서 한강 다리를 폭파해버렸죠.

한국전쟁 직전 신성모 국방장관이 "우리 국군은 공산 괴뢰군이 도전해올 경우 그를 순식간에 격퇴시키고 해주에서 아침을 먹고 평양 가서 점심을 먹고 2, 3일 후에 백두산에다가 태극기를 꽂고 휘날릴 수 있는 군사력을 보유하고 있다"고 장담했지만 바로 3일 만에 서울을 빼앗기지 않았나요? 미군의 도움이 없었다면 낙동강에서조차 버틸 수 없었던 게

---

8 **얄타 밀약설** 미국이 태평양전쟁에 소련의 참전을 요구하면서 만주와 한반도에 대한 소련의 지배권을 약속했다는 주장이다. 이로 인해 소련은 임시정부를 협상 대상에서 배제했으며, 미국 역시 임시정부에 부정적인 인상을 받게 된다. 얄타 밀약설은 1940년대 임시정부가 국제 공인을 받기 위해 벌인 적극적인 외교 활동을 무력화하는 결정적 계기가 되었다.

당시의 사정입니다. 임진왜란 때 선조와 이승만이 뭐가 다릅니까. 미국의 탄탄한 지지를 받지도 못했고, 확고한 지원도 확보하지 못했고, 전쟁에 제대로 대비하지도 못하면서 북진 운운하며 국민 선동에 정신이 없었습니다. 그 상태에서 낙동강까지 밀리니까 혹시나 모를 일들을 염려하면서 학살극을 벌인 거 아닙니까.

민간인 학살은 광범위하고 잔혹하게 전개되었어요. 전향한 사람들의 명부를 들고 쫓아다니면서 죽였고, 낙동강 전선을 지킨다면서 거창 일대를 도륙 냈고, 충성심을 확인한다면서 북한군 옷을 입고 국민에게 총질해대고, 골짜기에서 죽이고, 광산에서 죽이고, 시체를 우물에 버리고, 바닷가에 버리고. 학살도 학살이지만 얼마나 무능한 통치자였으면 국민을 이런 식으로 죽이면서 가까스로 전쟁을 수행했을까요.

진목사 민간인 학살로 이야기를 너무 부풀리는 거 같구먼. 전쟁이란 아주 극한의 상황 아닌가. 그리고 빨갱이들이 한 짓을 좀 생각해보게.

심선생 빨갱이는 빨갱이고 이승만은 이승만이죠. 더구나 같은 신앙인으로서 빨갱이라는 표현은 듣기가 몹시 거북합니다. 기독교는 평화와 용서의 종교 아닌가요? 그리고 미국의 지원은 본질적으로 이승만이라는 개인이 탁월해서가 아니라, 우리나라의 지정학적 위치가 무척 중요했기 때문이에요. 북한, 중국, 소련과 붙어 있고 일본, 타이완, 필리핀, 괌, 사이판 같은 태평양의 최전선 기지 중 하나가 남한이었으니까요. 태평양 국가들에서 이만한 전략적 요충지가 어디 있습니까.

더구나 지난 70년간 미국은 대한민국을 어떻게 대했습니까. 이승만이 대통령이건 아니건 꾸준히 원조를 제공했어요. 단일 국가로는 인도를 제외하고 대한민국만큼 경제원조를 많이 받은 나라가 있나요? 인도와 우리나라의 국가 규모를 비교한다면 정말 어마어마한 원조를 받은 건데 그건 그만큼 한반도의 전략적 가치가 높다는 거지요. 미국의 세계 전략 가운데 대한민국이 그만큼 중요한 위치에 있었기 때문에 전쟁에 빠르게 참전했던 것이고요. 온갖 국제 분쟁과 관련해서 미국이 동맹국이라고 무조건 돕고, 참전하지 않는다는 것은 다 아는 사실이잖아요.

진목사 자네는 공산주의의 위협에 대해 너무 가볍게 생각하는 거 같네. 전쟁을 누가 일으켰나? 누가 공격을 했냐 말이야. 나쁜 놈은 북한인데 왜 애먼 사람을 공격하느냔 말이야.

더구나 맥아더에게 작전권을 넘겨줘서 미국을 확실히 우리 편으로 만들었고 1953년 한미상호방위조약[9]을 맺으면서 우리나라의 안보를 튼튼하게 하지 않았나. 그리고 심 집사, 오해는 하지 말게. 내가 이 박사를

## 미국의 경제원조

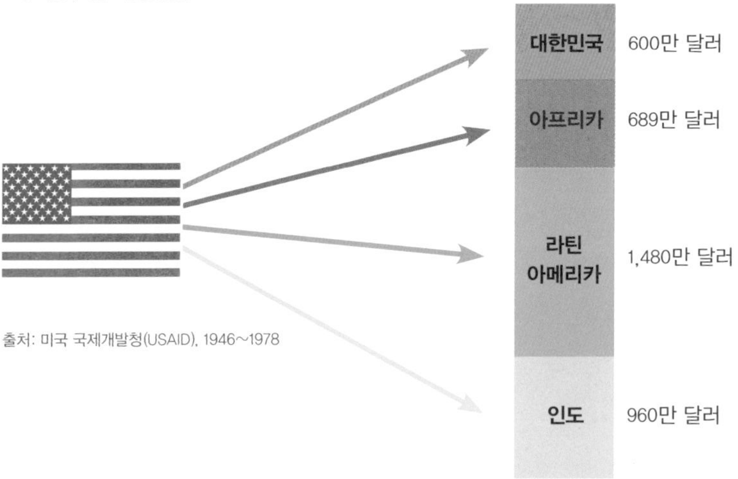


출처: 미국 국제개발청(USAID), 1946~1978

1946년부터 1978년까지 대한민국은 미국으로부터 600만 달러의 경제원조를 받았다. 같은 시기 우리나라에 대한 미국의 경제원조는 아프리카나 라틴아메리카 대륙과 비교되는 수준이다. 그나마 유일하게 인도가 960만 달러를 받았지만 국가 규모에서는 큰 차이가 있다. 또한 같은 시기에 군사원조 역시 우리는 900만 달러를 받았는데, 아프리카와 라틴아메리카 전체에 대한 원조는 320만 달러였다.

---

인정하는 것은 단순히 미국과 친했기 때문이 아니야. 그는 배짱이 두둑했던 인물이야. 사실 자네가 말했듯이 미국과 사이가 좋지 않기도 했고 미국이 이승만을 제거하려고 했던 적도 있네. 그런데 어땠나? 이 박사는 미국의 위협에 굴복하지도 않았고 제거되지도 않았어. 대단하지 않나? 미국을 상대로 말이야.

---

9 **한미상호방위조약** 한국전쟁 이후 미국과 대한민국 사이에 맺은 군사조약. 유사시 미국의 즉각 개입을 보장함으로써 주한미군이 현재까지 주둔하고 있다.

**심 선생** 국민들이 쫓아내긴 했죠.

**진 목사** 사람 참…. 반공 포로 석방 사건(1953)[10]이라고 아나? 휴전을 반대하면서 미국을 뒤흔들었지. 북한이나 중국도 얼마나 놀랐겠나. 비록 휴전을 막지는 못했지만 그런 뚝심 있고 과감한 행동을 했기에 미국이 한미상호방위조약에 사인한 것 아닌가. 그래서 지금까지 주한미군이 남아 있는 거고.

**심 선생** 하하. 그런가요? 미국은 동맹국들과 유사한 조약을 다 맺었어요. 미일안전보장조약도 그렇고, 필리핀과 오키나와에 미군 기지가 있는 것도 그렇고. 오히려 미일안전보장조약이나 독일과 미국이 맺은 안전보장조약에 비해 내용이 부실하고 자주권 침해의 요소가 많기 때문에 한미상호방위조약이 꾸준히 비판받기도 하지요. 무엇보다 이게 꼭 이승만이었기 때문에 가능했던 일인가요? 강박적으로 모든 것을 이승만의 업적이라고 꿰어 맞추려는 것 같습니다.

더구나 작전권이 없고, 휴전 협정 당사국이 아니었다는 점, 남의 나라 군대가 장기 주둔하고 있는 점이 어떻게 업적이 되는지 이해가 안 됩니다. 그러면 고종과 명성황후가 청나라 군대를 끌어들이고, 러시아에 의지했던 것도 긍정적으로 평가해야 하는 건가요?

---

10 **반공 포로 석방 사건** 휴전 협상 당시 가장 논란이 된 부분은 포로 석방 방식이었다. 중국과 북한은 자동 소환을, 미국은 자유 송환을 주장했기 때문이다. 자동 소환은 국적을 기준으로 송환하는 것을 의미하며, 자유 송환은 포로의 의향을 확인해 송환하는 방식이다. 이를 두고 갈등이 지속되자 이승만 정권은 휴전 협상을 무력화하기 위해, 미국과의 협의 없이 거제 포로수용소에서 반공 포로를 강제로 석방한다. 즉, 전향 의사를 밝힌 포로들을 송환하지 않고 자유를 주게 됨으로써 휴전 협상은 심각한 위기에 직면한다. 하지만 결국 미국 – 중국 – 북한은 휴전에 합의한다.

진목사 어허, 자네 말이 좀 지나치군. 역사라는 게 시시각각 변하는 거고 다 사정이 있네. 게다가 이 시기는 우리 민족 최대의 격동기였잖나!

## 독재자 이승만, 잘못 끼운 첫 단추

심선생 목사님이 이승만을 계속 칭찬하니까 저도 칭찬하고 싶은 게 떠올랐습니다.

진목사 뭔가?

심선생 목사님 말씀처럼 어찌 됐건 '대단'하지 않습니까. 독립운동의 현장에서 숱한 분쟁을 일으켰는데도 대중적 지지를 유지했고, 독립운동가임에도 불구하고 친일파라든지 한민당 같은 지주 정당을 흡수했고, 동료이자 가까웠던 김규식과 김구를 그렇게 몰락시켰고, 결코 호의적이지만은 않았던 미국을 결국 자기편으로 만들어 오랜 기간 권력을 유지했으니 말입니다. 그 '정치력'만큼은 정말 대단하다고 생각합니다.

진목사 허허. 사람 짓궂긴….

심선생 생각해보세요, 독재의 과정을 보면 이보다 독한 리더십이 어디에 있나 싶어요. 김규식을 뒤흔들었듯이 김구를 내쳤고 한민당과 연대해서 권력을 잡았는데 결국 한민당도 버리지 않았습니까. 한민당을 버리는 가운데 이범석을 세웠는데 다시 이범석과 민족청년단을 버렸고요. 이범석은 이승만에게 충성을 맹세했던 인물 아닙니까. 자유당을 만드는 데 가장 중요한 역할을 했고, 소위 이승만의 허울 좋은 이념인 '일민주의'[11]에 대해서도 찬사를 보내며 헌신했던 인물이었는데 말입니다.

더구나 친일파를 받아들였다는 것은 단순하게 친일파를 용서한 게 아니죠. 경찰과 군대는 물론 관료 조직에서도 이들을 수용했고 철저하게 활용했습니다. 오죽하면 4·19 혁명 당시 부패 관료, 부패 경찰 척결이 핵심 과제가 되었겠어요. 더구나 정치 깡패라든지 조봉암과 진보당을 상대하기 위해 동원했던 사법 살인 같은 것을 보면 소름 끼칠 정도입니다.

**진목사** 심 집사, 물론 독재는 잘못했어. 특히 말년에 판단력이 흐려져서 여러 문제를 일으켰던 것 또한 심각한 잘못이지. 하지만 이 박사가 한 게 아니네. 아랫사람들의 과잉 충성이 문제였지. 아닌 게 아니라 이 박사가 직접 김구 선생을 죽였나? 안두희 같은 놈이 문제지. 경찰은 말할 것도 없고 말일세.

그리고 한민당 같은 경우도 그들이 지나친 것도 있지 않았나. 자네 말마따나 좋은 사람들도 아니고 말이야. 사실 자유당이 제일 나쁜 놈들일세. 한민당이 하도 문제가 많아서 정치 개혁을 한 건데 자유당이 이상한 짓을 벌인 거 아닌가. 설마 이 박사가 부정선거를 지시했겠는가, 그리고 조봉암이나 진보당 사건이야 법원이 과잉 충성을 한 거지. 오히려 그 책임을 지고 물러나지 않았나. 하지만 조봉암이나 진보당 사건은 다시 따져볼 일일세. 정말로 김일성과 연계가 되었을 수도 있지 않으냔 말이야.

---

11 **일민주의** 이승만의 통치 이념. 귀천·빈부·지역적 관념·남녀 구별을 뛰어넘어 한민족 전체가 하나가 되자는 주장으로, 이승만 정권 당시 정강정책이나 교육정책까지 다방면에서 강조되었다. 하지만 구체성이 부족하며, 특별한 사상적 가치를 찾기도 어렵기 때문에 '사상'이나 '주의'라는 평가를 내리기는 힘들며 4·19 혁명 후 의미를 완전히 잃었다.

## 민족주의자들의 다른 선택

### 이승만(1875~1965)

배재학당 출신으로 독립협회 소장 급진파로 활동하면서 역사에 등장했다. 기독교로 개종한 후 미국 유학길에 올라, 하와이, 미주 지방을 기반으로 활동했다. 비폭력과 서구 열강의 지원을 강조하며 외교 독립론을 주장했지만 특별한 성과는 없었다. 짧은 임시정부 생활을 뒤로하고 1940년대까지 미주에서 활동했다. 1940년대 임시정부와 합작하며 반공주의에 기초한 외교전을 벌였다. 해방 후 복잡한 과정을 거쳐 결국 미 군정, 한민당, 친일파 등의 지지를 받으며 정치적 주도권을 잡았다. 초대 대통령이 된 후 두 차례의 개헌, 부정선거 등을 통해 네 번이나 대통령에 당선되었지만 4·19 혁명으로 하와이로 쫓겨났다.

### 김구(1876~1949)

젊은 시절 김창수라는 이름을 쓰며 명성황후의 암살범으로 추정되는 인물을 맨손으로 처단했다고 한다. 동학, 개신 유학, 기독교와 민족주의 등 다양한 사조를 경험하고, 신민회를 거쳐 임시정부에 정착한 이래 해방될 때까지 임시정부에 헌신했다. 확고한 민족주의, 우익 정체성을 유지했지만 김원봉 등의 좌파 민족주의, 김두봉의 사회주의 등과도 제휴하면서 1940년대 항일 투쟁을 주도했고, 충칭 임시정부 주석에 취임했다. 해방 초기에는 반탁운동을 이끌고, 김일성 암살을 시도하는 등 이승만, 한민당과 함께 우익의 지도자가 되었지만, 분단의 위기 앞에 기존 입장을 포기하는 대전환을 감행했다. 김규식 등과 함께 통일운동가의 길을 걸었다.

### 김규식(1881~1950)

이승만, 김구 못지않은 확고한 우익적 정체성에도 불구하고 평생을 좌우합작 활동에 매진했다. 여운형과 함께 상하이에서 신한청년단을 만들었으며, 파리강화회의 당시 임시정부 외무총장의 자격으로 독립외교를 도모했다. 이승만과 구미위원부에서 일했다. 한인사회주의자들과 활발히 교류하는 가운데 상하이파 공산당을 이끌던 이동휘와 갈등을 빚기도 했다. 1930년대에는 김원봉과 함께 민족혁명당을 이끌었지만 1940년대 임시정부에 합류하여 부주석이 되었다. 해방 후 여운형과 함께 좌우합작운동을 주도했으며 이후에는 김구와 함께 남북협상을 이끌며 분단을 막기 위해 헌신적으로 노력했다. 한국전쟁 당시 납북되었다.

심 선생 아니, 왜 이렇게 이승만을 감싸시는 거예요? 개인 이승만에 대한 평가도 중요하겠지만 대통령 이승만, 그러니까 이승만 정권에 대한 평가가 더 중요하다는 거지요. 무려 12년간 헌법을 두 차례나 뜯어고치고, 반공이라는 미명하에 수많은 저항 세력을 탄압했고 결국 혁명으로 쫓겨나면서 정권이 무너졌는데 언제까지 이승만 개인을 찬양한단 말입니까.

진 목사 말 잘했네, 자네의 통찰력은 인정해. 역사를 공부하는 사람은 다르다니까. 이 박사가 독재라는 큰 잘못을 저지른 것 나도 인정하네. 자유민주주의 국가에서 그건 큰 잘못이지. 하지만 이건 좀 알아주게. 이

박사가 없었으면 자유민주주의가 없었어. 자본주의도 마찬가지고 말이야. 자유주의와 반공주의에 대한 확고한 신념이 있었기에 자유민주주의의 기초가 놓였고 우리나라가 자본주의 국가가 된 것이란 말일세. 그는 철저히 현실주의에 입각한 정치가였네.

심 선생 목사님이 의식하고 계신지는 모르겠지만 자유민주주의나 자본주의라는 말은 너무 큰 단어예요. 이승만이 그 기초를 놓았다는 것은 도무지 받아들일 수 없어요.

진 목사 심 집사 말마따나 이 박사는 흠이 많지. 사실 자네는 아직 젊어서 모르지만 나 때만 해도 어르신들이 이 박사에 대해 혹독하게 말씀하셨네. 하지만 여러 허물에도 불구하고 분명한 게 있어. 이 박사는 공산주의자들을 끊임없이 경계했지. 그랬기 때문에 친미주의자로 오해를 받는 거지. 이 박사는 공산주의자들과 싸우기 위해 능동적으로 미국을 전략적으로 선택했던 거고 세계의 흐름을 정확히 파악했던 거라네.

그 결과 대통령이 되었고 노련한 외교를 통해 미국으로부터 원조를 끌어낸 것 아니겠나. 그가 대통령으로 떡하고 버티고 있었기 때문에 자유민주주의와 자본주의가 우리나라에 뿌리내린 것이네.

이렇게 될 줄 알았다.

심 선생 제가 지금까지 드린 말씀은 모두 헛것이 되는군요. 목사님, 자유민주주의와 반공주의를 구분하셔야 합니다. 공산주의를 반대하는 것이 곧 자유민주주의는 아니에요. 공산주의를 반대하는 것으로 치면 일본 군국주의나 나치의 파시즘도 그랬는데요.

제도적인 차원에서 자유민주주의는 미국에서부터 이식된 거지요. 그건 대통령이 누구이고의 문제가 아니라 미국이 일본에 승리를 거두었고 미 군정이 들어오면서부터 생긴 과정이었어요. 제도로서의 자유민주주의가 어떻게 이승만의 업적이 될 수 있나요?

오히려 이승만은 본인의 권력 연장을 위해 두 번이나 헌법을 뜯어고쳤어요. 그 과정도 불법적이었고요. 결국 무리한 집권 연장을 시도하면서 민심을 잃었고 그 결과로 4·19 혁명이 일어난 거고요. 민주주의에 역행한 인물입니다.

**진 목사** 거참, 독재는 인정한다고 몇 번을 말했나. 독립운동가이자 초대 대통령으로 살아온 그의 인생 전체를 낮추어 보진 말아주게.

**심 선생** 이게 어떻게 인정하는 건가요? 독재는 인정하는데 자유민주주의의 기초를 놓았다는 건 말이 안 됩니다. 자본주의 역시 어느 날 누가 뚝딱 하자고 해서 되는 게 아니고요.

흔히 이야기하는 조선 후기의 사회·경제적 변동이 이승만과 관련이 있나요? 아니면 구한말 개화 정책이나 대한제국의 여러 개혁 정책이 이승만과 관련이 있나요? 그것도 아니면 해방 이후 산업화와 관련이 있나요? 자본주의 발전사와 이승만은 전혀 관련이 없습니다.

민주주의 문제도 마찬가지예요. 사실 오늘 우리가 생각하는 자유민주주의는 미국에 의해 이식된 거지만, 그전에 임시정부 시절부터 민주 공화정이라든지 삼균주의 같은 것을 주장하면서 우리식 민주주의의 발전사를 거쳐왔죠. 초기 임시정부는 오늘날 헌법에 해당하는 10개조의 임시 헌장을 만들었고, 오늘날 국회에 해당하는 의정원을 만들었죠. 후기에는 자본주의의 병폐를 없애고 사회주의의 장점을 수용하는 동시에,

일본 제국주의가 망가뜨려놓은 여러 문제를 해결하기 위한 방편을 고민했고, 그것이 대한민국 건국강령을 통해 구체적으로 표현되기도 하고요. 이런 관점에서 본다면 자생적인 민주주의의 발전 역시 이승만과는 아무 관련 없는 것 아닌가요?

**진목사** 내가 말로 심 집사를 어떻게 이기겠나. 그렇다면 이 박사가 훌륭한 교육 대통령이었다는 것은 인정하나?

**심선생** 그 주장도 많이 하더라고요. 글쎄요, 꼼꼼히 따져봐야겠지만 대통령이 되어 국가사업을 진행한 것을 가지고 대단한 업적이라고 할 수는 없지 않을까요.

**진목사** 무슨 뜻인가?

**심선생** 통치자는 언제나 행정 활동을 하지 않습니까. 연산군 때라고 해서 1년 365일 폭정만 일삼지 않았을 테고, 일제강점기에도 교육제도가 있었고요. 단지 이승만이 교육정책을 입안했다는 것만으로 한국 교육의 기초를 놓았다는 식으로 부풀리면 안 되죠. 초대 대통령이었으니 무엇이든 처음이었을 테니까요.

**진목사** 거참, 자네는 뭐가 이렇게 까다로운지. 그런데 다른 건 몰라도 현실적으로 북한의 위협을 잊으면 안 되네. 그리고 과정상 의미가 있었다? 다 좋다고 하세. 하지만 결과적으로 자네가 이야기한 것들의 결말이 모두 안 좋잖아. 빨갱이들은 믿을 게 못 되네. 그들은 예수도 부정하고 기독교를 탄압하지. 지금도 북한에서는 수많은 지하 교회가 핍박받으며 믿음을 지키고 있네. 사탄이 역사하지 않고 어떻게 저런 정권이 들어서서 지금까지 있을 수 있다고 생각하나.

이 박사는 참된 신앙인이었기에 악한 영의 실체를 정확히 본 거지. 그래서 초지일관 반공적인 태도를 견지하고, 미국도 끌어들인 거라네.

잘 생각해보게. 북한은 우리의 적일세. 우리나라를 누가 지켜주나? 물론 우리 스스로 완벽하게 지키면 좋지만 솔직히 한계가 있지 않나? 더구나 중국과 일본이 믿을 수 있는 나라인가? 미국이 우리와 함께 있지 않았다면 어떻게 지금 우리가 이렇게 잘 먹고 잘살게 되었단 말인가. 하나님의 사람이 이 나라를 통치하고, 그로 인해 하나님의 축복이 내린 거 아닌가. 사실 영국이나 미국 역시 모두 하나님을 믿는 사람들이 세운 나라들이고 말일세.

심 선생 제가 함부로 드릴 말씀은 아니지만, 목사님이 말씀하시는 내용은 제가 만난《성경》속 예수의 모습과 크게 다릅니다. 전쟁에 대한 상처와 두려움 때문에 너무 경직되신 것 같아요. 예수가 세상에 오셔서 로마와 동맹을 맺고, 사마리아인과 싸우진 않으셨지요. 역사 연구의 목적도 그렇고 역사교육의 목표도 그렇고, 결국 증오와 파괴가 아닌 사랑과 화해를 가르쳐야 하는 게 맞지 않을까요.

그리고 언제부터인가 우리 사회에 맹목적인 이승만 찬양 현상이 심각한 것도 사실입니다. 특히 목사님 같은 신앙인들이 더 적극적으로 나서는 듯싶습니다. 그래서 신앙인으로서 속상하기도 해요. 그런 찬양 태도는 오히려 찬반 논쟁을 불러일으킬 뿐만 아니라 이승만에 대한 새로운 연구를 방해한다고 생각합니다.

이승만과 이승만 신드롬은 구분할 필요가 있다. 일부에서 주장하는 이승만에 대한 최근의 긍정적인 평가는 역사적이라기보다는 정치적이며 정략적이다. 이승만 찬양은 이성적이지도 합리적이지도 논리적이지도 않다.

냉정히 따져서 그들이 상상하며 국민들에게 강요하는 이승만은 역사에 실존했던 인간 이승만과도 별개다. 역사책은 위인전이 아니다. 특정 개인에게 집착할 이유가 없다. 무엇보다 이승만은 건국 대통령이 아니다. 이승만은 임시정부의 정통성을 끊임없이 강조하면서 자신의 지위를 높이고자 했다. 대한민국이 독립운동사를 바탕으로 만들어진 나라라는 사실을 잘 알고 있었던 것이다. 더불어 대한민국은 수많은 사람이 함께 세운 나라라는 사실을 기억해야 한다.

# 다섯 번째 대화

## 박정희 이야기만 나오면
## 화해 불가능한
## 가족들과 함께

# 박정희, 포괄적인 견지에서 생각해보기

**심 선생** 열정 넘치는 역사 연구가. 역사 왜곡에 맞서 치열한 논쟁을 벌이기도 한다. 더불어 소통과 상생의 대화를 통해 새로운 역사 대화 문화를 만들고자 노력하고 있다.

**큰아버지** 박정희를 존경하는 전형적인 어르신. 어릴 적 한국전쟁과 보릿고개를 경험했기에 경제성장을 이끈 박정희 시대에 대한 향수가 짙다.

**기자 동생** 보수 언론사 경제부 기자. 박정희에 대해 과오가 있지만 합리적인 인물이라고 생각하며, 특히 그의 리더십에 대해 긍정적이다.

**사촌 동생** 취업난 때문에 고민이 많은 평범한 대학 졸업생. 학교에서 배운 대로라면 박정희를 결코 옹호할 수 없다.

1961년 5월 16일 박정희 소장은 군사쿠데타를 일으켜 제2공화국을 무너뜨리고 권력을 장악했다. 1969년에는 온갖 반발에도 불구하고 3선개헌을 통과시켜 세 번째로 대통령이 되었으며, 다시 1972년에는 모든 정치활동을 금지한 상태에서 종신 대통령이 되었다. 입법부, 사법부, 행정부를 모두 장악하고, 헌법을 무력화하고, 국민의 일상생활까지 통제했다.

박정희식 경제개발은 이후 대한민국에 독특한 경제구조를 만들어냈다. 한편, 1979년 제2차 석유파동으로 인한 경제불황과 함께 민주화의 요구가 거센 가운데 중앙정보부장 김재규가 박정희를 제거(10·26 사태)하면서 박정희 정권은 막을 내렸다. 그러나 전두환-노태우가 중심이 된 신군부가 반란(12·12 군사 반란)을 일으켜 새로운 독재정권이 들어섰다.

심 선생 아니, 그건 너무 지나친 말씀 아닌가요? 정도가 있지….

항상 그랬다. 일방적인 찬양. 찬양하기 위해서 만들어내는 이야기의 향연. 역사에 대한 나름의 철학일까, 아니면 지나온 자신의 인생에 대해 보상받고 싶은 욕구일까. 더구나 가족들이 모인 명절날에 왜 꼭 정치 이야기를 하면서 서로 스트레스를 받아야 하나. 결론이 나는 것도 아니고 각자의 생각과 견해는 너무나 견고하고, 대화를 통해 공감대가 형성된다면 좋을 텐데 갈등만 반복된다. 이거, 정말 답이 없을까?

## 내가 겪은 박정희, 내가 배운 박정희

**큰아버지** 됐다, 이 녀석아. 네가 역사 선생인 건 알지만 솔직히 말해서 네가 그 시대를 살아본 건 아니잖아. 내 앞에서 네가 이렇다 저렇다 하는 건 말이 안 돼. 솔직히 네가 뭘 아냐. 공부한 것보다 중요한 게 인생이야, 직접 겪은 인생!

**심 선생** 큰아버님, 그렇게 말씀하시면 안 되죠. 그러면 조선왕조를 두고 왜 이러쿵저러쿵합니까. 큰아버님이 역사 이야기를 많이 하시지만 태반이 드라마에나 나오는 이야기잖아요.

아무리 본인이 살았던 인생이라 해도 세월이 지나면서 생각이 바뀔 수도 있고, 내가 몰랐던 삶도 있잖아요. 큰아버님이 말씀하시는 박정희 시대 이야기는 마치 헤어진 첫사랑 이야기 같아요.

**큰아버지** 헤어진 첫사랑?

**심 선생** 사랑했던 사람과 헤어지고 나서 시간이 많이 흐르면, 나빴던 일은 잊히고 좋았던 것만 남아 아련한 추억이 되잖아요. 그러다 보니 매우 '편향적'인 생각으로 굳어진 거죠.

**큰아버지** 편향이라니, 박정희 대통령을 지나간 사랑 나부랭이에 비교하다니….

**심 선생** 큰아버님은 늘 '좋다, 좋다'라고만 말씀하시니까요. 역사에 대해 잘 모르는 사람이 듣더라도 지나쳐요. 세종대왕이 통치해도 문제가 없을 수 없는데, 어떻게 그 시절이 위대하고 대단하기만 한 거죠? 더구나 독재정권이었다는 건 세상이 다 알고요. 결국 독재 때문에 부하에게 죽임까지 당했잖아요.

아니, 큰아버님이 그 시절에 장발로 돌아다니다가 머리도 잘려보고, 통금 시간 때문에 오도 가도 못했다는 이야기를 하셨잖아요.

**큰아버지** 그건 그렇지. 하지만 그땐 나도 어렸고 그분의 진가를 몰랐어. 세월이 지나서야 알게 된 거지. 넌 내가 무슨 감상에라도 빠진 것처럼 이야기하는데, 네가 밥을 굶어봤냐, 고생을 해봤냐. 격동의 그때를 알아?

**심 선생** 물론 제게 그런 '생생한 경험'은 없죠. 하지만 제가 드리고 싶은 말씀은 큰아버님이 강조하시는 그 시대에 대한 감상과 평가는 계속 바뀌어왔고 변화됐다는 점입니다. 그 시절에 대한 객관적 판단이 아니라, 세월이 한참 지나서 완고해지고 굳어버린 마음의 향수에 불과할지 모른다는 거죠.

그리고 오히려 제가 그 시절을 안 살아봤기 때문에 객관적일 수도 있지 않을까요? 사실 제가 전혀 살아보지 않은 것도 아닙니다. 전두환 정권 때 어린 시절을 보냈고, 이후 민주화 과정이 학창 시절이었기 때문에 어떻게 보면 큰아버님보다 독재와 민주화의 경계점에 대해 더 민감하게 인식할 수도 있고요. 자식 세대의 입장도 이해해주셨으면 좋겠어요.

## 다시 등장한 박정희 신드롬

심 선생 그런데 박정희가 원래 인기가 좋았나요? 1997년 외환 위기 이전에는 이승만이나 박정희가 전두환과 고만고만했잖아요. 지긋지긋한 장기 독재, 씻을 수 없는 유신의 병폐가 워낙 커서 대놓고 박정희를 칭송하지 못했죠.

김영삼 정권이 미숙한 개혁 작업을 거듭하고 집권 후반기 외환 위기가 닥치자, 사람들이 개혁에 대한 피로도 느끼고 민주화가 밥 먹여주냐, 잘 먹고 잘사는 게 최고라고 강조하면서 박정희 신드롬이 일어난 거 아닌가요?

큰아버지 김영삼 이야기는 꺼내지도 마라. 네 말대로 민주화니 개혁이니 하면서 결국 나라를 거덜냈잖니?

심 선생 김영삼은 3당 합당(1990)[1]으로 대통령이 됐기 때문에, 김영삼 정부의 실책을 왜 민주화 탓으로 돌리는지 그것부터 따져봐야죠. 김영삼 정부는 분명히 박정희, 전두환, 노태우를 계승한 보수 정부였어요. 여하간 박정희에 대한 이미지가 외환 위기 이후 확 바뀌면서 지금처럼 이어져온 것은 사실이잖아요. 제 말이 맞지 않나요?

---

1 **3당 합당** 노태우 정권이 13대 국회의원 선거에서 패배하면서 여소야대 정국이 만들어졌다. 이를 극복하기 위해 여당인 민주정의당(민정당)은 김영삼의 통일민주당, 김종필의 신민주공화당과 합당을 감행해 거대 여당을 만들어냈다. 3당 합당의 결과로 민주자유당(민자당)이 만들어지며 신한국당, 한나라당을 거쳐 대표적인 보수정당인 새누리당에 이르렀다. 박근혜·최순실 게이트 이후 자유한국당과 바른정당으로 분당되는 등 이합집산을 거쳐 국민의힘에 이른다.

**큰아버지** 음….

**심 선생** 저는 솔직히 왜 이런 엉성한 박정희 찬가에 오류다, 왜곡이다, 틀렸다고 지적해야 하는지 모르겠어요. 더구나 상대방은 그냥 마구 질러대는데, 이걸 반박하려면 관련 자료도 찾아봐야 하고요. 이 과정은 힘들 뿐만 아니라 시간도 아까워요.

**큰아버지** 아니, 박정희 대통령은 대한민국을 이끄셨다니까! 지금 우리가 이렇게 먹고사는 것도 다 그분 덕분이고, 내가 그 시절에 엄청 고생하고 노력하면서 살아온 것을 알고 있는 네가 어떻게 그렇게 말하는 게냐.

**심 선생** 큰아버님이 그 힘들고 어려웠던 시대에 누구보다도 고생을 많이 하셨던 건 잘 압니다. 하지만 그것과 당시 정권에 대한 평가는 별개죠.

## 두 번 내린 구국의 결단

**큰아버지** 그분은 딱 두 번 '구국의 결단'을 하셨어. 이승만이 얼마나 나쁜 놈이었니? 김구 선생도 죽이고, 13년이나 독재하면서 뭐 하나 제대로 한 게 있냐? 나라는 찢어지게 가난했지. 4·19 때 어린 학생들이 거리로 뛰쳐나올 정도였으니… 내가 어렸을 때에는 정말 먹고살기 힘들었거든.
요즘 이승만에 대해 이러쿵저러쿵하면서 건국절이니 국부니 운운하지만, 난 거기에 동의하지 않는다. 그건 만들어낸 말이야. 좀 지나쳐.

**심 선생** 오, 의외이신데요.

**큰아버지** 그런데! 그분에 대해서는 그렇게 이야기하는 게 아니야. 5·16 군사혁명을 왜 했냐? 나라가 엉망진창이었으니까. 이승만도 나쁜 놈이었지만, 장면이니 윤보선도 마찬가지야. 4·19로 세상을 바꿔놨더니 뭘 했냐고? 장면 총리가 개인적으로는 검소하고, 얼마 전에 보니까 제2공화국에서 경제개발계획도 세웠다고는 하더라만 실제로는 안 했잖아. 국민들은 먹고살기가 너무 어려운데 쓸데없이 민주화랍시고 시위의 자유라든지 신문 발행 같은 불필요한 것들만 죄다 허락해주고, 정작 민생에는 신경을 안 썼지.

정부는 무능하고, 날마다 데모가 일어나고, 신문은 뭐가 그렇게 많고… 이승만 정권 말기하고 다를 게 없었어. 그런 혼란 속에서 첫 번째

구국의 결단인 5·16 군사혁명을 부득이하게 한 거라니까.

심 선생 두 번째는 1972년에 중화학공업 때문에 유신을 했다는 말씀인가요?

큰아버지 그렇지. 알다시피 3선개헌 때도 분명히 이야기했잖아. "이번 한 번만!" 경제가 이제 막 돌아가기 시작했는데 마땅한 후계자는 없고, 산업화를 이끌 수 있는 사람이 본인뿐이니 어쩔 수 없이 결심하신 거지.

심 선생 그 주장을 정말 믿으셨던 거예요?

큰아버지 당시 공화당이 어땠냐? 그분의 임기가 끝나가니까 후계자니 뭐니 하면서 패거리로 쪼개져서 정쟁을 일삼았잖아. 더구나 김영삼, 김대중이 나와서 온갖 분탕질을 했고. 경부고속도로 개발도 반대하고, 뭐만 하면 딴지를 걸었어. 그런 상황인데 한편에선 경공업이 한계에 도달하고 중화학공업이 절실했지. 포항제철도 짓기 시작했고… 해야 할 일이 산더미처럼 많았어. 그러니 두 번째 결단을 내린 거지. 중화학공업으로 우리나라를 풍요롭게 만들자.

아마 그분이 살아 계셨으면 1980년대 초반에 후계자에게 권력을 넘겨주었을 거고 굳이 5·18이니 전두환이니 힘든 시대를 보내지 않고도 지금 민주국가로 더욱 큰 번영을 누리고 있을 테지. 그때 그분께 저항했던 김영삼이 어떻게 됐어? IMF로 나라 거덜 내고, 김대중은 김정일 만나고 북한에 퍼줘서 핵무기나 만들게 하고….

심 선생 글쎄요. 지금 이 나라가 언제 어떻게 힘들어졌나를 두고 큰아버님과 이야기를 나누는 건 역사 이야기를 하는 것보다 더 힘든 주제가 될 테니까 그냥 넘어가자고요.

큰아버님이 박정희를 좋아하시는 것은 알겠는데, 역사 왜곡은 안 하셨으면 좋겠어요. 아니, 언제 박정희가 혁명했나요? 쿠데타를 했죠. 군인들이 불법적으로 무력을 동원해 권력을 뺏는 게 무슨 혁명이에요.

5·16 군사쿠데타 이야기가 나오면 당시 제2공화국의 무능함을 강조하는데, 5·16 군사쿠데타의 배경이 되는 '정군 운동'[2] 역시 그런 사회적 분위기에서 나온 거 아닌가요? 4·19 혁명이 일어났고 이승만 시대가 만들어놓은 악습과 병폐를 없애려고 사회 각 분야에서 저항의 목소리가 있었고, 군부 내 젊은 장교들 역시 그 분위기에 편승했던 거잖아요. 마치 엄청난 혼란이 있었고 그 혼란을 수습하기 위해 부득이 쿠데타를 했다는 식으로 말씀하시지만 실제로는 군부 역시 혼란의 주체였고, 그 연장선에서 일어난 사건이에요.

사실 이건 매우 자연스러운 현상이에요. 13년간을 독재정권하에 있었고 특히 막판에는 억압의 정도가 극심했는데 혁명이 일어났으니 분위기가 차분했을 리 없잖아요. 왜 어수선했냐고 말하는 거야말로 4·19 혁명에 대한 모욕이라고 생각합니다. 혁명의 분위기가 조성되고 그 때문에 발생하는 사회 혼란은 필연적일 수밖에 없죠.

무엇보다 이 혼란은 '이승만 독재정권의 유산'이지 4·19 혁명 때문이 아니잖아요. 그간 억누르고 짓밟았으니 그로 인해 강력한 반작용이 생겼다고 보아야지, 왜 시끄러웠냐고 비판하는 건 문제를 호도하는 거예요.

---

2 **정군 운동** 군대 내 부정부패를 개혁하고자 육사 8기생을 중심으로 벌인 운동이다. 제2공화국은 고질적인 군대 내 부정부패를 해결하지 않은 채, 단지 군인 수를 줄이는 감군 정책을 펴면서 개혁의 열망을 제대로 반영하지 못했다. 이는 5·16 군사쿠데타에 영향을 주었다.

더구나 그마저도 제2공화국 첫해에만 어수선했지 이듬해에는 사회 분위기가 전반적으로 안정되지 않았나요? 안정되었음에도 불구하고 쿠데타를 어떻게 해서든 밀어붙인 거죠.

설령 큰아버님의 말씀이 모두 맞다 하더라도 말입니다. 대한민국은 자유민주주의 국가 아닌가요? 자유민주주의 국가에서 쿠데타를 어쩔 수 없었다고 말한다는 것 자체가 큰 문제죠.

**큰아버지** 내가 쿠데타를 잘했다고 했냐? 나중에 그분과 격렬하게 대립했던 장준하도 당시에 '군사혁명'이라고 했어. 장준하가 이끌던 사상계에서 글 쓰던 사람들 중에 그분의 근대화에 동참했던 사람도 엄청나게 많았다더라.

**심 선생** 그거야말로 '장준하의 미숙함'이죠. 혼란스러움을 수습할 수 있는 역량을 길러야지, 단지 엉망이라고 군인들이 들고일어났는데 그걸 '혁명'으로 추켜세웠다? 냉정하게 말해서 그게 당시 지식인들의 한계였죠. 뭐 이해가 되는 면도 있어요. 당시 군인은 미국 문물을 직접 접할 수 있는 가장 선진적인 계층이었고 박정희를 비롯한 쿠데타의 주체들이 상대적으로 젊은 세대였다는 점, 이승만 정권의 부패와 무관하다는 점 등이 매력으로 작용한 건 사실이니까요.

하지만 이후에 문제가 되었잖아요. 소위 군대는 기강이 생명인데 박정희와 육사 8기생이 하극상을 벌였고, 이를 지지한답시고 전두환, 노태우 무리가 육사 생도들을 선동해서 쿠테타 지지 행진을 벌이기도 했죠. 그걸 잘했다고 박정희가 이들을 끌어주면서 군대 내에 사조직을 만들고, 그들이 신군부라고 하면서 다시 쿠데타를 일으키고… 이 어마어마한 부작용을 어떻게 긍정적으로 볼 수 있어요. 군사쿠데타였고 잘못한 것 맞다. 자유민주주의 국가에서 있어서는 안 되는 일이다. 이렇게 왜 인정하지 않는 거죠? 좋아하지 말라는 것도 아닌데 말이에요.

큰아버지 그래, 전두환 같은 나쁜 놈을 신임하고 군대 사조직인 하나회[3]를 만든 것은 그분의 큰 잘못이야. 아마도 속지 않았을까 싶다. 파리 떼는 언제나 들끓는 법이니까.

## 유신에 질식되는 민주주의

심 선생 그런데 중화학공업을 발전시키기 위해서 부득이 유신을 했다는 건 최근에 급조된 유언비어예요. 물론 박정희 정권이 유신헌법을 통과시키고 1973년부터 "10월 유신, 100억 불 수출, 100불 소득" 이렇게 홍보했던 것은 사실인데요, 막상 유신 당시에는 별 명분이 없었잖아요. 그러니까 막연하게 '남북통일' 운운하며 유신으로 돌입한 거예요. 오죽했으면 대통령을 뽑는 선거인단 이름도 '통일주체국민회의'였을까요.

베트남전쟁 패배 같은 급변하는 국제 정세 속에서 주한미군이 병력 감축을 선언하자, 전쟁의 불안 속에 있는 국민에게 국가 안보와 사회질서를 최우선 과제로 내세워, 장기 집권을 위해 선포한 게 유신이었잖아요. 유신의 목적은 장기 집권이었지, 중화학공업 발전과는 거리가 멀어요.

3 **하나회** 정치군인 전두환과 노태우가 주도한 군대 내 사조직. 대통령 박정희에 대한 충성을 맹세하는 동시에 본인들의 인맥으로 군대 운영에 영향력을 미치던 불법 조직이다. 결국 이들이 12·12 군사반란을 일으켰으며 신군부에 의해 전두환 정권이 들어섰다.

**큰아버지** 그런데 말이다, 유신으로 민주주의를 억압한 거? 순진한 녀석아. 나도 민주주의를 부정하는 건 아니야. 대한민국 국민이라면 누가 민주주의를 나쁘다고 하겠어. 금강산도 식후경이라고 그런 것도 다 배가 불러야 가능한 거야. 유신으로 강력하게 통제하고 이끌어서 산업화가 성공했기 때문에 지금 이렇게 수준 높은 민주주의를 누릴 수 있는 거다.

유신체제라, 잘못했던 것이 많지. 중앙정보부가 무시무시했던 것도 사실이고, TV 보니 나중에야 밝혀진 나쁜 짓도 많더라. 그러면 안 되지, 누가 부정부패와 인권유린 같은 것을 옳다고 말하겠냐. 다만 어쩔 수 없는 사정이 있었던 거야. 너희들한테 골백번 이야기해봐야 알 수 없는 그 시절의 슬픈 이야기라고.

**심 선생** 큰아버님, 모두가 잘살게 되면 민주주의가 저절로 된다고요? 이제는 박정희가 민주화를 이루어냈다는 내용의 책이 서점에 버젓이 나와 있더군요. 잘살면 민주주의가 된다는 논리라면 중국이나 일본은 왜 저럴까요? 중국은 어느새 G2가 되었지만 1989년 톈안먼 사태 이후 정치적 민주화는 전혀 이루어지지 않잖아요. 일본도 너무 오랜 기간 자민당 독주 체제가 유지되었고요. 잘산다고 해서 민주주의가 된다는 것은 그럴싸한 거짓말에 불과합니다.

서구 국가들을 보면 오히려 큰아버님 말씀과 반대였습니다. 영국 시민혁명은 17세기에 있었어요. 미국이나 프랑스는 18세기고요. 산업혁명은요? 영국은 18세기 후반, 미국이나 프랑스는 19세기에 이루어지죠. 시민혁명과 산업혁명이 결합하면서 더욱 격렬한 사회 변화가 이루어졌던 것은 사실이지만, 그건 나중 일이고 전혀 다른 이유로 시민혁명이 먼저 일어났고, 후에 별도로 산업혁명이 일어났고요. 엄밀히 따지면 시민혁명을 통해 새로운 형태로 사회가 나아갔기 때문에 산업혁명을 비롯해 혁신적 변화가 다양하게 일어난 거죠.

더구나 인권유린에 대해서는 인정한다고 하는데 저는 그 진정성이 의심스러워요. 감출 수 없으니까 어쩔 수 없이 인정한다는 거 아닌가요?

**큰아버지** 잘못했다고 인정하는데 말꼬리를 잡고 물어지는 거냐?

**심 선생** 박정희 집권 18년간 숱한 인권유린이 있었어요. 시위 학생들을 잡아가 때리고 고문하고, 마음에 안 드는 기자도 끌고 가서 두들겨 패고, 3선개헌에 반대하는 공화당 의원들을 잡아다가 중앙정보부 요원들이 때리고 심지어 콧수염까지 뽑았고요. 이런 게 일상적으로 일어났다는 것은 세상 사람들이 다 알고 있죠. 수많은 인권유린에 대해 무엇을 얼마나 인정하고 있나요? 최종길 교수 의문사에 반성하나요? 동백림 사건? 서승 씨 사건? 서울대 내란 음모 사건? 남산 부활절 연합예배 사건? 울릉도 간첩단 사건? 크리스천 아카데미 사건? 어디 한두 개여야지요.

그리고 반성을 할 거면 어떤 사건에 관해 어떤 부분에서 어떤 방식이 잘못되었는지 어느 정도의 틀이 있어야 하잖아요. 고문과 조작이 정치적 이해관계와 맞물리면서 의도적으로 진행되었다는 것에 대해 반성한다는 건지, 아니면 중앙정보부나 보안사 같은 정보기관을 강화해서 나라를 온통 병영국가처럼 만들어버린 것을 반성한다는 건지, 숱한 고문 피해자들과 그 가족들이 받았던 고통에 대해 반성한다는 건지, 이도 아니면 인권유린으로 강화된 반공주의나 독재 시스템 자체에 대해 반성한다는 건지…. 두루뭉술하게 잘못했다고 말할 뿐이지 그 이상은 없지 않나요?

제가 큰아버님 말씀에 동의할 수 없는 건 큰아버님 세대의 태도 때문이에요. 큰일이 터져도 사실 손 놓고 계시잖아요. 야당이나 개혁적인 지

# 박정희 시대의 인권유린

출처: 경향신문사, 민주화운동기념사업회 제공

3선개헌 이후 대통령 후보 김대중과의 경쟁이 과열되는 가운데 군대 내 정보기관 '보안사'는 '재일 교포 학원 침투 간첩단 사건(1971. 3)'을 발표했다. 북한이 남한 학생들을 선동해 학원 데모를 통해 사회 혼란을 획책한다며, 서승·서준식 형제를 주모자로 몬 것이다. 사진의 가장 오른쪽이 이 사건으로 사형선고를 받은 서승 씨다. 그는 19년간 옥살이를 하고 석방된 후 일본 리츠메이칸대학의 교수로 일했다.
재일 교포 학원 침투 간첩단 사건은 고문을 통한 전형적인 용공 조작 사건이다. 독립운동가를 고문하던 문화가 이승만-박정희 독재정권 시절에 새로운 형태로 변형돼 정착된 것이다.

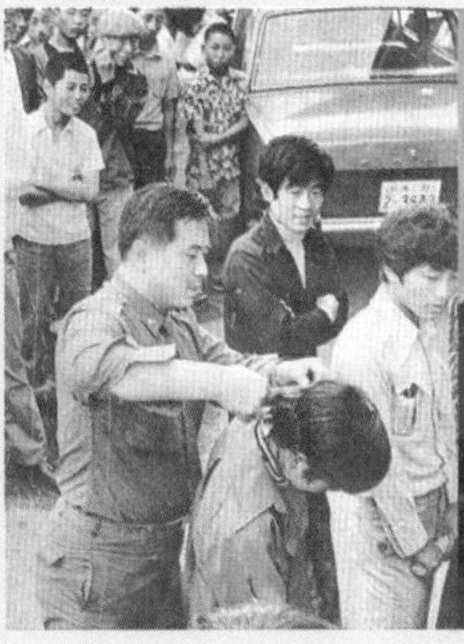

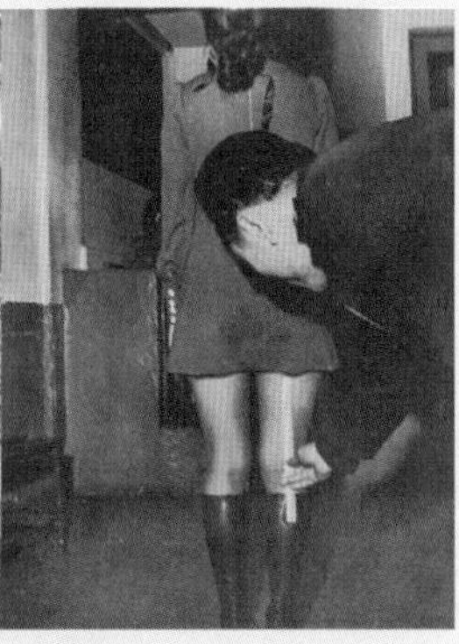

박정희 정권은 유신체제하에서 강력한 대중문화 통제 정책을 추진했다. 장발 단속, 미니스커트 단속 등 일상생활을 통제하는 것은 물론 노래 가사를 검열하거나 영화 장면을 삭제하는 등 대중문화도 전반적으로 통제했다. 한편, '한국적인 것'을 강조하며 이순신을 비롯한 민족 전통문화에 대한 지원은 강화했다.

도자들의 작은 허물에는 흥분하지만, 본인들이 지지하는 정당이나 지도자가 잘못을 저지르면 직접 한 게 아니라고 하거나 모르쇠로 일관하고, 세월호 참사 같은 큰 사건이 터져도 조금만 시간이 지나면 "지겹다, 인제 그만 좀 하자" 하시잖아요.

적어도 국가적으로 큰 문제가 터졌을 때 보여주는 모습을 보면 저는 큰아버님 세대가 박정희 시대에 대한 최소한의 반성이라도 하는지 의문이 듭니다. 이 나라의 가장 윗세대에 대한 실망감도 크고요.

**큰아버지** 나도 부모다. 그런 죽음은 안타깝지. 그래도 국가 경영은 더 큰 틀에서 내다봐야 하는 거 아니냐. 그런 면에서 그만하자는 거야. 언제까지 그런 일들에 지도자의 발이 묶여야겠어. 경쟁 시대에 어떻게 발전을 하겠어. 너도 더 살아보면 알게 돼.

## '박정희 리더십'의 함정

**기자 동생** 듣고 있자니 형의 말이 좀 지나치네.

**심 선생** 명절 때마다 모이면 똑같은 이야기가 되풀이되니까 이번엔 작심하고 이야기하는 거야. 그 시대를 철저히 반성하지 않아서 지금 우리 사회가 이 모양이니까.

**기자 동생** 그래요, 뭐 그렇다 쳐. 역사 왜곡했고, 인권 짓밟은 거 잘못했다고 쳐요. 잘못한 건 잘못한 거니까. 솔직히 나는 박정희 리더십만큼은 인정해야 하지 않을까 싶어.

형 말대로 사실 당시에 가장 선진적인 조직은 '군인'이었잖아. 미국이 이승만 제거 계획을 세웠을 때도 '군부 지도자'를 염두에 두고 있었고, 미국 문물을 다양하게 경험할 수 있었던 세력이 당시 군부밖에 없었잖아. 제1공화국 때 부패 군인에 대해 계속 문제를 제기했고, 제2공화국 들어서도 그랬잖아. 그런데 결과가 뭐야? 바뀐 게 없었어. 누군가는 과감히 결단해야 했고, 그 결과로 산업화라는 새로운 역사가 시작된 거 아냐.

**사촌 동생** 아니, 오빠 말 이상하게 하네. 학교 다닐 때랑 다르게 기자가 되더니 너무 변했네.

**큰아버지** 사회생활을 하면서 안목이 넓어진 거지, 네가 뭘 안다고….

**사촌 동생** 아빠, 저도 성인이고 배울 만큼 배웠어요. 요즘 나라꼴 좀 보세요. 이게 꼭 아빠 세대만의 논쟁이 아니라고요.

난 아빠랑 오빠가 '결단'이니 '리더십'이니 하는 말이 똑같이 들려. 박정희의 권력 독점 방식이 너무 불쾌해. 구국의 결단? 실제로 박정희가 했던 일을 생각해봐. 혁명 공약에 "참신하고 양심적인 정치인들에게 맡기고 돌아가겠다"라고 밝혔지만 약속을 안 지켰잖아.

5·16 군사쿠데타부터 정치를 시작한 과정이 모두 불법이었어. 모든 정치활동을 금지한 상태에서 중앙정보부 만들고, 공화당 창당 작업도 했지. 반칙이지, 이게 리더십이라고 생각해?

**심 선생** 그런 의미에서 유신헌법도 마찬가지야. 1972년 10월 17일 초헌법적인 국가긴급권을 발동해 국회를 해산하고, 정당 및 정치 활동을 금지하고, 심지어 현행 헌법의 일부 조항까지 정지시켰어. 비상국무회의가 국무회의의 기능까지 떠맡았고…. 상황을 온통 극단적으로 만들어놓고, 자기 생각에 반대하는 사람들을 체포하거나 무력하게 만들었지.

**기자 동생** 과정상 문제가 있었다는 것은 인정해. 하지만 국민투표[4]에 부쳤잖아. 결과가 어땠어? 압도적인 찬성으로 통과되었잖아. 국민들이 유신체제를 인정한 거라고. 안 그래?

**사촌 동생** 오빠, '절차적 정의'라는 게 있잖아. 결과 이전에 절차와 과정도 중요하잖아. 그리고 무슨 인정이야? 사회적 위기를 강조하면서 벼랑 끝 전술로 국민투표를 강요했던 거잖아. 유신헌법에 대한 충분한 토론도 없었고, 반대 의견은 봉쇄한 상태에서 진행된 거잖아. 그래 놓고 투표를 통해 통과됐으니 합법적이라고?

**심 선생** 음, 중요한 지적이야. 리더십이라고 쉽게 이야기하지만 어떤 리더십을 보여줬는지는 냉정히 평가해야지. 무작정 성과를 냈다, 카리스마 있다, 잘살게 했다, 이런 식으로 이야기하는 것은 오히려 문제의 본질을 흐려.

**사촌 동생** 내 말이! 난 솔직히 박정희가 무서워. 권력을 유지하려고 끊임없이 2인자를 길렀잖아. 육사 8기 김종필을 견제하기 위해 육사 5기 김재춘을 등용했고 이후 김형욱, 이후락, 박종규, 차지철까지 온통 2인자

4 **국민투표** 3선개헌과 유신헌법은 모두 국민투표로 확정되었다. 3선개헌은 유권자의 65.1퍼센트의 찬성, 유신헌법은 91.5퍼센트의 찬성으로 가결되었다.

천국이었어. 2인자가 다른 2인자를 제압하고, 자신의 권력을 유지하기 위해 박정희에게 충성하고… 그런 식으로 권력을 교묘하게 통제하면서 독재 권력을 강화했던 게 박정희의 독특한 리더십 아닌가? 개인적 카리스마와 초당파적 지도자상을 강조한 이승만과 확연히 다른 부분이긴 하지만 난 이게 더 무서워.

**기자 동생** 사실 그런 건 권력 운용 능력이 탁월했다는 거잖아. 좀 멋지지 않아?

**심 선생** 글쎄, 후유증이 심각하지 않았나? 중앙정보부를 만든 다음에 선거 관리부터 민주 인사 탄압까지 온갖 불법을 저지르는 것도 모자라서, 군대 사조직인 하나회가 만들어지는 것을 방조했고, 군대 정보 조직인 보안사도 중앙정보부 못지않게 잘못을 저질렀잖아.

이승만이 권력을 유지하기 위해 어용 정당을 만들어 여러 정치 세력을 밀어내는 정도였다면, 권력을 더욱 치밀하게 사유화하려 한 박정희는 훨씬 다양한 일을 벌였어. 애초에 공화당 자체가 박정희를 위한 정당이었지만 유신 때는 유신정우회를 만들어 공화당마저 무력화해서 정당 구조 자체를 망가뜨렸지. 이게 멋있어?

**큰아버지** 됐다, 그만하자. 말해봤자 입만 아프다. 너흰 그분의 결단과 고통의 깊이를 절대 알 수 없어.

## 친일과 좌익을 넘나든 기회주의자

사촌 동생 아빠, 그렇게 박정희가 소중하고 위대하면 뭔가 설득이 되는 이야기를 해줘야죠. 매번 감정적이고 비슷한 말만 하시다 그만하자면 어떡해요. 친일 경력 이야기가 나오면 "육군 소좌 따위가 뭘 할 수 있었겠냐. 먹고살기 어려운 시절에 아픈 기억이다" 하시고, 한일협정[5] 이야기가 나오면 "그렇게 굴욕을 감당하지 않았으면 어떻게 산업화를 할 수 있었겠냐" 하시는데 이건 감정에 호소하는 거지, 논리가 아니잖아요.

기자 동생 아니, 사실인데 그게 뭐가 문제야. 친일 경력을 정치적인 프레임으로 이용하려는 게 오히려 문제지.

심 선생 박정희는 윤동주하고 1917년생 동갑이야. 또 학병으로 끌려갔다 탈출해서 광복군에 가담했던 장준하는 1918년생이니까 한 살 어리지. 또래인데 어쩜 삶이 이렇게 다른지. 식민지 조국에 대해 진지하게 고민하고 무엇인가를 해보려다가 후쿠오카 형무소에서 스러져간 윤동주와 박정희의 삶이 비교되지 않아? 박정희에게 따라다니는 친일파라는 꼬리표가 그렇게 싫으면 차라리 '기회주의자'라고 부르면 어떨까?

사촌 동생 내 말이. 일제강점기에 교사나 군인이 어떤 위치였는지 박정희

---

5 **한일협정** 1965년 박정희 정권의 주도로 일본과 정식으로 외교관계가 수립되었다. 외교관계를 회복하는 과정에서 무상 3억 달러, 유상 2억 달러, 상업 차관 1억 달러를 받았다. 이 돈을 두고 우리 정부는 사죄금이라고 주장하고 일본은 독립축하금이라 맞섰다. 독도 문제, 반출된 문화재 문제, 재일 교포 지위 문제, 사할린 동포 문제, 원폭 피해 가족 문제 등 숱한 문제에 대해 의미 있는 합의를 보지 못했다. 특히, 개인 청구권을 포기함으로써 징용, 위안부 등 다양한 형태의 개인 배상을 위한 합법적인 기회를 잃어버린 것에 대해 최근 들어 비판의 목소리가 높다.

## 같은 시대, 다른 인생

**윤동주(1917~1945)**

일제에 직접 저항하지 않았지만 일제강점기 조국의 현실에 대한 진지한 고뇌를 시로 남겼다. 징병으로 끌려간 후 선배 송몽규와 함께 내란을 도모하던 중에 체포되어 후쿠오카 형무소에서 생체 실험으로 죽임을 당했다.

**장준하(1918~1975)**

학도병으로 끌려갔으나 탈영하고 광복군에 참여해 국내 진공을 위한 특수 훈련을 받았다. 해방 후 《사상계》라는 잡지를 발간해 지성 사회를 주도하며 박정희 독재정권에 저항했으나 의문의 죽음을 맞았다.

**문익환(1918~1994)**

신학을 전공했으며 징병을 피했다. 친구 장준하의 죽음 이후 민주화 운동, 통일 운동에 앞장서 여섯 차례 투옥되었다. 특히 1980년대 전두환 정권과 싸우며 민주화에 크게 기여했다. 1989년 북한을 방문해 김일성 주석을 면담하기도 했다.

일제강점기에 태어나 일제강점기에 청년기를 보내는 이들은 어떤 삶을 선택했을까. 민족운동 진영이 개인의 수신을 강조하며 사회 변혁적인 삶을 요구했다면, 일제는 공식 교육과정을 통해 체제에 순응하는 '모범청년'이 되기를 요구했다. 윤동주는 변혁적인 삶과 체제 순응적인 삶 가운데서 내적 갈등이 매우 컸던 듯하며, 장준하와 문익환은 결국 변혁적인 삶을 선택했다. 만주 용정 광명중학교 세 친구의 일생은 달랐으나, 모두 "죽는 날까지 하늘을 우러러 한 점 부끄럼 없는" 삶을 살았다.

가 몰랐을까? 교사나 군인이 제국주의의 손과 발이라는 건 너무 당연한 거 아니야? 보통학교 교사가 만주군관학교의 군인으로 갔다는 것 자체가 이미 그가 어떤 생각을 하고 삶을 선택했는지 잘 말해주지.

큰아버지 너 혹시 독립군을 토벌했느니 그만 소리 하려고 그러냐? 그때 만주에는 공비밖에 없었어. 죄다 빨갱이들이란 말이야!

심 선생 네, 틀린 이야기는 아닙니다. 당시 만주 지역의 독립운동은 중국공산당이 주도하고 있었고, 중국공산당에 입당한 한인 사회주의자들이 대부분이었죠. 더구나 박정희의 만주 행적에 대한 정보가 많지 않아서 대강의 윤곽 정도만 그릴 수 있지 자세한 이야기를 하기는 힘들고요.

기자 동생 그러면 문제없는 거 아닌가? 팩트와 증거가 없잖아. 공비와 싸운 거 맞는데.

심 선생 기자라면 좀 거시적이고 객관적으로 사고해야지. 당시 만주는 중국공산당의 주도로 항일 투쟁을 하던 지역이었어. 그러니 자연스럽게 한인들의 독립운동도 사회주의 성격을 띨 수밖에 없었다고. 민족주의자건 사회주의자건 항일 투쟁은 항일 투쟁이지.

그리고 만약에 박정희가 만주가 아니라 중국 남부나 충칭 인근의 전투 부대에 배속되었다면 임시정부의 광복군과 싸웠을 거 아냐?

기자 동생 그거야….

사촌 동생 그랬다면 대놓고 친일파 인증이지 뭐. 노덕술[6]급!

큰아버지 뭐, 뭐라고?!

심 선생 대화를 자극적으로 몰고 가진 말자.

사촌 동생 왜? 내가 뭐 틀린 말 했어?

심 선생 박정희의 행보를 보세요. 해방 후 이곳저곳을 기웃거렸고 남로당

---

6 **노덕술**(1899~1968) 대표적인 친일 경찰. 충칭임시정부 군무부장이자 광복군 제1 지대를 이끌던 김원봉을 해방 후에 고문한 것으로 유명하다. 이 충격으로 김원봉은 월북을 결행했다. 반민특위 당시 체포되었으나, 경찰이 급파되어 반민특위를 습격해 친일파 처단 작업이 폭력적으로 무마되었다. 이후 반민특위 해체로 풀려나 경찰직에 복귀해 고위 간부까지 지내며 호사를 누렸다.

에도 가담하잖아요. 여수·순천 10·19 사건 때 백선엽을 비롯한 만주군관학교 인맥의 적극적인 구명 활동에 도움을 받았고 남로당 동료 명부까지 모조리 넘기면서 혼자 살아남았죠. 이건 박정희를 찬양하는 전기에도 나와 있는 내용이에요. 도대체 젊은 시절 남로당 행적에 대해서는 어떻게 생각하시나요? 이건 뭐라고 하실 거냐고요.

**큰아버지** 그 잘못을 이후 삶으로 갚은 거 아니냐! 한국전쟁 때 성실하게 복무하면서 북한의 침공으로부터 나라를 지켜냈고 죽을 때까지 지도자로서 '멸사봉공'한 모습을 알고도 그러냐.

**사촌 동생** 그렇게 말씀하실 줄 알았어요. 하지만 그렇다고 해도 박정희의 기회주의적 태도가 사라지진 않아요. 교사에서 군인으로, 광복군에서 남로당 조직원으로, 다시 장군에서 쿠데타 주모자로, 유신으로 18년을 독재자로 산 인물인 걸요. 이런 부도덕한 삶을 산 사람이 대한민국 대표 지도자라는 게 부끄러워요. 한일협정이나 베트남전쟁 파병도 과정을 보면 부끄럽고 답답한 것투성인데 왜 무작정 좋다고만 하시는 거예요?

## 한일협정과 베트남전쟁의 대가

**기자 동생** 거참, 너는 뭐 그렇게 다 비판적이야? 봐봐. 그런 말이 모두 맞다고 해도, 박정희는 재빨랐고 확고했어. 산업화를 이루겠다는 일념! 5·16 군사쿠데타 후 박정희가 어땠어? 화폐개혁을 시도하는 등 주로 자급적인 민족경제 부흥을 시도했잖아. 이승만 정권에서는 생각도 할 수 없을 정도의 과감함이었지.

화폐개혁을 통해 은닉된 자금을 끄집어내려 했는데 막상 얼마 나오지 않았어. 정말로 나라가 가난했고 더구나 민족경제론에 대한 미국의 반발도 심각했으니 말이야. 여기서 박정희는 또 하나의 중요한 변화를 선택해. 정부 주도의 수출 중심 경제구조로 선회를 한 거지. 외화를 벌어서 산업화를 이루겠다는! 그런데 나라가 너무 가난하니까 외화를 얻어올 방법이 없었잖아. 지금이야 세계적인 기업들이 정부 보증 없이도 남의 나라에서 돈을 빌려오지만, 당시에는 변변한 기업 하나 없었던 게 우리 처지였잖아.

**사촌 동생** 박정희가 과감하게 '정부 보증'을 통해 외화를 끌어왔다고?

**기자 동생** 그렇지. 독일에 광부와 간호사 파견해서 받아온 돈이 대표적이잖아. 그리고 이것저것 뭐라고 하지만 일본과 수교하면서 무려 3억 달러를 받았다고! 그게 얼마나 큰돈인지 알아?

1960년만 해도 1억 달러 수출을 못 했어. 1억 달러 수출하려고 작전을 방불케 하는 온갖 일이 벌어지기도 했고 말이야. 더구나 한일협정은 이승만 때부터 몇 차례나 시도했던 거야. 박정희의 과감한 결단과 속도감 넘치는 리더십으로 이뤄낸 거지.

**큰아버지** 그래, 그래. 그거 때문에 한미일 3각 안보 체제[7]가 만들어진 거 아니냐. 당시 중국이나 소련 그리고 북한이 똘똘 뭉쳐서 툭하면 공비 파

---

7 **3각 안보 체제** 구소련-중국-북한이 확고한 3각 동맹 체제를 구축하고 있던 데 비해, 일본과 대한민국은 외교관계 자체가 수립되어 있지 않았으며, 각각 미국과 동맹 체제를 구축하고 있었다. 하지만 1965년 대한민국과 일본이 공식적으로 외교관계를 맺게 되면서 한국-미국-일본으로 이어지는 3각 동맹 체제가 만들어졌다.

견하고 남침 기회나 엿보고 얼마나 혼란스러웠어. 왜 이런 것들을 생각하지 못해? 일본군 위안부 가지고도 말이 많지만 그때는 일본군 위안부가 있었는지 알지도 못했던 때란 말이야.

**심 선생** 네, 저도 큰아버님의 생각은 알겠어요. 또 박정희 정권을 모두 부정하는 것도 아니고요.

그런데 당시 국회의원 김대중이 지적했듯이, 일본으로부터 받은 차관 3억 달러는 10년에 걸쳐 나눠 받았어요. 당시의 물가상승률을 고려한다면 매우 비효율적인 방식이었던 것 같아요. 물론 이 돈으로 포스코의 전신인 포항제철을 건설했다는 이야기에 대해서는 좋게 생각하고 싶어요. 하지만 이제는 공과에 대해 객관적으로 평가해야 하지 않을까요?

**큰아버지** 공과? 먹고사는 것만큼 중요한 문제가 또 있냐? 구국의 결단에 무슨 문제가 있었다는 거야? 자꾸 한일협정 이야기하는데 독도 이야기인 거냐. 독도 포기한다는 말은 김종필이 했어.

**사촌 동생** 아빠는 참, 솔직히 박정희가 김종필한테 한일협정을 떠넘기면서 정치적 부담에서 벗어나려 한 거잖아요? 오빠는 박정희가 일본에 가서 기시 노부스케 같은 전쟁 범죄자와 만나면서 취했던 굴욕적이며 친일파적인 태도에 대해서도 슬쩍 넘어가려고 하겠지만, 난 그런 모습도 너무 화가 나요. 어떻게 한 나라의 대통령이….

그리고 한일협정은 문제가 많지 않아요? 독도 문제, 재일 교포의 법적 지위 문제, 원자 폭탄 피해자 문제, 사할린 교포 문제, 30만 점의 문화재 반출 문제… 대체 뭘 해결한 거죠? 돈이면 다 되나요? 고작 3억 달러 받으면서 '개인 청구권'을 말살했잖아요. 이승만 정부가 20억 달러 요구했고, 제2공화국 당시에는 이자율까지 고려해서 더 높은 금액을 요구했죠. 그런데 고작 3억 달러라니…. 협상할 자신이 없으면 중국처럼 아예 안 받고 개인의 법적 피해 보상 루트를 그대로 남겨놓았어야죠. 최소한의 피해 보상을 위한 기회를 열었어야 했는데, 한일협정문에 두 번이나 "청구권 없다"라고 못 박아놓았으니 인제 와서 아무 말도 할 수 없잖아요.

중국이나 심지어 미국인들조차 일본 정부를 상대로 각종 소송을 벌이는데 200만 명 이상이 징용, 징병, 위안부로 끌려갔고 가장 극심한 피해를 본 우리는 왜 아무것도 못 하는 거죠? 이게 그렇게 대단한 리더십인가요?

**기자 동생** 아니, 공과를 평가하자면서 언제 공에 대해 진지하게 토론했니? 늘 과만 갖고 물고 늘어지니 싸우게 되잖아. 그 많은 어른이 좋다고 했을 땐 시대 사정을 고려해도 어느 정도 이유가 있는 거야.

**심 선생** 공에 대해 계속 부풀려 알려졌잖아. 네 말대로 그 시절을 겪은 어른들이 박정희와 그 정권에 대해 속속들이 제대로 알았다면, 이렇게 신격화됐을까? 그러니 이제라도 과에 대해 진지하게 토론하자는 거 아니야.

그리고 한일협정에서 가장 심각한 건 '이전 조약의 청산 문제'였어.

**큰아버지** 이전 조약?

**심 선생** 네, 한일협정을 맺으면서 이전 조약이 '이제부터 무효'인지, 아니면 '원천 무효'인지에 대해 합의를 못 했죠. 만약 원천 무효가 아니라면

을사조약 같은 것들이 1964년까지는 유효했다는 게 되는데, 그러면 독도의 법적 지위가 일본에 있는 것이고요. 1965년 한일협정 당시에도 합의를 못 봤기 때문에 그들의 주장대로 지금까지 '분쟁 지역'이 되는 거죠.

**큰아버지** 그래, 그런 거 잘 몰랐다! 맘껏 침을 뱉으라고 하지. 그러나 그랬기 때문에 우리가 잘 먹고 잘살게 된 거야. 네 아버지가 베트남전쟁에 파병되었던 걸 생각해봐. 요즘 보니까 사람들이 별소리를 다 하더라. 뭐, 우리가 베트남 여성들을 강간한 살인마라고? 가난 이겨보겠다고 목숨 걸고 남의 나라 전쟁터에 갔다 왔더니만 별 미친 소리를 다 듣는단 말이야!

**심 선생** 베트남전쟁 특수로 10억 달러를 벌어들였다는 말씀이시죠?

**큰아버지** 전쟁이란 게 충돌 과정에서 약자들이 희생을 당하게 마련이고… 나도 일본 놈들이 대학살을 자행하고 위안부 동원한 것에 대해 분노를 느낀다. 누가 그걸 잘했다고 하니? 하지만 베트남전쟁은 그 수준의 문제는 아니잖니. 미군을 봐라. 미군도 파병되어 나쁜 짓 많이 하잖아. 전쟁 일반의 문제를 가지고 비판하면 어쩌자는 거야?

**심 선생** 네, 저도 베트남전쟁 파병 당시 국군의 만행이 일제강점기에 일본이 보여준 모습과 똑같은 행태라고 생각하지 않아요. 식민지 여성을 조직적으로 동원해 자행했던 성적 유린과 같다고 할 수도 없고, 여러 성범죄를 뭉뚱그려버리면 문제의 본질이 희석될 수도 있으니까요. 하지만 전쟁 범죄는 분명 잘못된 것입니다. 이런 부분을 지적하는 것에 대해 큰아버님이 흥분하실 필요는 없다고 생각해요.

**큰아버지** 어떻게 이게 흥분이 안 돼? 우리 세대가 힘겹게 살아온 걸 부정하고 있잖아.

**심 선생** 아니, 잘못했던 부분에 대해 지적하고 반성하는 것이 왜 나쁜가요? 스스로의 잘못을 진지하게 숙고하는 문화야말로 선진사회의 모습이에요. 그만큼 우리 자신에 대해 포괄적으로 생각하고, 앞으로 나쁜 짓을 하지 않겠다는 다짐도 되는 거잖아요. 수준이 높아지는 것을 두고 왜 분노하는지 전 이해가 안 됩니다.

더구나 그땐 별 볼 일 없었지만 지금 대한민국의 위상이 세계적으로 매우 높잖아요. 동남아시아에 한국 기업이 한두 개 진출해 있는 것도 아니고요. 그런 대한민국이 과거사에 대해 겸허한 태도를 보인다는 게 나쁘다? 제가 동남아시아 사람이라면 오히려 대한민국이라는 나라에 대해 훨씬 신뢰감을 가질 거 같은데요.

## 박정희식 개발, 위험한 유산

**기자 동생** 좋아, 형 말에 일정 부분 일리가 있어. 그런데 형은 박정희 정권의 추진력에 대해 너무 쉽게 생각하는 거 같아. 경부고속도로를 어떻게 닦았는지를 생각해봐. 당시 한국의 교통 실태를 분석한 국제부흥개발은행(IBRD) 보고서에 따르면, "한국의 도로망은 극히 불량하다", "수송 체계를 전환하지 않으면 경제 발전이 저해될 것이다", "교통행정기구를 합리적, 능률적으로 개편하고", "도로국을 신설해야 한다" 등등….

정확한 분석이었지. 그런데 재무부에서 IBRD 총재한테 3,030만 달러 차관을 요청했는데 어떻게 됐어?

**사촌 동생** 어떻게 됐는데?

**기자 동생** 거절당했어. 유진 블랙(Eugene Black) 총재가 보기에 후진국의 지도자는 "고속도로나 제철소, 그리고 자신의 동상을 건립하려는 유혹에 빠진다"라고 했어. 그리고 서울－부산이 아니라 서울－강릉, 포항－부산－순천－여수－광주, 삼척－속초 등의 구간을 건설할 경우 150만 달러를 지원한다고 했다니까.

**큰아버지** 정말 한심한 놈들이군. 대동맥을 뚫어야 경제가 굴러가는데 애먼 제안을 했구먼.

**기자 동생** 그렇죠. 사실 박정희 대통령은 1964년에 서독의 아우토반을 보고 고속도로에 대해 관심을 갖게 되었어요. 이후 체계적으로 준비했죠. 서울에서 부산까지 430킬로미터. 이래저래 계산해보니까 약 650억 원의 예산이 나왔어요. 엄청난 규모였죠. 또 일본의 경우 나고야-오사카, 도쿄-나고야 고속도로 건설에 들어간 비용이 우리 돈으로 3,500억 원이었어요. 당시 우리나라 국가 예산의 두 배예요.

**큰아버지** 그래, 생각이 나는군. 여론 또한 시기상조다, 호사스럽기 짝이 없다, 차라리 지방 도로에 투자해야 한다는 등 반대가 심했어.

**기자 동생** 그렇죠. 그런 현실적인 반대에도 불구하고 찬성 여론이 70퍼센트에 가까웠거든요. 경제 발전의 원동력이 되니까. 그리고 거리가 단축되면 관광이나 자동차 산업 등 다양한 수익도 발생하니까 강력한 리더십으로 밀어붙인 거죠. 군인들을 대거 등용했고, 심지어 부족한 재원 때문에 공병을 비롯한 국군을 대거 투입하면서 기적을 일구어냈죠. 토지를 수용하는 과정이라든지, 도로를 뚫는 과정을 보면 탁월한 행정 능력에 기적적인 일들까지. 세계에 이 정도 수준의 지도자가 있을까 하는 생각이 들더라고요.

심 선생 네 말에 공감할 만한 측면도 분명 있어. 다만, 개개의 업적이 아니라 전체적으로 조망했으면 해. 박정희 시대 산업화 과정에서 나타난 여러 가지 문제에 대해 너 역시 쉽게 생각하는 거 같아. 산업화의 동력을 확보했다는 것은 인정하지만 부실투성인데다 부정부패로 일관했고, 정경유착의 폐해가 심했다는 걸 배제할 수 있을까?

큰아버지 국가적 대업을 이루다 보면 문제가 생기는 건 당연하지. 그런 걸 하나하나 지적해서 왜 흠집을 내려는 거냐? 그게 바로 1970년대 김영삼과 김대중이 하던 짓이었어. 경부고속도로 건설에 반대하고 사사건건 트집을 잡았지. 만약 경부고속도로를 건설하지 않았으면 지금 우리가 어떻게 살고 있겠니?

심 선생 자잘한 것부터 왜곡 좀 하지 마세요. 언제 김영삼과 김대중이 경부고속도로 건설에 반대했나요? 무리한 '건설 과정'에 대해 지적한 거잖아요. 경부고속도로 기공식 날 어땠어요? 박정희 대통령이 탄 차 한 대를 제외하고는 모든 차가 몇 킬로도 못 달리고 퍼져버렸어요. 결과적으로 중요한 일이었으니 다 잘했다고 하지 않으셨으면 좋겠어요.

기자 동생 경부고속도로도 포항제철도 없었다고 생각해봐.

**사촌 동생** 오빠, 먼저 결론을 정해놓고 이야기하지 말라고. 그러면 서울 시민아파트 건축이나 와우아파트 붕괴 사건(1970)은 어떻게 설명할 건데? 당시 김현옥 서울시장이 대통령한테 잘 보이고 싶어서 무리하게 공사를 벌였던 거 아냐. 시민아파트가 어디 있었지? 동네 산꼭대기마다 있었대. 엘리베이터가 있던 것도 아니고, 공중화장실처럼 화장실이 집 밖에 있고, 계단에 조명도 없었고.

와우아파트 붕괴 사건의 경우 부실 공사가 빚은 참사였어. 소금 섞인 모래, 말도 안 되는 짧은 공사 기간, 하도급 과정에서 생기는 문제 등이 겹쳐서 일어난 사건이라고. 왜 이런 일에 대해서는 고민이 없는 거야? 이것도 반대를 무릅쓴 혁신적인 리더십인가?

**큰아버지** 그렇다고 아파트가 다 무너진 것도 아니지 않냐. 그리고 이후에 하나하나 고쳐가면서 지금까지 눈부신 발전을 이뤄왔잖아. 오히려 수십 년 지나 김영삼 정부 때, 성수대교와 삼풍백화점이 무너지고, 지하철 공사장이 폭파되지 않나, 서해 훼리호가 침몰하지 않나. 더 심했잖아? 민주주의네 뭐네 하지만 뭐 크게 다르지도 않았으면서.

**심 선생** 저는 이 사건들이 박정희 정권의 유산과 무관하다고 생각하지 않습니다. 오히려 그 연장선에 있죠. 박정희 식의 개발 열기는 전두환, 노태우 정권을 거쳐서 김영삼 정부까지 쭉 내려왔죠. 그리고 지금까지도 경기 부양이다 뭐다 하면서 국가 정책에서 여전히 주를 이루는 방식이기도 하구요.

큰아버님 말씀대로 박정희 대통령이 대한민국 산업화의 큰 방향을 결정했다면 장기적으로 지속적인 관점에서 부실한 산업화, 그로 인한 엄청난 산업재해, 그리고 산업재해로 발생하는 숱한 인적·물적 자원의 훼

**전시 행정의 상징, 시민아파트** 서대문 밖 금화산 비탈면에 지었던 금화아파트. 서울 산비탈에 지었던 시민아파트는 현재 거의 철거되었고, 보상금 분쟁 문제로 몇 동만 남아 있다. 왼쪽은 완공 당시 1969년의 금화아파트 모습이고, 오른쪽은 금방이라도 쓰러질 듯한 2012년의 모습이다.
(출처: (좌)서울역사박물관, (우)https://m.blog.naver.com/flowerbud21)

손, 이런 변수도 예상하고 대비했어야죠. '모로 가도 서울만 가면 된다' 하면서 과정보다 결과가 중요하다는 인식을 만들어낸 것이 바로 박정희 시대의 실책 아닌가요?

기자 동생 뭐 그런 면이 없다고는 못 하겠지만….

심 선생 잠시만! 민주화가 되었다고 하지만 대한민국의 구조는 구시대의 유산을 간직하고 있었어. 전두환이 어떻게 대통령이 될 수 있었지? 국민들이야 박정희가 죽었으니 민주주의가 왔다고 믿었지만 라틴아메리카라든지 군사독재가 오래 지속되었던 나라들을 보면 결국 제2, 제3의 군부 지도자가 등장하는 것은 필연적인 과정이었어.

사촌 동생 박정희 본인이 쿠데타로 대통령이 되었으니 새로운 쿠데타를 막기 위해 군대 내 충성 조직을 만드는 것이 필연적이었으니까. 박정희가 죽었을 때 친위 쿠데타가 일어나는 것 역시 자연스러운 과정이었을 테지. 그렇지 오빠?

심 선생 응, 부정부패 문제도 마찬가지라고 봐. 전두환이 기업인들에게 정치자금을 받는다든지, 언론 통폐합을 한다든지, 각종 용공 조작 사건이 모두 박정희 정권으로부터 계승한 거잖아?

큰아버지 듣자듣자 하니, 뭐가 똑같다는 거냐? 여기서 전두환 이야기는 왜 꺼내는 거야? 전두환의 악랄하고 더러웠던 짓이야 세상이 다 알지만 박정희 대통령은 검소했어. 돌아가셨을 때도 청와대에서 몇 억짜리 금고 외에 별로 나온 게 없잖아. 그리고 석유파동 때는 청와대 집무실에 난방을 포기하며 춥게 지내기도 하셨지. 새마을운동 당시에는 농촌에 자주 내려가서 농민들의 애환을 달래주기도 하셨고. 세상에 그런 대통령이 어디 있냐? 민중의 마음을 헤아리는 진정한 대통령이셨어.

사촌 동생 아빠, 그렇게 말씀하시니까 편향적이다, 이중 잣대다 소리를 듣는 거예요. 자꾸 검소했다고 하는데 기업인들에게 차관을 공여해주는 대가로 10퍼센트 정도씩 의무적으로 정치자금을 받는 관행을 만들어낸 것이 박정희 정권이에요. 전두환은 그 비율을 높이거나 국제그룹같이 저항하던 기업을 해체해버리기까지 했고요.

육영재단이라든지 박정희가 집권하는 동안 그 집안 사람들의 경제적 규모가 극도로 넉넉해졌다는 것에 대해서도 많이 이야기하지 않아요?

서거 당시 금고에서 수억 원의 돈이 나왔다는 것은 그만큼 재정이 불투명하게 운영되었다는 건데, 그걸 두고 검소하다고 이야기하는 거 자체가 아이러니죠.

심 선생 응. 좋은 지적인데 박정희 정권과 전두환 정권의 연속성에 관해서도 좀 더 깊이 살펴봤으면 좋겠어.

기자 동생 뭘 맨날 살펴보자는 건지….

심 선생 젊은 녀석이 벌써 어른들 사고방식을 그대로 따라 하는 것보다 낫지 않아? 전두환은 자기 권력 유지를 위해 각종 유화 정책을 폈고, 국풍81 같은 대규모 관제 행사도 하고, 에로 영화, 프로스포츠 같은 사업을 했지. 문화 정책을 통해 독재 권력을 유지하겠다는 발상인데, 태도만 달랐지 이 역시 박정희 정권 때와 본질적으로 뭐가 다를까? 노래 가사와 영화 장면을 일일이 검열하고, 경찰력을 동원하여 장발과 미니스커트를 단속하고, 심지어 인구 제한을 앞세워 예비군 훈련장에서 정관수술을 반강제적으로 실시했던 것 역시 권력이 문화를 통제하는 전형적인 모습이잖아. 전두환 정권 시절 반대급부를 통해 통치의 정당성을 확립하려 했을 뿐이지 문화를 권력의 시녀로 만들었다는 점에서는 너무나 비슷해.

## 산업화의 빛과 그림자

기자 동생 형은 결국 비판만 할 뿐이야. 그렇지 않아? 새마을운동 이야기를 하면 새마을운동을 비판할 거고, 재벌 이야기를 하면 재벌의 비리만 이야기할 거 아냐. 형은 대안적인 척하지만 결국 박정희 정권에 대해 부정적인 이야기만 한다고.

심 선생 너의 지적도 일리가 있어. 오랜 민주화 투쟁이 있었기 때문에 기본적으로 한국의 지식인들은 박정희 정권에 부정적이야. 다만 난 '산업화'에 대해 좀 더 정면으로 부딪치고 싶다. 박정희 정권이 들어서면서 산업화가 시작된 것을 누가 부정하겠어. 일부에서는 미국에 종속 형태로 경제가 발전되었다는 것을 비판도 하더라. 하지만 이 부분도 충분히 이해가 돼. 인도 같은 나라들이 내수 시장만을 확대해 문제를 해결하려고 했던 게 얼마나 무모했는지 이미 입증되었고, 미국조차도 일본을 중심에 두고 한국을 고작 일본의 부속 경제 수준 정도로 생각하고 유도했으니까.

박정희 정권의 산업 정책에서 가장 가치 있는 부분은 그런 미국의 의도에 부응하면서도 일본의 종속성을 거부하고, 독자적인 산업 성취를 목표로 끊임없이 미국의 계획을 수정하게끔 했다는 점이야.

물론 제2공화국처럼 계획만 세우고 실천을 못 하거나 이승만 정권처럼 원조에만 의존하던 수준이 아니라 정부 보증으로 차관을 빌려와서, 기업 관리를 제대로 하면서 차관을 갚아나감과 동시에 이윤 관리를 하면서 경제성장을 가능하게 했지. 마지막으로, 지속적으로 경제구조를 확장해나가면서 국가정책의 목표를 갱신하는 구조는 이전 정부에서도, 또 당시 다른 나라의 군사정부에서조차 찾아보기 힘들어.

**큰아버지** 거 봐라, 그렇게 잘 아는 녀석이 작은 허물을 갖고 시비를 거냐? 내가 어디선가 읽었는데 우리 국민이 똑똑했고 당시 국제 상황이 우리에게 유리했기 때문에 그분 없었어도 결국 잘살 수 있게 됐을 거라 하더라. 그게 말이 되냐? 상황이건 뭐건 결국 지도자가 역량을 발휘하지 못하는데 어떻게 잘살 수 있어.

**심 선생** 네, 맞습니다. 멀리 갈 것도 없이 이승만 정권과 비교해보면 그대로 드러나지요. 이승만이 준비도 안 된 상태에서 북진통일론만을 외쳤죠. 이에 비해 승공통일론, 즉 경제성장을 통해 체제 승리를 거두겠다는 태도를 보였던 것도 의미가 있었어요. 당시 냉전이라는 국제 질서와도 부합했고요.

그런데 저는 이 정도에서 박정희 정권의 산업화에 대한 평가를 정리했으면 좋겠어요. 엘리자베스 1세 혼자 영국을 부흥시킨 거 아니잖아요? 루이 14세 혼자 중상주의 정책을 실시한 거 아니고….

**기자 동생** 또 무슨 이야기를 하려고?

## '한강의 기적'을 이루어낸 다양한 성장 동력

**심 선생** 산업화와 관련된 여러 동력에 대한 검토가 이루어져야 한다는 거야. 전 싱가포르 총리 리콴유가 뭘 주장했지?

**사촌 동생** 아시아적 가치?

**심 선생** 맞아. 서양인에게 프로테스탄트 정신, 즉 청교도의 근면하고 금욕적인 소명 의식이 있었기 때문에 서구에서 자본주의가 발전했듯, 동아시아의 경우 유교적인 전통, 교육과 가족을 중시하며 공동체를 우선하는 문화가 경제성장의 큰 토대가 되었다는 건데, 여러 비판에도 불구하고 중요한 의미가 있다고 봐.

싱가포르도 타이완도 우리나라도 그렇고 모두 동아시아 국가잖아? 유교 문화에 크게 영향받은 나라들이고. 비서구 국가 중에 유일하게 근대화에 성공한 일본까지 고려한다면 특정한 정치가의 리더십 못지않게 문화 요소가 중요하다는 것은 분명한 사실이야.

**사촌 동생** 흐음. 뻔한 듯하면서도 의미심장한데? 최근에 급부상하는 중국 역시 동아시아 문명의 본류 아닌가?

**기자 동생** 그건 훨씬 생각거리가 많아. 영토나 인구도 생각해봐야 하고, 냉전의 붕괴라든지 여러 요인이 있는데 문화로만 한정하는 건 단순한 접근이지.

심 선생 그래, 맞아. 어느 누가 중국 경제 발전이 덩샤오핑 때문이라고만 하면 받아들일 수 있어?

기자 동생 하지만 중요한 역할을 했잖아.

심 선생 그렇지. 하지만 문제도 많았다는 걸 스스럼없이 지적하잖아. 방금 너도 그랬잖아. 여러 요인이 있다고 말이야. 그런데 왜 박정희 정권에 대해서는 이런 일반적이고 상식적인 사고를 못 하는 거지?

사실 국가의 성장 요인은 다양해. 국제 환경이나 지리적 조건도 매우 중요하잖아. 봐, 아시아의 네 마리 용 중에 싱가포르와 홍콩은 지리적 이점이 탁월해. 인도 상인이건 이슬람 상인이건 포르투갈 상인이건 고대부터 믈라카해협을 장악한 민족이 동남아시아를 중심으로 하는 세계 무역을 주도했는데, 싱가포르가 바로 그 위치에 있잖아.

사촌 동생 그렇구나! 그렇게 따지면 마카오, 광저우, 홍콩도 전통적으로 중요한 곳이네. 특히 홍콩은 영국 제국주의 시대 동안 중요한 거점 지역이었으니 다른 지역에 비해 훨씬 탄탄한 사회질서를 갖추었을 테고.

심 선생 응. 이 지역들은 지리적인 이점을 바탕으로, 그것도 서양인들의 진출로 개척된 도시야. 타이완과 우리나라의 경우 동아시아 최전선에 있는 미국과 긴밀한 동맹국이라는 점이 매우 중요해. 타이완과 우리가 있고 바로 뒤에 '일본–사이판–괌–필리핀'이 있는 구조, 그리고 하와이를 거쳐서 미국으로 들어가는 형태니까 미국의 입장에서 두 나라에

**지리적 특수성** 동아시아 국가와 도시는 제2차 세계대전 이후 국제관계에 크게 영향을 받았다. 타이완과 대한민국이 대표적인 사례라고 할 수 있다.

대한 지원과 지지를 게을리할 수 없을 테지.

타이완은 대륙에서 실패한 장제스가 중소기업을 중심으로 새로운 경제 국가를 건설한 모델이고, 우리는 유례를 찾아보기 힘들 정도로 미국으로부터 집중적인 원조와 지원을 받았잖아. 이런 걸 종합적으로 고려해보면 박정희 한 사람을 신화화하는 건 분명 문제가 있어.

사촌 동생 응, 그렇구나. 근데 오빠의 생각은 설득력은 있는데, 마음에 좀 안 들어. 더 세게 박정희를 비판했으면 좋겠는데 아쉬워. 너무 합리적이라고만 할까?

심 선생 하하. 그런가? 어찌 됐건 비판의 날만 세우면서 싸우다 보면 이런 여러 이야기를 자세하게 나누지 못한다니까.

사촌 동생 싫은 걸 어떡해. 잘못이 너무너무 큰데.

## 모두가 잘살게 되었다는 환상

심 선생 나는 평화시장의 노동자였던 전태일의 죽음이 우리 사회에 시사하는 바가 크다고 생각해. 전태일은 노동법에서 희망을 발견했고 실제로 대통령 박정희에게 탄원서를 보내기도 했어. 하지만 결과가 어땠어? 조처하겠다는 말만 돌아왔을 뿐 달라진 것은 아무것도 없었잖아. 그것이 평화시장의 재단사 전태일을 분신으로 몰고 간 거 아닌가? 아니, 그전에 전태일을 각성하게 했던 노동 현장에 대해 생각해봐야 하지 않을까?

저임금, 저임금 하지만 단순히 월급이 적은 정도가 아니었잖아. 당시 노동환경은 정말 비참했어. 1층 건물을 위아래로 나눈 비좁은 공간에서 일하고, 욕설에 겁박에 성추행까지 난무했지. 점심은 재봉틀 앞에 앉아서 먹고, 매일매일의 야근과 잔업에 시달렸고, 휴일에 제대로 쉬지도 못했어.

**큰아버지** 그게 박정희 대통령 때문이라는 게냐? 자꾸 요즘의 기준으로 판단하지 마라. 그땐 그럴 만한 사정이 있었어. 나도 밤낮으로 야근하고 죽도록 고생하면서 자식새끼들 먹여 살렸다. 일자리가 있다는 게 얼마나 감사한 일인데…. 그건 고생이 아니라 희망이라구.

**사촌 동생** 뭐, 나더러는 시간이 좀 걸려도 이상한 덴 취업하지 말라면서요? 그런 노동 착취가 잘못인 걸 이제 아시잖아요.

**심 선생** 큰아버님 바로 그 점이에요. 사람들이 문제를 문제라고 인식하지 못하는 상황에서 전태일이라는 노동자가 자각했고, 문제의식을 느꼈고, 구체적으로 요구하기 시작했어요.

1960년대 후반부터 본격적으로 공업화가 진행되었고 1970년대 내내 발전이 되어가는 과정에서 얼마나 많은 갈등과 아픔이 있었나요. 기독교는 도시산업선교회를 만들었고, 가톨릭은 정의구현사제단을 통해 노동문제를 고발했죠. 당시 종교계가 제기했던 노동문제는 대단한 수준이 아니었어요. 최소한의 인간적인 대우를 해달라, 근로기준법을 준수해달라는 거였어요. 그런데 박정희 정권은 어떻게 대응했나요? 노동자를 탄압만 했잖아요?

**큰아버지** 아니, 그러면 어떻게 하라는 거냐? 먹고살기가 너무 어려워서 거기까지 신경 쓸 수가 없었던 거지. 지금 이렇게 잘살게 되었으니 이런 소리 해도 잡혀가지 않잖아. 잘살게 되기까지의 크고 작은 희생은 국민이 어느 정도 져야 할 몫이었어.

**심 선생** 무슨 말씀이세요. 전태일 사건(1970)이나 YH 사건(1979)만 보더라도 박정희 정권의 노동정책이 얼마나 심각했는지 단적으로 드러나는데요. 반면 정치자금을 받는 대가로 재벌에게는 온갖 특혜를 주는 정경유착의 폐해를 생산해냈던 것 역시 박정희 정권이 보여준 산업화의 한계였다는 점에 대해 왜 진지하게 숙고하지 않냐는 거예요.

예전에 큰아버님이 의료보험 같은 사회복지 제도도 김대중이 한 걸로 알지만 실제로는 박정희가 다 한 거다, 복지 대통령이다, 뭐 이런 이야기를 하셨죠. 그런데 사회복지 지표를 분석해보면 놀라울 정도예요. 비슷한 시기 싱가포르나 타이완의 사회복지 투자에 비해 박정희 정권은 사실상 한 게 없으니까요.

큰아버님은 박정희가 기적적인 정책을 펼쳐서 성공했다고 말씀하시지만 사실 박정희 정권의 경제정책에 대한 논의는 훨씬 복잡다단합니다. 국가가 나서서 금융을 통제하면서 재벌의 사회적 투자를 유도했다는 점에서는 긍정적으로 평가받지만, 재벌의 경영권만을 보전하는 노동배제 정책 때문에 사회구조가 극도로 양극화되었다는 점은 비판받죠. '소유는 사유화되고 손실은 사회화되는' 독특한 한국식 경제구조를 만든 게 박정희 정권이니까요. 재벌이 모든 것을 갖고, 경영이 실패하면 국민이 손해를 보는 부조리한 구조가 이때 만들어진 거죠.

**큰아버지** 그래도 그땐 희망이란 게 있었어! 열심히 노력하면 가족도 건사하고, 내 집 마련까지 할 수 있었던 그 힘을 누가 줬냐, 바로 그분이란 말이야.

**심 선생** 희망을 줬다고 하시지만, 안타깝게도 박정희 정권은 분배정책에 적극적이지 않았어요. 그런데 왜 큰아버님 같은 감상이 어르신들 사이에서 나오는지 그 부분에 대해서도 흥미로운 연구가 있어요. 농지개혁

(1949)이나 한국전쟁 등을 통해 기존의 자산 파괴가 광범하게 일어났고, 이 때문에 비록 하향화된 수준이지만 광범한 사회적 평등성이 확보되었다는 거죠. 박정희 정권은 이를 기반으로 경공업 고용 창출을 이루어냈기 때문에 저임금 구조임에도 광범한 분배 효과가 발생했다는 거예요. 사회구조가 경제정책을 더욱 의미 있게 만들었다는 거죠.

흥미로운 점은 박정희 정권의 경제적 성과가 오히려 1960년대, 그러니까 박정희가 합법적인 선거를 통해 대통령이 되는 그나마 민주적인 시대에 훨씬 효율적이었다는 거예요. 중화학공업을 최고의 업적인 듯 강조하지만 1970년대 내내 낮은 생산성 문제에 시달렸고, 1978년 전경련 자료를 보면 246개 산업 부문 중에 국제경쟁력을 갖추었던 산업은 고작 28개 부문밖에 없었다는 점도 충격이죠. 독재가 지속되면서 부정부패가 눈에 띄게 늘고 대통령이나 정부 여당도 점점 현실에 안주하게 되었어요.

기자 동생 잘한 것도 말하는가 싶더니 결국 제자리네. 형 눈에는 재벌이 나쁜 놈으로 밖에 안 보여? 관료들의 부정은 어느 사회에나 있는 거 아니야?

심 선생 좀 더 들어봐. 지가나 물가 부분을 분석하면 상황은 더 심각해. 지가 상승률의 경우 1963~1979년까지 한 자리 숫자에 그친 해는 두 해뿐이고, 무려 50퍼센트 이상 오른 해는 4년이나 돼. 1969년과 1978년에는 80퍼센트까지 올라. 17년 동안 땅값이 무려 180배가 올랐다는 거야. 100원짜리 땅이 1만 8,700원이 되는 나라. 뭔가 비정상적이지 않아?

## 박정희 시대의 지가 상승 추세

| 연도 | 명목 예금 금리(%) | 주요 도시 지가 상승률(%) | 지가 지수 |
|---|---|---|---|
| … | … | … | … |
| 1967 | 30.0 | 43.6 | 407 |
| 1968 | 25.2 | 48.5 | 613 |
| 1969 | 22.8 | **80.7** | 1,151 |
| 1970 | 22.8 | 29.7 | 1,236 |
| 1971 | 21.3 | 33.4 | 1,918 |
| 1972 | 12.6 | 7.5 | 2,067 |
| 1973 | 12.6 | 5.8 | 2,181 |
| 1974 | 15.0 | 18.7 | 2,587 |
| … | … | … | … |
| 1977 | 14.4 | 50.0 | 5,872 |
| 1978 | 18.6 | **79.1** | 10,700 |
| 1979 | 18.6 | 22.0 | 18,734 |

출처: 한국감정원, 〈전국 주요 도시 지가 지수〉, 1963~1974

한국감정원, 〈토지 시가 조사표〉, 1975~1979

박정희 시대의 지가 상승은 심각한 문제였다. 특히, 1960년대 후반과 1970년대 후반 지가 상승률은 80 수준에 육박했다. 이 시기 특별히 지가 상승률이 높아진 이유는 복합적이다. 다만, 1960년대 후반이 경공업에서 중화학공업으로 주요 산업이 이동하는 시기였고, 1970년대 후반은 석유파동과 중복투자로 인한 후유증이 심각했다는 점을 고려했을 때, 적어도 지가 상승 국면에서 정부가 제대로 된 대응에 실패한 것은 분명하다.

## 대한민국 역대 정권의 소비자물가 추이

출처: 통계청

*괄호 안은 기간별 연평균 상승률

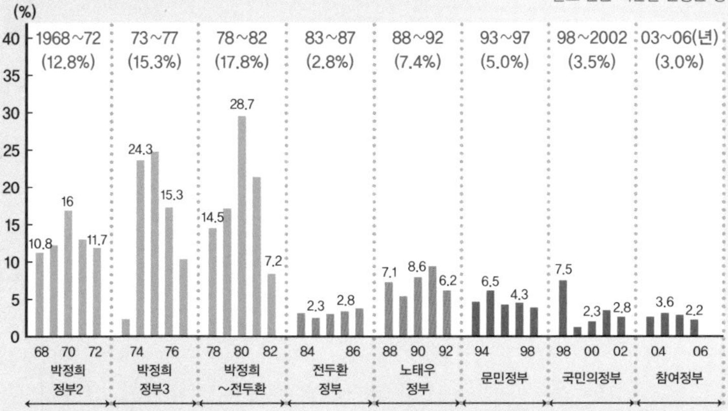


박정희 정권 때 소비자물가 상승률 또한 매우 심각했다. 물론 물가 상승이 높았던 것은 산업화가 진행되면서 그만큼 본격적인 경제 변화가 이루어지고 있었다는 것을 의미한다. 하지만 여러 나라의 사례와 비교해볼 때, 경제 성장 대비 물가 성장이 정비례 관계라는 것은 박정희 정권이 물가 관리에 실패했다는 것이다. 이후 전두환 정권이 경제 업적을 자평할 때 '물가를 잡았다'고 강조하는 것은 박정희 정권과 대비되기 때문이다.

**사촌 동생** 지가 상승은 전형적인 불로소득이잖아.

**심 선생** 응. 박정희 정권의 연평균 경제성장률은 9.1퍼센트, 대단하지. 집권 기간 동안 국내총생산의 경상가격이 131조 원, 그런데 지가 상승으로 인한 불로소득은 326조 원이야. 산업화의 동력은 확보했지만 그 성과를 나눌 수 있는 토대를 구축하는 데는 실패했다. 의도적으로 토대를 파괴했다고 정리할 수 있을 정도야.

모두가 희생하며 열심히 일했고, 그래도 월급은 언제나 낮았고, 물가와 지가는 급속도로 상승했고, 재벌과 부자들에게만 유리한 경제구조가 작동되어가는 상태에서 결국 일반 국민이 누리게 될 삶의 질이 어떨지는 너무 뻔하잖아. 어떻게 생각해?

**사촌 동생** 물가와 지가가 치솟으면 가진 자들에게는 얼마나 유리한 구조겠어. 돈을 벌어서 집 사고 땅 사두면, 다른 수입과 비할 수 없을 만큼 집값, 땅값 마구 오르니까 단번에 부자가 되고… 취업은 어려운데 임금은 낮고 집값은 너무 비싸고. 그때나 지금이나 같네!

**심 선생** 너무 속상해하지 마. 박정희 정권의 경제정책은 그 자체로도 문제가 많았어. 심각한 중복투자! 유신을 통해 절대 권력을 쥐게 되면서 오히려 경제에 무능해진 게 참 아이러니해. 여하간 제1차 석유파동(1973~1974)은 중동 진출 등 여러 노력을 통해 극복했지만, 결국 제2차 석유파동(1978~1980)으로 무너졌잖아. 만성적인 적자 구조로 외채 망국론이 제기되기도 했고.

**기자 동생** 3저 호황[8]을 이야기하려는 거야? 석유파동은 정말로 석유가 부족해서 생긴 문제가 아니었으니까, 1980년대 들어오면서 석윳값이 급속도로 떨어졌지. 1980년대가 일본의 최고 전성기였는데 미국이 이를 막을 방법이 없으니까 강제로 엔고 현상을 만들고, 덕택에 후발 수출국이었던 우리에게 유리한 구조가 형성됐고, 원자재를 값싸게 사 올 수 있으니 드디어 무역 흑자국이 됐고….

큰아버지 1980년대가 정말 살긴 좋았지. 나도 어렵게 분양받은 시영아파트가 그때 가격이 확 뛰면서 재미를 보았으니까.

심 선생 네, 여기에는 박정희 정권의 경제정책을 수정한 전두환 정권의 경제정책이 중요한 역할을 했죠. 그리고 민주화 운동도 간과할 수 없는 요인이었고요. 1987년 6월항쟁으로 군사독재에 종지부를 찍잖아요. 그리고 그해 8월부터 노동자 대투쟁이 본격화했고요. 그러면서 임금도 대폭 상승했고, 민주노총(1995)도 창립되고, 노사정위원회(1998)도 설립되면서 노동자의 권리에 대해 정부가 인정하는 데까지 왔죠.

큰아버지 박정희 시대에 기껏 희생해가며 기초를 닦아놨더니, 네 말대로라면 전두환 때 경기가 좋았고 독재가 끝나면서 민주화가 돼서 경제성장을 했다는 거냐? 말 많고 과격한 노동자들이 데모하면서 먹고살기 좋아졌다는 거 아니냐?

---

8 **3저 호황** 저유가·저달러·저금리를 의미한다. 1980년대 들어오면서 석윳값이 급락해 가공무역을 하는 한국에 매우 유리한 국제 환경이 조성되었다. 또한, 일본 경제가 미국을 위협하기 시작하자 미국과 일본, 서독, 영국, 프랑스 등 5개국 재무장관이 모여 '플라자 합의'를 통해 일본 엔화의 가치를 강제로 올렸다. 이에 일본 경제의 둔화로 인해 후발 수출국인 한국의 수출 경쟁력이 급속도로 강화되었다. 이러한 유리한 상황에 힘입어 정부는 저금리로 자금을 대출하기 시작했고, 1983년부터 1988년까지 단군 이래 최대의 호황기를 누렸다.

**심 선생** 그럼요, 아닌가요? 박정희 정권 때 저임금 문제가 자체적으로 해결이 되었나요? 민주주의의 성숙, 노동자의 자각 같은 것들이 결부되면서 생긴 변화잖아요.

그리고 제가 전두환을 언급한 것은 그를 미화하려는 게 아니에요. 생각해보세요, 박정희가 죽은 게 1979년이에요. 그리고 지금은 2023년이죠. 대한민국 정부가 수립된 지 75년이고 박정희 집권이 끝난 게 벌써 40년도 더 전이에요. 75년 중 절반 이상이 박정희 이후인 거예요.

그런데 박정희 정권 이후 우리 사회가 어떻게 되었죠? 마냥 못사나요? 아니면 박정희 시대의 유산으로 간신히 먹고사나요? 그렇지 않습니다. IT산업을 박정희 대통령이 도입했나요? 한류 같은 문화 산업이 대통령이나 정치인들의 기획으로 만들어졌나요? 민주화된 이후에도 여러 대통령의 굵직한 업적과 성과 들도 있었고요.

**사촌 동생** 생각해보니 그러네. 노태우 정권은 냉전이 무너지니까 공산권 국가들과 외교관계를 맺고 경제 영토를 늘렸고, 김영삼 정부 초기에 진행된 각종 개혁 작업이 그때는 이래저래 말이 많았지만 지금 보면 대한민국이 건전해지는 데 중요한 역할을 했지.

**심 선생** 김대중·노무현 정부 시절에는 또 무슨 변화가 있었지? 박정희 시대 이후 얼마나 많은 사회·경제적 변화가 있었는지가 과연 간과할 문제일까? 더구나 한류를 비롯한 각종 문화 산업이라든지, 국내 중소기업의 해외 진출 같은 경우는 비정치적인 분야에서 국민이 스스로 개척한 영역이기도 하고 말이야. 이제는 대한민국에 관해 이야기할 때 박정희 외의 것들에 대해 동등하게 다루어야 하지 않을까?

박정희 시대를 화석화할 필요가 있다. 오늘 우리의 감정과 섞이지 않는 과거가 될 때 우리는 비로소 그 시대를 객관적으로 이해할 수 있고, 확실하게 그 시대와 결별할 수 있다. 사회 곳곳에 박정희의 유산이 넘쳐나고 있다. 박정희 시대에 대한 향수나 단순한 비판을 넘어 이제는 '박정희 아닌 것들'로 생각하고 실천하며 새로운 이야기를 만들어가야 한다. 그래야 우리가 발 딛고 있는 이 땅의 수많은 폐습과 아픔이 사라지고 진정한 미래가 있을 것이다.

언제까지 과거가 우리의 발목을 잡을 순 없다. 진정 박정희 시대와 멀어질 때 '박정희의 망령이 없는 세상'을 꿈꿀 수 있을 것이다.

# 여섯 번째 대화

## 왜곡된 고대사 논쟁을
## 바라보는
## 고고학자와 함께

# 위대한 고대사? 찬란한 '열등감'에 관하여

**심 선생** 열정 넘치는 역사 연구가. 역사 왜곡에 맞서 치열한 논쟁을 벌이기도 한다. 더불어 소통과 상생의 대화를 통해 새로운 역사 대화 문화를 만들고자 노력하고 있다.

**김 박사** 고고학자. 해외에서 학문적 연구 활동을 열심히 하면서 국내의 고대사 논쟁에도 관심이 높다.

많은 사람이 관심을 가진 주제는 아니지만 고대사를 둘러싼 논쟁 또한 존재한다. 다만, 이 논쟁은 공식적인 학술 논쟁의 성격을 띠지 못한다. 대부분 인터넷에서 일방적인 주장을 쏟아내거나, 기존 역사학자들을 식민사학자로 모는 일부 학자들의 주장이 득세할 뿐이다. 그럼에도 매우 공격적이고 호전적이다.

먼 옛날 우리 민족은 정말로 동아시아 일대를 장악한 대제국을 세웠을까? 고조선은 꼭 요동에 있어야만 할까? 무조건 강력하고 화려한 고대사를 강조하며 그것에 긍지를 느껴야 할까? 거친 주장은 여전히 설익은 상태에서 계속되고 있다.

"과도한 민족주의 때문이라고 봐요."

이 말은 너무 고상하다. 솔직히 말하면 지나치게 맹목적이며 공격적이다. 논란 그 이상도 없고 본인들의 주장이 미칠 파급에 대한 고민도 없다.

**심 선생** 그간 역사교육이 이 부분에 대해 무책임하기도 했고 선배 같은 고고학 전공자들이 대중과의 소통을 게을리했기 때문이기도 하고요. 그렇지 않나요? 하하.

**김 박사** 짓궂기는…. 틀린 말은 아니지. 대화를 안 해본 건 아니야. 공개적인 학술 세미나도 있고, 심지어 국회에 불려가서 발언했던 적도 있거든. 그런데 워낙 강경하게 나와야지 말이야. 고조선에 대해 유보적인 태도를 취하는 순간 식민사학자가 되는 거잖아?

매번 분위기는 비슷하다. 몇몇 사람의 주도로 몇 가지 전제를 설정하고, 그것에 동의하지 않으면 식민사학자가 돼버리며 비난받는다. 논박도 비판도 아닌 격렬한 집단적 비난이 거들어지기도 한다.

**심 선생** 그렇죠. 형은 단군과 고조선에 대해 어떻게 생각하세요?

**김 박사** 너까지 날 시험하는 거냐?

**심 선생** 흐흐. 형도 당해보쇼. 제가 종종 시험받는 주제거든요.

## 신화를 바라보는 관점

**김 박사** 나는 신화학에 대한 관점을 단군신화에도 편하게 적용했으면 좋겠어. 우리는 그리스 로마 신화에 대해서는 잘 이야기하잖아. 그런데 유독 단군 이야기가 나오면 경직되거든.
20세기 초반만 해도 신화는 상상에 불과하다고 생각했지. 하지만 독일 고고학자 슐리만이 호머의 서사시 〈오디세이〉와 〈일리아드〉를 바탕으로 트로이 목마 유적을 발견했고, 이런 유사한 형태로 여러 학자가 미노스 궁전이라든지, 그리스 신화에 나오는 여러 유적을 실제로 발견하거든. 고고학 분과에서는 정말 경이로운 시간이었어.

**심 선생** 메소포타미아문명[1]도 그렇죠? 이집트 문명이야 그리스 로마 문명과 접해 있었으니 서양인들에게는 애초부터 잘 알려져 있었잖아요. 고고학이 발전하면서 일찍부터 발굴되었고요. 하지만 《성경》에서 상세히 묘사하는 메소포타미아문명의 경우 20세기 초반까지는 기껏 해봤자 이집트문명의 지류 정도로 이해했고요.

하지만 우르, 라가시, 우르크 등에서 메소포타미아 초기 문명이 발굴되면서 지금은 이집트문명보다 오래되거나, 혹은 같은 시기에 발전된 문명으로 인정받잖아요.

**김 박사** 바로 그거야. 중요한 건 관점의 변화거든. 신화가 100퍼센트 역사적 사실은 아니지만 '신화의 시대'가 있었다는 것만큼은 역사적 사실이야. 그러니까 신화를 제대로 해석해서 당시 역사상을 구성해야 할 의무가 나 같은 사람에게 있지. 조지프 캠벨이나 클로드 레비스트로스라는 이름은 들어봤지?

**심 선생** 당연하죠. 캠벨은 마르치아 엘리아데와 더불어 정말 광범위하게 세계 각국의 신화를 연구해서, 동서양의 신화를 종합적으로 이해할 수 있는 기틀을 마련했죠. 레비스트로스는 구조주의 철학자이면서 위대한 신화학자이자 문화인류학자로 유명하잖아요.

**김 박사** 그렇지. 고고학, 문화인류학, 신화학 분야에 대한 이해가 넓어지

---

1 **메소포타미아문명** 오늘날 이라크 일대에서 발전된 고대문명을 의미한다. 기원전 3500년경 시작되었으며 유프라테스강과 티그리스강 사이에서 다양한 형태의 도시국가가 발전했는데 우르, 우르크, 라가시 등이 대표적이다. 이후 히타이트, 바빌로니아, 아시리아, 페르시아 등 여러 제국이 이 지역을 장악하기 위해 각축을 벌였다.

면 단군신화를 둘러싼 불필요한 논쟁이 해결되지 않을까? 단군 이야기가 '신화'라는데 하등 불편할 게 없구먼.

**심선생** 저는 단군신화가 역사의 전면에 등장한 '시기'가 중요하다고 생각해요. 고려 후기잖아요? 몽골이 쳐들어왔을 때죠. 약 30년간 싸웠고 결국 패배한 시점, '우리'와는 전혀 다른 가공할 '적' 앞에서 '우리가 누구인가'에 대한 정체성을 고민할 수밖에 없었죠. 그래서 '우리 민족의 시조'에 대한 고민을 역사서 차원으로 승화한 거고요.

단군신화는 역사적 산물이다, 너무 당연한 생각인데 간과하는 측면이 커요. 고구려 신화에 단군이 나오나요? 백제 신화에는요?

**김박사** 전혀 아니지.

**심선생** 잘 알다시피 고구려는 주몽 건국 신화가 있고, 백제의 경우에는 주몽의 아내였던 소서노 그리고 비류와 온조라는 두 아들 이야기가 나오잖아요. 단군의 10대손이 주몽이라도 되나요? 금와왕이나 해모수가 단군과 무슨 관련이 있나요? 전혀 없잖아요.

**김박사** 이런 건 있더라. 일제강점기 식민사학자들이 단군신화를 고구려 계통의 개국 신화라 규정하고, 한민족과 관계가 없다는 식의 연구를 시도했어. 고구려와 신라, 백제의 연관성을 부인하면서 한반도를 신라, 백제 중심의 별도의 문명권으로 분리한 거지. 그 목적은 뻔해. 고구려는 만주와 한반도 북부를 아우르는 국가였잖아. 우선은 한반도를 장악하기 위해 고구려를 배제한 거야. 물론 이후 일본은 만주 일대를 침략하면서 입장을 바꾸기는 하지만 말이야.

**심 선생** 그건 의도된 거고. 제가 드리고 싶은 말씀은 신화적 공백이 너무 명확하다는 거예요. 더 잘 아시겠지만, 신화라는 게 생각보다 훨씬 복잡다단하잖아요? 단적인 예로, 부여 금와왕 신화와 고구려의 주몽 신화가 거의 유사해요. 금와왕과 주몽을 둘러싼 여러 기록이 혼재하고 있어서, 우리가 보통 주몽 이야기라고 생각하는 것들이 고스란히 금와왕 이야기로 쓰인 것도 있고.

**김 박사** 그러니까 네가 하고 싶은 말은 고조선 이후의 나라들이 특별히 고조선 계승을 표방하지 않았다는 거지? 정확한 지적이야. 굳이 거든다면 《조연수묘지명》(1325)이라든지 《삼국사기》(1145)[2]에 기록된 〈선인왕검(仙人王儉)〉, 《고려사》 충렬왕 연간 기록에 나오는 〈평양묘(平壤廟)〉, 〈평양군사(平壤君祠)〉 등이 단군과 관련된 중요한 기록으로 추정돼. 하지만 평양묘와 평양군사는 국가 시조를 모신 사당이 아니라, 평양 지역의 시조신이나 수호신일 가능성이 높아. 《삼국유사》(1281)[3]나 《제왕운기》(1287)[4]에 나오는 구월산 삼성사 역시 비슷하고. 쉽게 말해 13세기 이전에 '단군'은 평양 지역 사당에 모셔진 민간신앙적인 자연신의 범위를 뛰어넘지 못한다는 말이야.

**심 선생** 그리고 무엇보다 단군신화는 오랜 윤색의 과정을 거친 듯해요.

---

2 **삼국사기** 고려 중기 김부식이 쓴 현존하는 가장 오래된 역사서. 유교 합리주의와 신라 정통론에 기초해 쓰였다.

3 **삼국유사** 고려 후기 일연이 쓴 역사서. 최초로 단군신화를 담고 있으며 불교사에 대한 서술도 자세하다.

4 **제왕운기** 고려 후기 이승휴가 쓴 역사서. 단군신화를 담고 있으며 중국사와 우리 역사를 대등하게 평가했다는 점이 눈에 띈다.

기원전 2333년에 나라를 세웠다는 것은 딱 봐도 중국 역사를 염두에 둔 거잖아요. 《삼국유사》에서는 〈고기(古記)〉를 인용해, 요임금 즉위 50년에 단군이 즉위했다고 하고, 《동국통감》(1485)에서는 요임금 즉위 25년으로 기술했는데, 기원전 2333년은 요임금 즉위 25년을 의미하는 거죠.

김박사 중국과 대등하게 보이고 싶었던 거란 말이지. 이야기의 앞뒤가 맞춰지는데? 몽골의 침략 속에서 민족사를 새롭게 정립하고 싶었다는 의도 말이야.

심선생 그렇죠. 어디 그뿐인가요. 환웅이 하늘에서 내려올 때 풍백, 우사, 운사도 함께하잖아요. 신화의 내용이 이미 농경문화와 맞닿아 있어요. 게다가 전형적인 도교 용어고요. 심지어 단군의 할아버지 격인 '환인(桓因)'은 산스크리트어 'Sakrodevenam Indrah'를 한자로 음역한 데서 어원을 유추할 수 있다더라고요.

김박사 공부 좀 했는걸? 맞아. 'Sakrodevenam Indrah'는 원래 《리그베다》에 나오는, 비를 뿌리고 곡식을 자라게 하는 고대 인도의 신인데, 불교에 수용되면서 수미산 도리천에 거주하며 선악을 주관하는 신으로 숭배되었지.

심선생 한반도에 불교가 들어온 것은 삼국이 본격적으로 경쟁하는 4세기경이잖아요. 왜 삼국시대가 돼서야 본격적으로 수용되는 도교, 불교의 언어가 단군신화에 버젓이 들어가 있는 거죠?

김박사 환인의 다른 말인 '제석(帝釋)' 역시 불교적인 표현이지. 곰이 마늘을 먹었다고 하는데, 아시아 서부가 원산지인 마늘이 고조선 당시에 있었다? 이것도 이상하고.

심 선생 그리고 하나 더, 단군신화가 국가적 차원에서 체계화된 것은 조선시대잖아요. 종묘와 사직. 즉, 이씨 왕통을 확립하고 국호를 조선으로 하면서 한민족의 역사를 공식적으로 계보화한 거죠. "한민족 태초에 오래된 조선이 있었고 다시 이곳에 조선이 있노라." 뭐 이런 식이죠. 그래서 경복궁을 중심으로 동쪽에는 이씨 왕통을 상징하는 종묘를, 서쪽에는 한민족의 유구한 역사를 강조하는 사직단을 배치했던 거고요.

김 박사 오, 그러니까 네 말은 단군의 역사성이 매우 복합적이란 거지? 고려 후기의 절박한 상황도 반영되었고, 불교나 도교 같은 우리 민족의

유구한 전통과도 결합했고, 결과적으로 조선시대를 통해 완성되었다. 뭐 그런 이야기를 하고 싶은 거지?

좋은 통찰이야. 정도전은 《조선경국전(朝鮮經國典)》에서 '조선' 국호의 의미를 설명했고, 1429년(세종 11)에는 평양에 단군과 동명왕을 모신 사당을 세웠어. 1456년(세조 2)에는 단군 위패를 '조선 시조'로 확정하기도 했고.

**심 선생** 그렇죠. 제 말이 바로 그거예요. 이런 방식으로 생각하는 게 우리 민족의 유구한 역사성을 부정하는 식민사관이다? 아니죠. 저는 이렇게 역사적 맥락에 따라 사고하면서 우리 고대 문화를 현대에 잘 재현하는 게 중요하다고 생각해요.

## 고조선은 어디에 있었나

**심 선생** 선배는 고조선이 어디에 있었다고 생각해요? 요동인가요, 평양인가요? 아니면 이동한 건가요?

**김 박사** 도발적인 질문인데? 난 솔직히 이걸 엄밀하게 구성할 수 있을까 싶다. 관련 사료가 너무 적어. 그리고 모두 중국 측 사료라는 한계도 있어. 남의 나라 사료여서 문제가 있다는 말이 아니라, 사료의 구성이 일방적이야. 자국의 역사를 서술하면서 주변에는 이런 일도 있었더라는 식의 이야기거든.

사실 동이족, 예족, 맥족, 이런 용어조차 매우 불분명해. 사람들은 마치 고조선이 성립되기 이전에 중국 산둥반도에서 시작해서 만주와 한반도 북부 전체에 동이족 혹은 동이족과 예맥족이라는 광대하고 단일한 족속이 분포한 것처럼 생각하지만, 이것이야말로 중국 측 사서를 면밀히 이해하지 않고 맹목적으로 수용한 결과지.

**심 선생** 네, 맹목적이죠. 중국 입장에서 동이족은 동쪽의 오랑캐를 가리키는 말에 불과하죠. '동이', 즉 동쪽의 오랑캐라는 표현이 정확히 규정된 개념이 아니잖아요. 보통 산둥반도에 있던 오랑캐를 지칭하는 용어라지만, 동이와 서이의 구분이 모호하고, 꼭 산둥반도를 지칭한 것이 아니기도 하고요. 시기나 역사 발전의 과정에 따라 달라요.

그런데 참 단순하게 생각하는 거예요. 산둥반도도 동이족, 그 남쪽과 북쪽도 동이족? 더구나 요동과 만주에 예맥족이 있으니까 그것도 사실상 동이족. 그러니 우리 민족이 옛날에는 만주와 한반도는 물론 중국의 상당 부분도 차지했다고 생각할 수 있다는 거죠.

**김 박사** 예맥족에 대해서는 동이족보다 더 모르지. 예족과 맥족이 나뉘어 있는 건지, 예족과 맥족의 차이가 무엇인지, 기본적인 정보조차 너무 부족하거든. 중국과 멀리 떨어져 있던 곳이니까 기록의 불확실성도 고려해야 하고 말이야.

**심 선생** 그러니까요. 동이족이나 예맥족에 대한 그럴싸한 환상은 걷어내는 게 좋겠어요. 그리고 활동 영역이 곧 영토라는 식의 단순한 생각에서도 벗어나야 하고요.

**김 박사** 응. 잘 알겠지만, 역사를 연구하는 방법은 두 가지거든. 문헌을 살펴보거나, 유적과 유물을 조사하는 거야. 고대로 올라갈수록 기록이 없으니 유적과 유물의 가치가 급등하고, 새로운 문헌이나 유적이 발굴되면 서술 자체가 뒤바뀔 수도 있는 거지.

**심 선생** 그거야 일단 새로운 게 나왔을 때 하는 말이죠. 나오기 전까지는 기존 연구 결과에 따라 사고해야 하지 않나요?

**김 박사** 그렇지. 그게 근대 학문의 기본이야. 사실을 바탕으로 합리적 추론과 사고를 해야지. 그러지 않으면 상상이고 망상일 뿐이지.

**심 선생** 자, 얼른 본론을 말씀하세요!

**김 박사** 고고학적으로 본다면 고조선은 청동기시대에 형성된 국가야. 동이족이나 예맥족이 '족속'이라면 고조선은 분명히 '정치체'[5]야. 물론 초기 중국 문헌에서는 조선을 지명으로 부르기도 하지만, 여러 문헌을 살펴보면 '족속'과는 다른 '국가'로서의 고조선이 분명히 등장하거든.

《관자》 권23 〈경중갑〉 편과 〈규도〉 편에는 조선에 대한 기록이 나와. 호랑이 가죽이나 털가죽으로 만든 옷을 교역했다는 내용이 있는데, 조선은 중국 제나라에서 8,000리 떨어진 곳에 있다고 쓰여 있지. 그런데 여기서 8,000리는 상징적인 숫자야. 오월(吳越), 우씨(禹氏), 곤륜(崑崙)도 모두 8,000리로 쓰여 있거든. 그만큼 멀다는 뜻이지. 학자들은 중국과 고조선의 거리가 꽤 멀다 정도로 파악해. 그러니 적어도 베이징과 가까운 요서 지방에 고조선이 없었다는 결론에 이르는 거야.

---

5 **족속과 정치체** 족속은 국가가 아닌 씨족, 부족 같은 집단을 말하고, 정치체는 국가 혹은 국가에 준하는 정치 조직이 만들어진 사회를 뜻한다.

이와는 다른 주장도 있어. 《관자》뿐 아니라 《산해경》, 《전국책》 같은 중국 고대 문헌에 조선이라는 말이 등장하고, 직접 '교역'을 했다는 부분에 주목하면서 요하 일대에 고조선이 있었다고 보기도 하지. 한편, 여러 증거를 내세워 반박하며 애초에 고조선이 평양을 중심으로 한반도 북부에 있었다고 주장하기도 해.

그렇다면 문헌에서 확인되는 고조선이 실제로 있었다는 것을 어떻게 입증할 수 있을까?

심 선생 유적과 유물이겠죠. 만주와 한반도 북부에서 발견된 비파형 동검이나 거친무늬 거울, 미송리형 토기, 고인돌 등은 중국에서 발견된 유물과는 분명히 구별되니까요.

김 박사 맞아. 하지만 사실 학자들 간의 논쟁은 바로 이 지점에서 시작돼. 대강의 범주는 설정되지. 중국과는 확실히 다른 유적과 유물이 발굴되니까 말이야. 하지만 단적으로 요동이나 만주 일대를 보더라도 이곳이 고조선만의 거주지가 아니었거든. 동호, 숙신 같은 여러 족속이 분명히 존재했고, 매우 이른 시점부터 이들은 서로 경합을 벌이거나 서로 흡수하거나 혹은 다른 나라를 세우면서 각자 발전한다든지 복잡했어. 이런 것까지 고려하면 고조선의 위치를 놓고 열띤 논쟁을 벌일 수밖에 없지.

심 선생 진짜 중요한 이야기를 하셨다고 생각해요. 이 문제가 논쟁거리가 돼서 저도 여러 자료를 검토한 적이 있어요. 이해하기 어려운 용어가 수두룩하더라고요. '남동구 유형', '정가와자 유형', '팽이형 토기 문화권', '공병식 동검 문화', '하가점 상층 문화', '유병식 동검 문화', '동남구 문화', '요동 북부 지역군 대화방 유형', '요동 남부 지역군 쌍방 유형', '요동 남단 지역군 강상 유형' 등등.

**김박사** 문제는 이게 끝이 아니라는 거야. 봐봐, 통상적인 기준으로 보면 기원전 2333년에 고조선이 건국되었는데, 청동기 유적과 유물의 시기를 맞춰보면 기원전 1500년에서 기원전 1000년에 고조선이 등장하거든. 적게는 800년, 많게는 1300년 차이가 나.

이에 반해 고조선이 멸망한 시기는 정확하잖아. 한 무제가 쳐들어와서 위만조선을 멸망시킨 게 기원전 108년이야. 그러면 1,000년이 줄었다고 하더라도 고조선은 무려 1,000년 넘게 지속된 거야. 인류 역사에서 이렇게 단일하게 오래간 나라는 드물어. 무엇보다 이 기간을 뒷받침할 만한 증거는 턱없이 부족하고.

**심선생** 학교교육 때문인지는 모르지만, 적어도 청동기 시대부터 고조선이 쭉 이어져왔다는 것에 별다른 생각이 없었는데 좀 충격적인데요?

**김박사** 간혹 홍산 문화 이야기를 하는 사람들이 있는데, 이건 일단 논란이 많고 다른 영역이니까 제외하자.

**심선생** 쉽게요, 쉽게. 그래야 나도 써먹지.

**김박사** 사마천의 《사기》나 《한서지리지》, 《상서대전》 등을 보면, 주나라 무왕이 상나라를 멸망시킨 후에 '기자'를 풀어주자 그가 조선으로 망명했다는 식의 기록이 나와. 일명 '기자동래설'이지. 이 문헌들을 보면 시기가 대강 기원전 11세기로, 적어도 청동기 시대에 중국의 '기자'라는 인물이 망명할 만한 국가, 즉 고조선이라는 정치체가 있었다고 판단이 돼.

더구나 1970년에는 랴오닝 성의 서부 다링하 유역에서 기자 일족으로 추정되는 '기후(箕侯)'라는 명문이 새겨진 많은 청동기가 발굴돼. 유물의 제작 시기가 상나라 말기에서 주나라 초기로 추정되면서, 문헌의 기록을 뒷받침해주는 유물이라 볼 수 있어.

**심 선생** 그런데 통상 우리나라 고고학계에서는 '기자동래설'은 인정하지 않잖아요.

**김 박사** 그래. '기자동래설'을 받아들이지 못한 근본적인 이유가 또 있거든. "기자가 조선으로 건너왔다"라는 기록은 대부분 기원전 2세기에서 기원후 3세기 사이 문서에만 나와. 쉽게 말해 한나라 때 만들어진 문서들에만 나와. 복생의《상서대전》은 기원전 2세기에 쓰였고, 사마천의 사기《사기》〈송미자세가〉는 그로부터 약 50년 후에 쓰인 거야.

게다가 시간이 지날수록 내용이 발전해. 1세기 후반에 쓰인《한서지리지》에는 조선에 온 기자가 백성을 교화했고 농업은 물론 여러 문명화된 생활양식을 가르쳤으며, 8조법을 도입했다고 쓰여 있어. 다시 3세기에 쓰인《삼국지》〈오환선비동이전〉에는 기자의 후손이 40대에 걸쳐 조선을 다스린 내용이 추가되기도 하고.

그런데 진나라 이전의 문서에는 이런 내용이 전혀 없어.《상서》,《회남자》 등에 기자의 이야기가 나오는 것은 사실이지만, 조선으로 넘어왔다는 이야기가 없거든.

**심 선생** 춘추전국(기원전 8세기~기원전 3세기)을 진나라(기원전 221~기원전 206)가 통일하고, 다시 혼란기를 극복한 한나라(기원전 202~기원후 220)가 400년 왕조를 이루었는데 기록은 오직 한나라 때만 있다는 거군요. 쉽게 말해 기원전 3세기 이전 문서에는 내용이 없다는 거죠. 진한 교체기에 넘어온 위만이 상투와 조선인의 복장을 했다는 기록을 확대 해석해서 "위만은 연나라에 있었던 동이족이다"라 주장하고, 심지어 고조선과 마주하고 있던 춘추전국시대 때의 연나라 역시 동이족의 나라이며, 명도전을 비롯해 주로 만주와 한반도에서 발굴된 중국 화폐 역시 고조선의 것이라는 주장도 있더라고요. 주장의 옳고 그름을 떠나 역사학계가 민족주의적인 정서에 치우쳐 있는 거죠.

그런데 기자가 왔고 주나라 무왕이 그를 책봉했다? 자칫 기자동래설을 수용할 경우, 고조선이 중국의 지방정권 정도로 인식될 수 있는 위험에 대해 고려하지 않을 수 없었겠죠.

김박사 그래도 우리 학계가 동어반복적인 논문만 쏟아낸다든지, 근거 없는 주장을 담은 책을 버젓이 펴내고 그러지는 않잖아.

심선생 그러지는 않지만! 과거에 강대한 나라였고, 광대한 영토를 다스렸다는 식의 정서가 분명히 있어요.

김박사 비교할 걸 비교해라. 우리더러 식민사학자라고 비판하는 사람들이 뭘 하는지 냉정히 봐. 새로운 고고학적 성과를 낸다든지, 새로운 연구 방법론을 제시했다기보다 중국의 옛 문헌이 잘못됐다는 둥, 어떤 특정 유물이 문제가 많다는 둥 흠집 내기 주장이 대부분이야. 그것도 아니면 음모론밖에 더 있어?

총독부가 숨긴 어마어마한 문서가 현재 일본에 있다든지, 아니면 일제강점기 때 발굴된 특정 유물과 유적에 대한 기록이 부족한데, '아마도', '추정컨대' 여기에 뭔가 특별한 게 있었기 때문에 은폐한 것이라는 식으로 말이야.

**심 선생** 저도 마냥 우리 학계나 사회에 만연한 민족주의를 비판하고 싶진 않아요. 하지만 역사를 바라보는 시각이 일원론적으로 민족의 발전사만 설명하고, 우리가 한때 대단했고 잘나갔다는 식에 머문다면 이건 심각한 학문적 정체예요.

**김 박사** 민족주의 자체라기보다 우리가 익숙하게 사고하는 민족주의 세계관이 마음에 안 든다는 거지?

**심 선생** 역시 선배는 날카로워요. 민족주의는 중요한 가치가 있어요. 서양에서야 민족과 국가가 구분이 안 되지만, 우리에게 민족과 국가는 분명히 구분되고, 에릭 홉스봄도 인정했듯 오랫동안 동아시아가 다른 문명권과 다르게 발전해왔잖아요. 더구나 일제강점 35년 동안 자라온 한국만의 민족주의적인 정서도 고려해야 하고요. 이런 가치를 모두 무시하는 것엔 동의하지 않아요. 하지만 뻔하게 사고하는 건 분명히 개선되어야 해요.

예를 들면, 고구려는 언제나 강한 나라예요. 재야사학계에서는 이를 강조하죠. 기존 역사학계도 마찬가지죠.《삼국지》에 따르면 위나라 조조가 유주자사 관구검을 보내 고구려를 침략한 적이 있어요. 이때 고구려는 환도성이 함락되고 동천왕은 피신해 간신히 목숨을 지킬 수 있었죠. 소수림왕이나 광개토대왕이 나오기 전 상황도 매우 심각했고요. 이런 것들에 대해 사람들이 진지하게 숙고하기는커녕 사실관계조차 잘 모르잖아요.

**김박사** 어디 그뿐이겠어. 광개토대왕, 장수왕 이후는 어땠나. 광개토대왕의 현상 유지 정책은 나제동맹의 여지를 주었고, 무엇보다 신라가 발전할 수 있는 여지를 만들었거든. 장수왕 또한 귀족 세력을 억누르기 위해 평양으로 천도했지만, 결국 평양성 귀족만 양성하는 꼴이었고 집권 후반기부터 귀족 간의 갈등이 본격화되잖아.

**심선생** 왜 항상 자부심만 가져야 하는지 의문이 듭니다. 여러 사건에 대한 세밀한 검토, 우리의 부족함에 대한 객관적인 인식을 하는 게 스스로를 비하하고, 식민사관에 물든 태도인가요?

더구나 그간 학계에서 사회사, 생활사, 여성사 같은 분야가 개척되고, 정치사 부분에서도 다양한 연구 결과가 나오고 있는 마당에, 정작 그것을 담는 큰 틀은 하나도 안 바뀌었어요. 그게 문제라고 생각해요.

## 낙랑군은 평양에 있었나

**김박사** 좋은 지적이야. 사실 식민사관이니 민족주의니 말하지만, 고조선을 둘러싼 논쟁은 조선 후기 실학자들의 발상을 그대로 계승한 측면도 있거든.

**심선생** 그건 또 무슨 이야기예요?

**김박사** 낙랑군 평양설 들어봤지?

**심선생** 그게 논란의 핵심이잖아요. 고조선은 요동에 위치하고 있었고 최후에 멸망할 때도 평양이 아니라 요동에 있었다는 거예요. 도대체 왜 평양에 있으면 안 되고, 요동이어야만 하는지. 강하고 광대하면 자랑스럽고, 약하고 한반도에 있으면 부끄럽다는 건데, 이렇게 열등감에 가득 찬 주장이 어디 있어요?

**김박사** 흥분하지 말고 들어봐. 나카 미치요, 시라토리 구라키치, 이나바 이와키치, 이마니시 류 등 일본 역사학자들이 낙랑군을 비롯해 고조선을 멸망시킨 후, 한 무제가 세운 한사군[6]이 어디에 있었는지에 대해 연구했지. 낙랑군은 평양, 임둔군은 강원도와 함경도를 포함한 어딘가로, 현도군은 함흥에 있다가 압록강 이북으로 옮겨갔다는 점에 대해 나름 합의를 이끌어냈어. 이에 비해 진번군의 위치를 놓고 설왕설래하지만 한사군이 한반도 북부에 있었다는 것에 대해서는 대부분 의견이 일치해.

세키노 다다시는 20세기 초에 한반도에서 직접 고적 조사를 해서 대동강 유역의 석암동 고분을 발굴하기도 했어. 일부에서는 이 활동을 두고 '한사군 한반도 조작설'을 주장하기도 했지.

**심선생** 역시 박사는 달라요. 어려운 말들이 줄줄 나오네요. 그런데 이야기가 여기서 끝이 아닌 거 같은데요?

**김박사** 응. 사실 이런 식의 고민은 일제 식민사학자들이 처음 이야기한 게 아니야. 조선 전기 《세종실록지리지》와 《고려사지리지》, 《동국여지승람》 등도 낙랑군을 비롯한 한사군이 한반도 안에 있었다고 보거든. 박상

---

6 **한사군** 기원전 108년~기원전 107년에 한 무제가 고조선을 멸망시키고 세운 4개의 군현. 낙랑, 현도, 임둔, 진번을 가리킨다.

의 《동국사략》이나 한백겸의 《동국지리지》는 이를 더욱 구체화해 낙랑군은 평양, 임둔군은 강릉 일대, 현도군은 함경도, 진번군은 강원도와 황해도 일대로 보지. 그럼 이것도 식민사학인가?

**심 선생** 전 이런 식의 논리는 문제가 많다고 생각해요. 전근대사회에서 영토의 개념도 민족이나 국가라는 개념도 오늘날과 같지 않잖아요. 심지어 조선시대 때 우리 민족을 바라보는 태도와 일제강점기 및 오늘날 우리가 자신을 바라보는 태도에도 다 차이가 있건만.

**김 박사** 내 이야기를 좀 더 들어봐. 조선 후기로 가면 서학이나 고증학에 영향을 받으면서 역사학이 더욱 발전하거든. 연구 결과도 더 구체적이고 말이야. 유득공의 《사군지》, 정약용의 《아방강역고》, 한진서의 《해동역사속》 〈지리고〉는 내용은 좀 다르지만 대부분 한사군의 위치를 한반도 내로 봐. 유득공과 정약용은 낙랑군을 평안도 중심으로 보았고, 정약용의 경우 임둔군을 경기도 서쪽으로 보기도 해. 또한 진번군은 압록강 바깥쪽으로 보기도 하고. 이들은 대부분 《요사》 〈지리지〉에 대한 비판적 인식에서 출발하거든. 이익은 낙랑군과 대방군이 요동에 있었다고 주장하지만, 정약용이 이에 대해 조목조목 비판하고….

**심 선생** 아, 잠시만요. 유득공의 주장이 매우 인상적인데요?

**김 박사** 네가 관심 보일 줄 알았다. 하하. 유득공은 거의 1,000년 만에 발해를 우리 역사로 끌어들인 인물이잖아.

**심 선생** 그렇죠. 우리가 유득공의 《발해고》를 이해하는 방식도 매우 전형

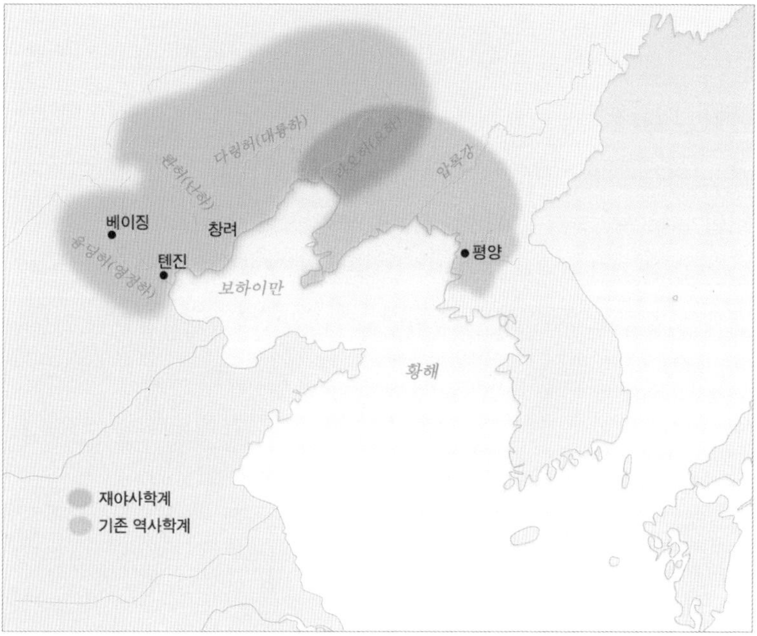


**고조선의 위치** 고조선의 위치와 의미를 두고 의견이 분분하다. 일부 민족사학자들과 재야사학자들은 낙랑이 요동 일대에 존재했다고 주장한다. 하지만 역사학계에서는 고고학적인 증거를 무시한 채 일부 문헌 사료만을 취합한 이 주장은 사실이 아니라고 비판하며 인정하지 않는다.

적이잖아요. 고구려의 뒤를 이어 광대한 영토를 장악하며 대륙을 호령했던 우리 민족! 중국의 동북공정 때문에 뜨거운 감자가 돼버리긴 했지만. 여하튼 선배 말이 의미심장하네요. 그러면 유득공은 대륙주의자인가, 식민사학자인가? 모호해지잖아요? '대륙–요동과 만주–광대함–강력함'과 '한반도–작음–나약함' 식으로 대비해 민족사를 이해하면 안 되니까요.

**김박사** 하나 더 비틀어줄까?

심 선생 또 뭐죠?

김 박사 일제강점기에 일본 식민사학자들이 발굴한 고분은 70여 기 정도야. 그리고 해방 이후 북한에서 발굴한 낙랑군 관련 고분의 수가 1990년대 중반까지 무려 2,600여 기였어. 특히 평양 정백동 364호 고분에서 나온 '초원[7] 4년 호구부' 목독은 기원전 45년경에 낙랑군이 이 지역에서 세금과 부역을 관리했다는 것을 입증하는 중요한 자료야. 어디 그뿐인가? 황해도, 평안도의 벽돌무덤에서는 낙랑군과 대방군을 관리하던 중국 왕조의 연호가 시기별로 정확히 기록된 벽돌과, 왕씨와 한씨 같은 중국 성씨가 쓰인 벽돌도 출토되었어. 심지어 '장잠현의 현장', '오관연'처럼 군현의 관리 이름도 쓰여 있고.

심 선생 2,600개라….

김 박사 이상하게 들릴지 모르겠지만 놀랍게도 낙랑군 지배층의 무덤들에서 세형동검이 발굴됐어.

심 선생 세형동검이요? 그건 한반도에서만 나오는 고유 유물이잖아요?

김 박사 그래서 한국형 동검이라고도 부르지. 좀 전에 이야기한 '초원 4년 호구부'에서도 세형동검 계통의 유물이 발견됐고, 고상현이라는 인물의 무덤에서도 세형동검이 발견돼. 더구나 낙랑군이 운영한 25개 현의 호구 수를 보면 격차가 심한데, 당시 중국에서는 인구 기준으로 군현을 나누었기 때문에 이런 편차가 발생하지 않거든. 이게 무슨 의미겠어?

---

7 초원(初元) 중국 전한(前漢)의 원제(元帝) 대에 사용한 연호(기원전 48년~기원전 44년).

**심 선생** 일본 식민사학자들이 주장한 논리! 지배층은 중국인이고 피지배층은 조선인이라는 이분법적인 논리가 깨질 수밖에 없겠네요. 중국에서 넘어온 이주민조차 토착 문화에 영향을 받았고, 고조선 당시의 사회 구조가 깨지지 않았다는 것을 유적과 유물을 통해 확인할 수 있단 말인 거죠.

**김 박사** 그렇지. 식민 기관을 설치한 한나라는 이미 망했고, 역사서에도 낙랑군은 거의 등장하지 않거든. 그러다가 뒤늦게 고구려에 멸망이 되니 존속 기간이 길었다 하더라도 평양 일대 도시국가로만 존재했다는 평가도 가능하고. 여하간 중요한 사실은 단순 도식도로 볼 수 없는 매우 역동적인 고대사가 있었다는 거야.

**심 선생** 흐음, 그러네요. 어렵고 복잡해서 고도의 해석학적인 과정이 있어야 할 것 같아요.

## 문명을 바라보는 시각

**김 박사** 그런데 내가 외국에 오래 있다가 들어와서 보니, 요즘에는 초고대문명에 대한 이야기도 많이 한다면서? 상고사라는 말도 쓰던데?

**심 선생** 네. 상고시대에 환국과 배달국이 아시아를 호령했다느니, 카자흐스탄 같은 중앙아시아 국가도 단군이 세웠다느니, 고구려 강역이 시베리아를 포괄했다느니 기기묘묘한 주장들이 넘쳐나요.

**김박사** 응. 그건 문명에 대한 잘못된 이해에서 비롯한 거야. 우리가 학교에서 배운 것만 가지고도 충분히 사고할 수 있는데, 생각해봐. 기원전 3500년경부터 발달한 메소포타미아문명을 비롯해 4대 문명의 범위는 매우 작았어. 그마저도 메소포타미아의 경우 도시국가들이 난립했고, 황허문명도 기껏 해봤자 황허강 일대에서 단계적으로 발전해나갔을 뿐이고 말이야. 황허강 일대가 상당히 비옥한 지역임에도 왕궁의 규모가 초라하기 짝이 없고, 흙과 짚을 엮어서 넓게 지은 건물 정도에 불과하거든.

**심선생** 그렇죠. 나라 규모가 크려면 그만큼의 수준이 되어야 하죠. 농업 생산력은 기본이고 제국을 유지하기 위해 갖추어야 하는 통치 체제라든지 군대의 수, 관료나 군인을 이동시킬 수 있는 체계적인 교통로 등등. 뭐 그런 것들이 뒷받침돼야 하고요.

**김박사** 그렇지. 많이 똑똑해졌단 말이야. 인류 4대 문명의 경우 매우 비옥한 지역에서 성장했거든. 무엇보다도 큰 강이 있었지. 이집트문명의 경우 나일강이 주기적으로 범람했기 때문에 퇴비를 별도로 확보할 필요가 없었어. 인더스문명은 벽돌을 만들어서 도시를 구성하기에 유리한 토양이 있었지.

과거 시베리아와 만주 일대에 거대한 제국이 있다고 가정해보자고. 어떻게 유지가 될 수 있을까? 무슨 힘으로?

**심선생** 맞아요. 광대함을 강조하지만, 도대체 그 광활한 땅에 문명이 존재할 수가 없죠. 단지 광활할 뿐이죠. 막연한 영토에 대한 동경, 하지만 중국 대륙은 중국인의 것이니 건드릴 수 없어서 만주와 시베리아를 건드리는 것 아닌가요? 만주에서 벼농사가 시작된 게 구한말 조선인들에

**인류 4대 문명** 인류 최초의 문명은 보통 기원전 3500년에서 기원전 2000년경 사이에 등장했다. 문명이 발생한 곳은 주로 북반구에 위치하고 큰 강을 끼고 있어 농업 발전에 유리한 지형적 조건을 지녔다. 한편, 만주는 밭농사와 목축 중심의 수렵 지대이며, 시베리아는 사람들이 정착 생활을 하기에 매우 어려운 환경이었다. 또 몽골 일대는 유목이 생존의 방식이었다. 그렇다면 한반도 북부–만주–몽골–시베리아를 가로지르는 초고대문명의 성립이 과연 가능했을까?

의해서라는 것을 고려한다면, 이 지역의 한계는 뚜렷하잖아요. 더구나 기후학적으로 보았을 때, 지구 기온의 변화에 따라 유목 민족이 만리장성 이남 지역으로 밀려들어 오거나 한반도로 남하하는 것도 고려해야 하는데 말이에요.

김박사 응. 작은 정보를 두고 과장된 해석을 하는 것도 지적해야 한다고 봐. 노인울라 20호 고분에서 발견된 은제 장식에 대해 들어봤어? 흉노 무덤에서 그리스 신상이 나온 거야. 그러면 흉노가 그리스인일까, 그리스인이 흉노일까? 작은 단서를 갖고 마구잡이로 해석하면 안 되거든.

초고대문명을 기마민족으로 해석하기도 하더라. 그런데 이게 그렇게 간단한 주제가 아니야. 유목 생활을 하려면 우선 말을 길들여야 해. 처음에는 말안장이 없어서 엉덩이 부분에 걸터앉거나 했어. 말의 허리에 무리를 주니까 편하게 걸터앉을 수가 없었지.

심 선생 그래서 전차가 먼저 만들어진 거예요. 말이 수레를 끌면 문제가 해결되니까요. 그리고 이후 청동 기마 도구 등이 발달하면서 비로소 병사들이 말 위에 걸터앉게 된 거고요. 이 과정 하나하나가 꽤 시간이 걸렸을 거고.

김 박사 그래. 최소한의 유목 생활을 고려하더라도 기원전 3500년 이상을 넘기가 어려워. 그마저도 우크라이나의 드네프르강 중하류 지역의 데레이프카에서 유적이 발굴되기도 했고, 카자흐스탄 북부의 보타이에서도 10톤에 이르는 말뼈가 발굴되면서 확실해졌지. 오해하면 안 되는 게 오아시스에서 발전한 문화는 별개 문제야. 만주 일대 또한 유목 지대가 아니라 수렵 지대이기 때문에 별도로 생각해야 해.

심 선생 시베리아, 만주, 중앙아시아라고 쉽게 말하지만, 간단히 엮을 문제가 아니군요.

김 박사 응. 이야기를 좀 더 해볼게. 네가 이쪽에 대해선 나보다 모를 테니…. 내가 잘난 척 좀 해보자.

심 선생 인정! 이야기해보세요. 이렇게 쉽게 이야기해주니 재밌네.

**김박사** 역사상 강력한 형태로 등장하는 최초의 유목민 집단은 스키타이야. 기록으로도 확인할 수 있어. 기원전 9세기경부터 역사의 전면에 등장하고 동아시아에 청동기를 전파한 집단이라고 하지.

**심선생** 고조선이 역사에 등장하는 시기와 비슷하네요.

**김박사** 응. 스키타이는 아랄해부터 미누신스크, 아르잔까지 주로 우랄산맥 동쪽이 원주지였는데, 기원전 7세기 초 카스피해와 캅카스산맥을 넘어 오늘날 서아시아 일대에 등장해. 아시리아, 메디아 등이 메소포타미아 일대에서 세력 다툼을 벌이는 데에도 개입했고 이집트 원정에 나서기도 해. 심지어 흑해 일대까지 진출했기 때문에 그리스 역사가 헤로도토스의 《역사》에 기록되기도 했고, 이후 아케메네스 페르시아하고 충돌하기도 했지. 페르시아에서는 '사카', 중국에서는 '색(塞)'으로 기록하고 있는데 뛰어난 청동기 문화를 바탕으로 중앙아시아 일대를 오가며 막강한 영향력을 발휘했어. 대단하지 않아?

**심선생** 듣고 보니 당시 만주나 시베리아 쪽은 비었거나, 적어도 눈에 띄는 활동을 찾아보기 어렵네요?

**김박사** 제법 눈치가 빠르네. 맞아, 당시 중국 일대는 어땠을까? 안타깝게도 유목 민족의 활약을 찾아볼 수가 없어. 기원전 6세기경, 그러니까 춘추시대에 기록된 융(戎), 적(狄) 등도 사실 대부분 정착 생활을 하며 전투하던 이들이었거든.

**심선생** 정착이요? 정말요?

**김박사** 중국 문헌에 따르면 유목하며 기마전을 펼치던 사람들은 '호(胡)'라고 불렀는데 동호, 임호, 누번, 흉노 등이 대표적이야. 이들이 본격적으로 등장한 시기는 기원전 4세기에서 기원전 3세기야. 그 이전의 이야기를 구체화할 수 있는 근거는 현재로서는 아주 미미해. 전반적으로 유목 지역에서 국가가 등장하는 것은 농경 지역보다 한참 늦어. 그것도 농경 지대를 약탈해서 이루어진 거고.

**심선생** 네, 선배의 이야기들은 정말 의미심장해요. 문명이나 국가가 성립될 수 있는 기본 조건과 고고학적으로 발굴되는 세계 역사학계의 연구 결과를 고려해야 한다는 거죠. 저는 '연속성'에 대한 개념도 제대로 알아야 한다고 생각해요.

**김박사** 연속성?

**심선생** 네. 많은 사람이 '누구의 자식이 흉노족의 누구니까 흉노족은 우리 민족이다' 뭐 이런 식으로 설명하거든요. 이건 사실 '혈통주의'에 근거한 '계보학'이잖아요.

근데 혈통주의 자체의 역사도 매우 복잡해요. 기준이 부계인가, 모계인가. 모계는 모권을 의미하는가에 관해서도 이야기해볼 수 있고, 부계가 형제 상속이냐 장자 상속이냐 등으로 분화되기도 하고요.

같은 나라라도 시기에 따라 계승 방식이 다르기도 했죠. 그래서 삼국시대를 공부하다 보면 왕위 부자 상속 확립이라는 말이 나와요. 삼국시대 중앙집권화가 이루어지면서 기존의 여러 왕위 계승 방법이 사라지고, 일반적으로 부자 상속을 하게 되었죠. 그런데 그것이 어디 그대로 내려가나요? 신라의 경우 진골 귀족이 혈통적인 우월성을 오랜 시간 확보했기 때문에 통일신라 후기로 가면 다시 왕위 쟁탈전이 벌어지잖아요. 조선의 경우 어리석은 왕을 세우는 일은 있어도, 새로운 왕조를 여는 일이 없고요. 문화적으로 유교의 영향이 컸으니까요.

**김박사** 역사는 연속적이지 않은 측면이 있다?

**심선생** 네. 누구의 자식이 흉노족의 누구고, 알고 보니 그 누구가 동호족이거나, 중국인이니 결국 동북아시아 역사는 모두 우리다. 이 발상 자체도 문제지만, 그보다도 혈통을 바탕으로 계보를 정리하는 발상, '누구의 자식이 누구이다'라는 발상이 민족보다 뒤늦게 나타난 개념이라는 거죠. 그 점을 모르기 때문에 생기는 문제 같아요.

**김박사** 후훗. 인터넷 보니까 메소포타미아문명이 그리스 문명을 낳았다는 주장도 있던데….

**심선생** 상상도 적당해야죠. 어떻게 메소포타미아문명이 그리스 문명의 어머니예요. 그러면 삼국시대 이후 한민족의 문화가 대부분 중국을 통해 건너왔으니, 삼국이건 고려건 조선이건 모두 중국 문화의 지류 혹은 아류에 불과한 건가요?

이집트문명이 크레타문명에 영향을 주었다 해도 이집트문명과 크레타문명이 매우 다르고, 다시 크레타문명이 그리스 본토 문명에 영향을 주었다고 해도 역시 뚜렷한 차이가 있잖아요. 더구나 도리아인의 침략과 지중해 일대에서의 강력한 지진 등으로 무려 400년 이상의 암흑시대를 보낸 후에 폴리스가 만들어지는데, 이 틈이나 단절은 무엇으로 설명하려고요.

**김박사** 그렇지. 더구나 고대 폴리스가 오늘날 그리스라는 나라와 얼마나 연관 있을까. 그리스는 이후 로마의 영토가 되고, 다시 비잔틴 제국이 되었고, 또 이슬람 제국이었던 오스만의 영토이기도 했는데 말이야.

## 결국 다시 민족문제로

**심선생** 그렇죠. 뭐든 대강대강 연결만 되면 하나라고 생각을 하죠. 그런 식으로 따지면 오늘날 한민족과 동남아시아인이 혈통적으로 상당히 유사하다고 하니 같은 민족 아닌가요? 일본인과는 동일하다고 하니 한민족과 일본인이 하나고요.

그런데 그렇지 않잖아요. 언어가 다르고, 문화가 다르고, 역사적 경험이 다르면 결국 다른 민족이 되는 거죠. 인류의 시작이 《성경》에 나오는 아담에서 시작되었든, 아프리카의 오스트랄로피테쿠스에서 시작되었든 어찌 됐건 '인간'이라는 동일 종인데, 막연히 '인간'이라고 부르지 않고 민족이라고 부르는 것은 그만큼 복잡다단한 역사적 과정이 있었다는 것을 전제하는 거죠.

**김박사** 맞아. 민족은 역사적 과정을 통해 만들어진 잠정적인 덩어리거든. 계속 바뀌어나가고, 변형될 수 있고, 사라져버릴 수도 있고. 불과 얼마 전까지 한민족은 단일민족이라고 강조했는데, 최근에는 이렇게 이야기하지 않잖아? 우리 역사에 대한 연구가 축적되면서 단일민족의 신화가 깨지기 시작했고, 결혼 이민자와 국제결혼이 늘면서 사회구조에 변화가 생기기도 하고 말이야.

심 선생 고조선과 부여가 하나의 민족이다? 그럴 리가 없죠. 고조선은 중국과 상호 교류하면서 발전했고, 부여는 북만주 일대에 자리하면서 중국과의 교류가 거의 없었죠. 고구려, 백제, 신라의 언어가 각각 달랐고, 발해와 신라가 서로를 통일해야 한다고 느끼지 않았던 것을 보면, 이 역시 오늘 우리가 만들어놓은 계보와는 거리가 있다고 추측할 수 있죠.

김 박사 민족이 존재하면서 나라가 없는 경우도 있어. 제2차 세계대전 전의 유대인이 대표적이지. 반대로 다양한 민족이 섞여 하나의 나라를 이루면서 새로운 공동체로 발전하는 경우도 많고 말이야. 과거 냉전시대의 유고슬라비아라든지, 오늘날 미국이 대표적이잖아. 미국의 경우 영국인부터 아일랜드인까지 단계적으로 이민 온 사람들을 민족이라고 규정할 순 없겠지. 혈통적인 측면보다 종교적 혹은 문화적 차이가 더 큰 영향을 미치기도 하고. 그래서 미국에서는 민족보다는 국가, 그리고 미국이라는 나라에 대한 자부심과 애국심을 강조하잖아. 우리가 느끼는 민족 감정과는 상당히 다른 감정을 공유하지.

유고슬라비아의 경우 공산주의라는 틀 속에서 '티토'[8]라는 지도자의 역량으로 잘 지냈지만, 지금은 여섯 개 나라로 쪼개졌고 엄청난 분란을 경험했지. 종교적인 차이, 인종적인 차이 등 온갖 게 문제가 되거든.

심 선생 저는 황당한 고대사 논쟁을 보면서 일련의 위기감을 느껴요. 근대 학문의 위기 이전에 인류가 오랫동안 발전해오면서 이루어낸 문화적 성취라는 게 있잖아요. 그것이 오히려 현대사회로 들어오면서 흐트러지

---

8 **티토**(1892~1980) 유고슬라비아의 대통령. 발칸반도의 다양한 역사성과 종교적 이해관계를 잘 해결하는 한편, 권위적인 통치 방식으로 독자적인 공산주의 노선을 고수했다.

고 망가지는 느낌이랄까요.

더구나 해방 이후 우리 민족이 숱한 고초를 겪으면서 여기까지 왔고, 경제적으로나 문화적으로나 발전했잖아요. 제가 대학 다닐 때만 하더라도 제대로 된 역사 교양서를 찾아보기가 쉽지 않았는데, 지금 서점에 가면 다양한 종류의 책이 넘쳐나요. 그런데 풍요 속의 빈곤이랄까요? 말도 안 되는 주장들이 온라인을 통해 지지자를 모으고 그것이 칼날이 되어 인문적 토양 자체를 파괴하는 걸 보면서 두렵기도 하고 화도 나고 답답하네요.

**김박사** 동의해. 오늘 이 대화를 기억하고 네 말처럼 나도 책임 있게 나서 볼게. 으쌰!

인터넷상에 오르내리는 고대사에 대한 왜곡된 주장은 진화하고 발전하는 것 같지만 사실 매우 단순하다.

첫째, 입증하기 힘든 아주 옛날 일을 다룬다. 그래야 학문적인 정교한 비판을 벗어날 수 있기 때문이다.

둘째, 무조건 화려한 영광만 강조한다. 하지만 이는 심각한 열등감에 불과하다. 세상 어느 나라가 항상 잘나가기만 했을까?

셋째, 조금이라도 연관성이 있으면, 모두 우리 역사라고 주장한다. 사절단을 파견하거나 교류의 흔적일 수도 있는 것을 우리가 점령한 영토라고 단순화한다.

넷째, 기존 역사학계를 식민사학계라고 매도한다. 하지만 구체적인 증거가 없고, 선동할 수 있는 몇몇 주장만을 반복한다.

다섯째, 종교적인 주장도 서슴지 않는다. 중국, 일본의 동북공정이나 역사 왜곡과 거의 유사한 주장을 내세우며, 자민족우월주의에 빠져 있다.

이런 행태는 일제강점기 식민사학자들이 제국주의 침략을 합리화하기 위해 수행했던 방식과 흡사하다. 이런 태도는 한·중·일 간의 갈등을 불러일으키며, 동아시아 평화에 해가 된다.

견해가 다르다고 고대사 파동의 문제를 신채호 대 이병도, 민족주의 사학 대 식민주의 사학, 애국 대 매국의 대립 구도 속에서 파악하는 것은 위험하다. 학문적 발전을 저해함은 물론 사회적 갈등을 부추길 수 있기 때문이다. 학문적 합리성 위에서 우리 고대사를 이해해야 한다.

## 참고 문헌

### 1.일본군 '위안부', 돌아오지 못한 여성들


- 와다 하루키 지음, 정재정 옮김, 《일본군 '위안부' 문제의 해결을 위하여》, 역사공간, 2016
- 요시미 요시아키 지음, 남상구 옮김, 《일본군 위안부 그 역사의 진실》, 역사공간, 2013
- 요시미 요시아키 지음, 이규태 옮김, 《일본군 군대 위안부》, 소화, 2006
- 한국정신대문제대책협의회, 전쟁과 여성 대상 폭력에 반대하는 연구행동센터 엮음, 《그들은 왜 일본군 '위안부'를 공격하는가》, 휴머니스트, 2014
- 윤명숙 지음, 최민순 옮김, 《조선인 군위안부와 일본군 위안소제도》, 이학사, 2015
- 박유하 지음, 《제국의 위안부》, 뿌리와이파리, 2015
- 정영환 지음, 임경화 옮김, 《누구를 위한 '화해'인가》, 푸른역사, 2016
- 우에무라 다카시 지음, 길윤형 옮김, 《나는 날조 기자가 아니다》, 푸른역사, 20016
- 스즈키 유코 지음, 이성순 · 한예린 옮김, 《일본군 위안부 문제와 젠더》, 나남, 2010
- 우에노 지즈코 지음, 이선이 옮김, 《위안부를 둘러싼 기억의 정치학》, 현실문화, 2014


### 2. 친일파, 그들은 '기회주의자'다


- 친일인명사전편찬위원회 엮음, 《친일인명사전 1~3》, 민족문제연구소, 2009
- 대통령 소속 친일반민족행위진상규명위원회 펴냄, 《친일반민족행위관계사료집》, 선인, 2009
- 이기훈 지음, 《청년아 청년아 우리 청년아》, 돌베개, 2014


### 3. 식민지 근대화론? 근대화의 말뜻부터 따져보기


- 이영훈 지음, 《대한민국 역사》, 기파랑, 2013
- 이병천 외 엮음, 《식민지 유산, 국가 형성, 한국민주주의 1, 2》, 책세상, 2012
- 윤해동 외 엮음, 《근대를 다시 읽는다 1, 2》, 역사비평사, 2006
- 마쯔모토아케노리 지음, 〈'식민지 근대화론' 논쟁을 넘어가기 위한 귀중한 걸음〉, 《내일을 여는 역사 48》, 선인, 2012

- 허수열 지음, 〈《일제초기 조선의 농업: 식민지 근대화론의 농업개발론을 비판한다》에 대한 서평〉, 《내일을 여는 역사 48》, 선인, 2012
- 김필동 지음, 〈근세 촌락사 연구의 새로운 지평(안병직 · 이영훈 편저 《맛질의 농민들》, 일조각 2001)〉, 《창작과비평 114》, 창작과비평사, 2001
- 최윤오 지음, 〈조선 후기 사회를 어떻게 볼 것인가: 조선 후기 사회경제사 연구와 근대-지주제와 소농경제를 중심으로〉, 《역사와현실 45》, 한국역사연구회, 2002
- 미야지마 히로시 지음, 〈내가 보는 조선후기상과 토지조사사업〉, 《역사비평 60》, 역사비평사, 1987
- 조석곤 지음, 〈수탈론과 근대화론을 넘어서: 식민지시대의 재인식〉, 《창작과비평 96》, 창작과비평사, 1997
- 조석곤 지음, 〈식민지 근대화론 연구성과의 비판적 수용을 위한 제언〉, 《역사비평 75》, 역사비평사, 2006
- 김태우 지음, 〈식민지 근대화론, 패러다임 자체에 대한 비판적 접근〉, 《한국역사연구회회보 41》, 2000
- 박찬승 지음, 〈식민지 근대화론에 매몰된 식민지 시기 서술〉, 《역사비평 83》, 역사비평사, 2008
- 정연태 지음, 〈식민지 근대화론을 발본적으로 비판한 생산적 논쟁의 전범: 허수열, 《일제초기 조선의 농업》 (한길사, 2011)〉, 《역사와현실 83》, 한국역사연구회, 2012
- 이준식 지음, 〈식민지 근대화론의 비판적 검토〉, 《한국역사연구회회보 26》, 1996
- 허수열 지음, 〈식민지 근대화론의 주요 주장의 실증적 검토〉, 《내일을 여는 역사 59》, 선인, 2015
- 곽은희 지음, 〈식민지와 근대〉, 《현대사상 9》, 2011
- 타키자와 히데키 지음, 〈안병직 교수에게 감히 묻는다〉, 《역사비평 43》, 역사비평사, 1998
- 이기홍 지음, 〈양적 방법의 지배와 그 결과: 식민지 근대화론의 방법론적 검토〉, 《한국사회학 50》, 2016
- 정병욱 지음, 〈역사의 주체를 묻는다: 식민지 근대화론 논쟁을 둘러싸고〉, 《역사비평 43》, 역사비평사, 1998
- 백일 지음, 〈이영훈 등 뉴라이트의 한국 근대사 식민사관 비판: 부활하는 조선 사회 정체론과 자본주의 맹아론의 재검토〉, 《마르크스주의 연구 2》, 2005
- 정연태 지음, 〈식민지 근대화론의 새로운 성과에 대한 비판적 검토〉, 《역사비평 58》, 역사비평사, 2002
- 이호철 지음, 〈조선시대 사회경제사연구의 새로운 지평을 위하여: 이영훈 교수의 《조선후

기 토지소유의 기본구조와 농민경영》 등에 대한 비판〉, 《역사비평 2》, 역사비평사, 1988
- 이영훈 지음, 〈조선시대 사회경제사연구의 새로운 진전을 위하여: 이호철 교수의 비판에 답한다〉, 《역사비평 3》, 역사비평사, 1988
- 배성준 지음, 〈식민지 근대화론을 비판한다: 1930년대 일제의 '조선공업화'론 비판〉, 《역사비평 30》, 역사비평사, 1995
- 김도균 지음, 〈한국의 재분배 정치의 역사적 기원: 박정희 시대의 조세정책과 저축장려정책〉, 《사회와역사 98》, 2013

## 4. 이승만, 그 맹목적인 믿음과 마주하기

- 서중석 지음, 《한국현대민족운동연구 1, 2》, 역사비평사, 1996
- 서중석 지음, 《지배자의 국가, 민중의 나라》, 돌베개, 2010
- 도진순 지음, 《분단의 내일 통일의 역사》, 당대, 2001
- 역사문제연구소 엮음, 《1950년대 남북한의 선택과 굴절》, 역사비평사, 1998
- 박찬표 지음, 《한국의 국가 형성과 민주주의》, 후마니타스, 2007
- 김동춘 지음, 《전쟁과 사회》, 돌베개, 2000
- 김동춘 지음, 《이것은 기억과의 전쟁이다》, 사계절, 2013
- 박찬승 지음, 《마을로 간 한국전쟁》, 돌베개, 2010
- 박찬승 지음, 《대한민국은 민주공화국이다》, 돌베개, 2013

## 5. 박정희, 포괄적인 견지에서 생각해보기

- 김효순 지음, 《간도특설대》, 서해문집, 2014
- 김보현 지음, 《박정희 정권기 경제개발》, 갈무리, 2006
- 조희연 지음, 《동원된 근대화》, 후마니타스, 2010
- 강상중 · 현무암 지음, 이목 옮김, 《기시노부스케와 박정희》, 책과함께, 2012
- 유종일 외 지음, 《박정희의 맨얼굴》, 시사인북, 2011
- 이병천 외 지음, 《개발독재와 박정희 시대》, 창비, 2003
- 정태헌 지음, 《문답으로 읽는 20세기 한국경제사》, 역사비평사, 2010
- 돈 오버더퍼 · 로버트 칼린 지음, 이종길 · 양은미 옮김,《두 개의 한국》, 길산, 2014
- 민주화운동기념사업회 연구소, 《한국민주화운동사 1~3》, 돌베개, 2008
- 박원순 지음, 《야만시대의 기록 1~3》, 역사비평사, 2006

- 홍성민 지음, 〈감정구조와 대중정치학-박정희 향수에 대한 문화이론적 접근〉, 《정치사상연구 21》, 2015
- 한배호 지음, 〈박정희, 경제강국을 이룩한 혁명적 정치가, 《한국사 시민강좌 50》, 일조각, 2012
- 조희연 지음, 〈박정희 시대 재평가 논의의 인식론적 성격과 쟁점들〉, 《경제와 사회 67》, 비판사회학회, 2005
- 박태균 지음, 〈박정희 정부 시기를 통해 본 발전국가 담론에 대한 비판적 시론〉, 《역사와 현실 74》, 한국역사연구회, 2009
- 이덕재 지음, 〈박정희 정부의 경제정책: 양날의 칼의 정치경제학〉, 《역사와현실 74》, 한국역사연구회, 2009
- 박승호 지음, 〈박정희는 경제 발전의 공로자인가?: '산업화, 민주화' 담론과 '공과' 론의 함정〉, 《내일을 여는 역사 52》, 선인, 2013
- 최광승 지음, 〈박정희는 어떻게 경부고속도로를 건설하였는가〉, 《정신문화연구 33》, 한국학중앙연구원, 2010
- 조석곤 지음, 〈박정희신화와 박정희체제〉, 《창작과비평 33》, 창비, 2005

## 6. 위대한 고대사? 찬란한 '열등감'에 관하여

- 심재훈 지음, 《고대 중국에 빠져 한국사를 바라보다》, 푸른역사, 2016
- 기경량 지음, 〈사이비 역사학과 역사 파시즘〉, 《역사비평 114》, 역사비평사, 2016
- 위가야 지음, 〈'한사군 한반도설'은 식민사학의 산물인가〉, 《역사비평 114》, 역사비평사, 2016
- 안정준 지음, 〈오늘날의 낙랑군 연구〉, 《역사비평 115》, 역사비평사, 2016
- 강진원 지음, 〈식민주의 역사학과 '우리' 안의 타율성론〉, 《역사비평 115》, 역사비평사, 2016
- 신가영 지음, 〈'임나일본부' 연구와 식민주의 역사관〉, 《역사비평 115》, 역사비평사, 2016
- 이정빈 지음, 〈한사군, 과연 난하 유역에 있었을까?〉, 《역사비평 115》, 역사비평사, 2016
- 김호동 지음, 《아틀라스 중앙유라시아사》, 사계절, 2016
- 편집부 엮음, 〈단군, 그는 누구인가〉, 《한국사 시민강좌 27》, 일조각, 2000
- 동북아역사재단 엮음, 《고조선 단군 부여》, 동북아역사재단, 2015
- 동북아역사재단 엮음, 《만주 그 땅, 사람 그리고 역사》, 동북아역사재단, 2007

# 심 선생의 한걸음 더

## 1 일본군 '위안부' 문제

### 1) 일본군 '위안부' 문제의 역사

| 시기 | 계기 | 내용 |
|---|---|---|
| 1단계<br>1990~2007 | 김학순 할머니 증언<br>↓<br>아시아여성기금을 통해 문제 해결 모색 | 일본군 '위안부' 피해자 김학순 할머니가 공개적으로 증언하다(1991. 8).<br>↓<br>역사학자 요시미 요시아키가 일본군과 정부의 개입을 입증할 자료를 일본 방위성에서 찾아내다(1992).<br>↓<br>일본 정부가 고노 관방장관 담화를 통해 '일본군 위안부 문제'를 인정하다(1993).<br>↓<br>위안부 문제에 대한 사죄와 보상을 둘러싸고 한일 간, 시민단체 간 갈등이 깊어지다.<br>↓<br>일본 정부가 '국민 모금'을 통해 '위로금'을 전달하는 방식(아시아여성기금)으로 문제를 해결하려 했지만, 여러 문제점을 남긴 채 2007년 활동을 종료하다. |
| 2단계<br>2000년대 중반 | 일본군 '위안부' 문제가 국제사회에 알려짐 | 유엔 여성차별철폐위원회에서 1994년, 2003년, 2004년, 2009년 등 네 차례에 걸쳐 일본 정부의 책임 인정과 배상을 촉구하다.<br>↓<br>유엔 고문방지위원회(2007), 시민적 정치적 권리위원회(2008)도 유사한 견해를 채택하다.<br>2007년은 위안부 문제와 관련해 뜻깊은 |

| | | |
|---|---|---|
| | | 해다. 미국 하원 의원(7월), 네덜란드 의회(11월), 캐나다 의회(11월), 유럽 의회(12월) 등이 같은 내용의 결의안을 채택하다. |
| 3단계<br>2011~현재 | 정부 간 협상을 통해<br>문제 해결 시도 | 이명박 대통령이 노다 일본 민주당 총리와의 정상회담에서 위안부 문제 해결을 요구하다(2011. 12. 교토). 이듬해 8월 이명박 대통령이 독도를 전격 방문하면서 양국 간의 갈등이 고조되다.<br>↓<br>뉴저지주 팰리세이즈 파크(2010), 뉴욕주 나소 카운티(2012) 등에 위안부 기림비가 설치되고, 캘리포니아주 글렌데일 시립 공원에는 해외 최초로 위안부 소녀상이 세워지다(2013. 7).<br>아베 자민당 총리가 일본 정치를 주도하는 가운데, 박근혜 정부와 위안부 문제에 대해 합의하다(2015. 12).<br>박근혜 정부의 일방적 합의로 위안부 문제가 심각한 국내문제로 떠오르다. |

### 2) 미수금 문제에서 청구 권리까지, 1965년 '한일협정'이라는 걸림돌

1945년 8월 15일, 마침내 일본이 패망합니다. 조선을 떠나 뿔뿔이 흩어져 있던 사람들은 해방을 맞아 고향으로 돌아갈 수 있게 되었습니다. 그런데 일본은 조선인 징용자 등에 대해 법적 책임을 회피하며 방치합니다. 고향으로 돌아가야 하는데 미수금을 받지 못하는 곤란한 상황이 발생한 거죠.

1945년 10월 14일, 해방된 지 두 달 만에 재일조선인연맹은 강력하게 문제 제기를 합니다. 해방되자마자 일본 각지에서 조선인 노동자들이 배상을 요구하면서 시위를 벌이기도 했지요. 당시 일본을 지배하던 연합군 최고사령부(GHQ)는 이 문제를 치안 문제로 인식했습니다. 사회 질서를 유지하는 데 가장 문제가 되는 사람들이 조선인과 중국인 노동자라는 월례 보고서까지 만들 정도였으니까요. 재일조선인연맹은 이러한 일본 정부의 추방 계획에 맞서서 미수금 지급을 요구했던 것입니다. 이에 일본 정부는 재일조선인연맹의 영향력을 차단하고자 개별 기업과 재일조선인연맹 간의 합의를 방해하고, 경찰력으로 재일조선인연맹을 탄압했습니다. 일본 후생성은 '조선인, 대만인 및 중국인 노동자의 급여 등에 관한 건'을 통해 '조선인연맹과 기타 유사 단체는 현재 일본에 있거나 이미 귀국한 조선인, 대만인 및 중국인의 임금에 관해서 사업주와 교섭할 권한이 없고 돈을 모을 권한이 없음'을 분명히 밝혔습니다.

연합군 최고사령부는 초기에는 합리적인 태도를 보였습니다. 1946년 일본 은행에 관리 계정을 개설해 기업들에 미수금을 입금하도록 명령했습니다. 이에 대해 일본 정부는 집요한 공작을 펼칩니다. 연합군 최고사령부 계좌 외에 일본 정부 예금 프로그램을 적극적으로 추진하는데, 연합군 최고사령부 계정에는 260만 엔이 모인 데 비해, 일본 정부 예금 계정에는 무려 9,600만 엔이 들어옵니다. 이렇게 모인 돈을 공탁금이라 하는데, 이 금액에 관해 일본 정부는 조선인들에게 어떤 통지도 하지 않다가 10년 후 기한이 다 되었다는 이유로 소멸해버리고 맙니다. 이후 연합군최고사령부 역시 태도를 바꿉니다. 1947년이 지나면서 유럽에서 냉전이 본격화되고, 1949년 중국국민당이 패배하고, 1950년에 한국전쟁이 일어나면서 미국의 대일본 정책은 급격하게 바뀝니다. 일본 경제를 부흥시켜 냉전의 방파제로 삼으려 한 것이죠. 당시 연합군 최고사령부 최고사령관 맥아더는 "일본의 경제 복구에 (미수금이) 장애물이 될 것"이라는 입장을 분명히 합니다. 1948년 대한민국 정부가 수립됨에 따라 식민 지배에 대한 배상을 요구했는데, 연합군 최고사령부 민간재산관리

국은 이를 거절했습니다. 하지만 개인 보상 요구에 대해서는 긍정적인 반응을 보였고, 여러 조사를 통해 약 2억 3,700만 엔에 달하는 미수금을 확인합니다.

그런데 여기서도 문제가 생깁니다. 당시 남한은 외국인 채권자 엔 계정을 남한에 돌리도록 요청했습니다. 하지만 연합군 최고사령부 법무국은 타당성이 부족하다는 이유로 남한의 요구를 받아들이지 않았죠. 해당 금액 대부분이 북한 거주자들의 지분이었고, 무엇보다 전쟁으로 금액 전달 자체가 불가능해졌기 때문입니다. 결국 한국전쟁이 한창인 1951년, 미국은 일본과 샌프란시스코 강화조약을 맺으면서 일본의 국가적 지위를 복원해줍니다. 그리고 연합군 최고사령부의 관리 계정과 외국인 채권자 엔 계정을 모두 일본 정부에 넘겨줘버렸습니다. 또한 미수금 문제는 한일 양국 정부의 협상을 통해 해결하도록 권유하면서 이 문제에 관여하지 않게 됩니다. 결국, 미수금 문제는 해결되지 않은 채 지난한 한일협상 국면을 맞게 되죠.

한일회담은 1950년대, 즉 이승만 정권 당시 네 차례 진행되었고 제2공화국 당시 제5차 회담이 이루어집니다. 하지만 애초에 한국 정부는 조선인 노동자의 미수금 현황에 대해 정확히 파악하지 못했습니다. 제2차 한일회담에 이르러서야 '군인, 군속', '노무자' 등에 대해 구분하기 시작했으니까요. 심지어 징용과 징병, 피해자의 수, 피해 보상금 역시 제대로 파악하지 못했기 때문에 회담에서 일관성을 유지할 수 없었습니다.

"청구권에 관한 문제가 완전히 그리고 최종적으로 해결된 것이 된다는 것을 확인한다."

"대일청구 요강에 관하여는 어떠한 주장도 할 수 없게 됨을 확인하였다."

결국 박정희 정권은 한일협정의 목표 자체를 피해자의 보상보다는 국가 차원에서 '경제협력 자금'을 받아내는 것으로 방향을 바꿉니다. 물론 제6차 한일회담에서 이전 정부와 유사한 형태의 보상액을 요구했는데, 결국 제7차 회담에서 정반대로 합의합니다. 한일청구권협정 제2조, 합의 의사록의 대일 청구 8개 요강에 정확히 쓰여 있습니다.

경제협력 자금을 받으면서 개인 청구권을 통한 미수금 문제를 완벽하게 포기한 것입니다. 대한민국 정부는 경제개발 명목으로 미수금을 비롯한 개인 청구권을 포기하고, 일본은 이를 통해 위안부 문제를 비롯해 차후 제기 가능성이 있는 각종 소송에서 승리할 수 있는 법적 요건을 확보하게 됩니다.

# 2 친일파 문제

## 우리 역사 속 친일파(기회주의)의 시공간

| 시기 | 대표 인물 | 내용 |
|---|---|---|
| **구한말** | **박영효,<br>윤치호 등** | 개화 정책의 방향을 두고 급진 개화파(친일)와 온건 개화파(친청)로 나뉘었다.<br>↓<br>러시아를 비롯한 서양 열강의 진출이 본격화되면서 '정동파'가 만들어졌다. 덕수궁 근처인 정동에 러시아, 미국 등 외국 공사관이 들어서면서 붙여진 별칭이다. '반일-친미/친러' 성향의 관료들이 주를 이루었다.<br>↓<br>청일전쟁(1894) 이후 청나라가 퇴조하고 러시아가 약진함에 따라, 주로 함경도를 기반으로 친러파가 등장한다. 조선의 멸망이 확실해지는 1900년대로 들어서면서 오늘날 의미에서 친일파, 친러파가 등장한다. |
| **강제 병합기<br>~무단통치기<br>(1904~1919)** | **이완용,<br>송병준 등** | **매국노:** 을사조약(1905)에서 한일병합조약(1910)으로 이어지는 과정에 대표적인 매국노들이 등장한다. 이완용은 정동파 관료였으나 을사조약을 주도하며 이토 히로부미의 눈에 든다.<br><br>**일진회:** 송병준은 이용구 등과 동학을 친일화하는 데 앞장선 인물이다. 결국 천도교에서 이탈해 시천교를 창립하고, 대표적인 친일 단체 일진회를 조직한다. 일진회는 의병, 애국 계몽 세력과 격렬한 다툼을 벌이기도 했다.<br>이 밖에도 '대한협회'처럼 애국계몽운동을 표방했으나 친일 단체로 전락하는 사례도 있었다. |

| | | |
|---|---|---|
| | | 강제 병합에 협력한 인사들은 대부분 조선귀족령에 의해 토지나 현금으로 호사를 누린다. |
| **문화통치기 (1920~1936)** | **이광수, 최린 등** | 3·1 운동(1919) 이후 사이토 마코토 총독이 부임하면서 '문화통치'를 표방한다. 무단통치가 실패하자, 적극적인 친일파를 육성해 식민 지배를 공고화하고 민족운동 진영의 분열을 도모한다.<br><br>**자치론:** 문화통치는 매우 효과적이었다. 수양동우회를 이끌던 민족주의 진영의 이광수와 동아일보 계열의 인사들은 자치론을 주장하며 일제와 협력을 시도한다. 또한 천도교 역시 최린이 이끌던 신파가 주도하면서 일제와 타협을 모색한다. 또한 이 시기에 일진회의 잔존 세력이 만주 일대에 진출해 친일 단체를 결성해 만주 독립운동의 의기를 꺾는 데 앞장선다. |
| **민족말살기 (1937~1945)** | **김성수, 김활란 박흥식, 박정희 등** | 1937년 중일전쟁이 일어나면서 일본과 중국은 전면전을 벌인다. 중국이 항복하지 않은 상태에서 제2차 세계대전이 일어나자, 일본은 동남아 지역을 장악한다. 이에 미국이 석유-철강 금수 조치를 내리는 등 강경하게 대응하자 일본은 하와이 진주만을 기습 공격한다. 이를 계기로 태평양전쟁(1941~1945)이 확대된다.<br>↓<br>중국-동남아시아-태평양으로 이어지는 긴 전선을 유지하기 위해 일제는 징용, 징병, 위안부 등 식민지 조선인들을 속여 강제로 동원한다. 김성수, 김활란 등의 교육·문화계 인사들은 적극적으로 일본의 침략 전쟁 정책의 홍보 노릇을 한다. 박흥식으로 대표되는 기업인들은 일제에 협력하면서 경제적인 이득을 도모한다. 당시 20대 청년이던 박정희, 정일권, 백선엽 등은 만주 |

| | | |
|---|---|---|
| | | 군관학교에 입학해 군인이 되어 독립군을 토벌하는 데 앞장선다. |
| 해방공간<br>(1945~1948) | 경찰, 한민당 등 | 해방 후 미 군정이 발표한 '맥아더 포고령'을 통해 친일파들은 일제강점기 당시의 지위를 유지한다. 미 군정이 좌익과 대립하면서 특히 경찰의 친일 성향은 해소되지 못한다.<br><br>대표적인 우익 정당인 한민당은 유력한 민족 지도자들이 참여했음에도 불구하고 지주, 친일파 정당이라는 오명에서 벗어나지 못했다. 식민지 시기 지주계급은 일제 식민정책에 협력하면서 경제적 이득을 도모했기 때문이다. 이들은 대한민국 수립 초기 토지개혁이나 친일파 척결 문제에 소극적이었다.<br>↓<br>이승만은 정치권력을 장악하는 과정에서 친일 관료, 경찰, 군인 세력을 대거 흡수한다. |
| 독재정권<br>(1952~1987) | | 4·19 혁명과 5·16 군사쿠데타를 통해 기존의 사회구조가 크게 바뀌며, 이승만 정권 때 위세를 떨치던 인사들이 제거된다. 하지만 다양한 형태로 살아남아 독재정권에 부역하는 사람들도 많았다.<br>↓<br>이승만–박정희–전두환 독재정권기는 기회주의가 문화화되는 시간이었다. |

## 3 식민지 근대화론을 앞세우는 '뉴라이트'

### 1) 뉴라이트 역사관의 특징

**뉴라이트 역사관은 거꾸로 만들어진 피라미드 같다. 이미 결론을 지어놓고 그에 맞추어서 과거를 설명하는 구조다. 그러다 보니 논리적으로 앞뒤가 맞지 않고, 자신들의 입장에 부합되지 않는 내용은 축약하거나 빼버리는 등 역사 왜곡을 쉽게 자행한다.**

| | |
|---|---|
| **1단계<br>식민지 근대화론** | 일제강점기를 통해 근대화를 경험했으며 다양한 유산을 물려받았다. 종래 '친일파'라고 불리는 사람들은 사실 근대화를 경험한 사람들이며, 이후 대한민국 건국과 산업화에 공을 세웠다. |
| **2단계<br>건국절** | 1945년이 아니라 1948년에 대한민국이 비로소 건국되었다. 대한민국의 정체성은 자유민주주의와 자본주의이다. 자유민주주의는 미국으로부터 선물받은 제도이며, 자본주의는 일제강점기를 통해 축적되었다. |
| **3단계<br>이승만 건국** | 이승만은 자유민주주의를 수호했으며 자본주의의 기초를 마련했다. 자유민주주의를 수호하기 위해 반공 노선을 명확히 하고 한미 동맹을 강화했다. 종래 친일파라고 불리는 건국 세력은 이승만과 함께 대한민국을 발전시켜나갔다. |
| **4단계<br>박정희 부국** | 박정희는 대한민국을 완성한 인물이다. 조국 근대화, 즉 산업화를 통해 정부가 주도하는 수출 주도형 경제 전략으로 대한민국을 풍요로운 나라로 만들었다. 비록 과정상 흠이 있지만, 이런 압축 성장을 통해 이후 민주주의가 발전할 수 있는 토양을 만들었다. |

### 2) 뉴라이트의 역사 쿠데타

**뉴라이트는 끊임없이 정치적인 수단을 이용해 역사교육을 뒤흔들고 바꾸려고 노력했다. 하지만 이를 주장하는 역사학자는 거의 없으며, 역사교육에 대한 이해는 거의 없다. 정치학·경제학 등 주로 사회과학 계열의 일부 학자들이 참여해 과장된 주장을 내세우는 데 주력한다.**

| | |
|---|---|
| **1단계<br>교과서<br>수정 명령** | 이명박 정부 들어서서 교육부의 검인정 권한을 악용해 한국사 교과서를 강제로 수정하려 했다. 집필자들의 동의 없이 교과서 내용을 고쳤으며, 이에 반대하는 역사학자들을 좌익 세력으로 몰았다.<br>무엇보다 교육부가 '집필 기준'을 통제하면서 본인들이 원하는 교과서를 만들고자 하는 것이 여러 문제를 낳았다. |
| **2단계<br>교학사 한국사<br>교과서 파동** | 뉴라이트 계열의 학자들이 대거 참여하여 한국사 교과서를 만들었다. 같은 시기에 출간된 기존 검인정 교과서와 확연히 다른 서술 방식이었음에도 불구하고 국사편찬위원회 심의를 통과했다. 하지만 수천 개 오류가 발견되고, 친일·독재를 미화하는 많은 문제로 교육 현장의 거센 반발을 불러일으켰다. 결국 교과서 채택률이 0.01퍼센트 미만에 그쳤다. |
| **3단계<br>교과서 국정화<br>결정** | 박근혜 정부 들어서 우선 대학수학능력시험에서 한국사를 필수 과목으로 지정했다. 이후 역사학계와 역사교육계, 국민 여론의 절대적인 반대에도 불구하고 한국사 교과서 국정화를 단행했다.<br>그 과정에서 역사 교과서는 물론이고 학교 교과서 대부분이 좌익 사상에 물들었다는 극단적인 주장까지 나왔다. |
| **4단계<br>국정교과서<br>파동** | 집필 기준과 집필자를 공개하지 않은 채 통상 2~3년 걸리는 교과서 제작 기간의 절반도 되지 않은 기간, 약 10개월 동안 국정교과서를 집필했다.<br>공개된 검토본 교과서는 박정희 정권에 대해 극도로 미화하고 있을 뿐 아니라 뉴라이트의 역사관을 충실히 따랐다. 역사교육에 대한 몰이해로 어휘 사용, 내용과 분량 등에서 학교교육에 적합하지 않은 수준으로 제작되었다. 박근혜 정권이 탄핵되면서 교과서도 함께 폐기되었다. |

# 4 이승만 문제

## 1) 해방 초기의 역사(1945~1950)

| 시기 | 계기 | 내용 |
|---|---|---|
| 1945. 8. 15. | **해방** | 해방과 함께 북한에는 소련군이, 남한에는 미군이 들어왔다. 38 도선을 기준으로 남한에서는 하지 중장을 중심으로 '군정(軍政)'이 시작된다. |
| 1945. 12. | **모스크바 3국 외상회의** | 미국-소련-영국의 수뇌부가 모스크바에 모여서 세 가지 사항에 합의하다. 첫째, 한반도에 임시 민주주의 정부를 수립한다. 둘째, 미소공동위원회가 구성되어 미국과 소련의 합의로 정부를 수립한다. 셋째, 최대 5년간의 신탁통치를 한다.<br>↓<br>신탁통치 문제를 두고 심각한 좌우 갈등이 일어난다. 특히, 《동아일보》에서 신탁통치를 소련이 주장했다고 잘못 보도하면서 '반공주의'가 고개를 들기 시작한다. 신탁통치는 미국이 제안한 것인데, 이를 미 군정이 알면서도 침묵해 갈등이 깊어진다. |
| 1946 | **좌우 갈등** | **좌우 갈등:** 김구의 주도로 우익은 '반탁운동'에 매진한다. '신탁은 또 다른 식민'이기 때문에 절대 거부 의사를 밝힌다. 박헌영을 중심으로 한 좌익은 초기의 반탁 노선을 버리고 찬탁으로 돌아선다. 1946년 3·1절 기념식을 기점으로 좌익과 우익의 물리적 충돌이 본격화된다. 또한 월남 인사, 친일파 등이 합류하면서 우익이라는 개념이 '민족주의'에서 '반공주의'로 변질되기 시작한다.<br>↓<br>미소공동위원회 회담이 열린다. 소련은 반탁운동을 하는 단체들의 정부 수립 참여를 거부했고, 이것이 문제가 되어 결국 미소공동위원회가 중단되고 만다.<br>↓ |

| | | |
|---|---|---|
| | | 이승만은 정읍에서 '남한만의 단독정부 수립'을 주장한다. 반공주의 입장에서 사실상 최초로 분단을 주장한 것이다.<br>↓<br>이에 반대해 미 군정의 지원을 받은 여운형과 김규식은 '좌우합작 운동'에 매진한다. 좌우합작 7원칙을 제안하는 등 좌익과 우익의 여러 요구 사항을 수용하며 타협을 도모했지만 실패로 끝난다. |
| 1947 | **냉전** | 동유럽의 공산화로 유럽에서 미국과 소련의 대립이 본격화된다. 미국 대통령 트루먼은 독트린을 발표해 냉전을 공식화한다.<br>↓<br>제2차 미소공동위원회가 실패한다. 소련은 북한 지역에서 우익을, 미국은 남한 지역에서 좌익을 탄압하며, 자국에 우호적인 정부를 수립하려 한다.<br>↓<br>좌우합작의 지도자 여운형이 암살된다. |
| 1948 | **남북협상** | 분단이 사실상 확정된 상태에서 극적으로 입장을 바꾼 김구가 김규식과 함께 남북협상을 주도한다. 북한을 방문해 김일성, 김두봉 등을 만나지만, 성과 없이 돌아오고 만다. 김구와 김규식 일파는 분단된 정부 수립에 참여하지 않겠다고 선언하며 정치 참여를 거부한다.<br>↓<br>미 군정의 잘못된 정책, 친일 경찰의 무리한 치안 정책, 좌익의 무장 투쟁 등이 결합하며 제주 4·3 사건, 여수·순천 10·19 사건이 발생한다. 이 와중에 광범위한 민간인 학살까지 벌어진다.<br>↓<br>혼란에도 불구하고 높은 투표율로 5·10 총선거가 치러지고, 제헌국회가 구성된다. 7월 17일에는 제헌헌법이 제정되고, 8월 15일에는 대한민국 정부가 수립된다.<br>↓ |

| | | |
|---|---|---|
| | | 반민특위를 통해 친일파 처단을 시도하지만 실패한다. 이후 농지개혁(1949)과 귀속재산처리(1949) 등이 이루어지는 등 중요한 사회·경제적 변화가 진행되지만, 1950년 한국전쟁이 일어난다. |

## 2) 이승만 정권 13년사

| 집권기 | 방식 | 내용 |
|---|---|---|
| **초대 대통령 (1948)** | **국회 간선제로 대통령 선출** | 제헌의원 및 초대 국회의장을 거쳐 초대 대통령이 되다(1948. 8).<br>↓<br>제헌헌법에서 제정한 농지개혁과 귀속재산처리와 달리, 친일 '반민족 행위 처벌법'에 관해서는 '반공'을 내세워 소극적으로 대응하다. 친일 경찰 노덕술 체포 이후 경찰이 반민특위를 습격하는 등 경찰의 적극적인 저항 행위를 방관하고 친일파 처단을 무마시킨다(1948~1949).<br>↓<br>한국전쟁이 일어나다. 미국 덕분에 전세를 뒤집을 수 있었으며, 전쟁 중에 리더십을 발휘하지 못한다. 끝까지 북진 통일론을 포기하지 않으며, 휴전 협상을 반대하기 위해 거제도 반공 포로수용소에서 '반공 포로 석방 사건'을 일으키기도 한다(1950~1953). |
| **장기 집권 (1948~1960)** | **개헌** | 제2대 국회의원 선거에서 반이승만 계열의 국회의원이 대거 당선되면서 이승만 대통령 재선이 불투명해지다. 전쟁 중인 1952년 임시수도 부산에서 정치 파동을 일으켜서 발췌개헌에 성공, '대통령 직선제'로 헌법을 바꾼다. 이 새로운 헌법에 의해 재선에 성공한다.<br>↓<br>이승만은 세 번째로 대통령이 되기 위해 초대 대통령에 한해 중임 제한을 철폐하는 사사오입 개헌(1954)을 시도한다. 무리한 개헌 시도로 간신히 대통령이 되지만(1956), 야권 지도자인 신익희와 조봉암 열풍이 일어나 |

| | | |
|---|---|---|
| | | 고 야당인 민주당이 성장하는 등 집권 체제에 위기를 맞는다.<br>↓<br>1958년부터 이승만 정권은 독재 체제를 강화한다. 간첩 사건을 조작해 혁신계 정당 진보당을 해산시키고 조봉암을 사형에 처한다. 또한 국가보안법을 더욱 엄격하게 강화했으며, 당시 야당 신문이었던 《경향신문》을 폐간시킨다. |
| **몰락** | **4·19 혁명** | 1960년 네 번째로 대통령선거에 나서면서 대규모의 부정선거를 도모한다. 이에 시민들이 격분하고, 마산에서는 3·15 의거가 일어났는데, 마산상고 1학년생 김주열 군이 최루탄에 맞아 사망하는 사건이 발생한다.<br>↓<br>경찰이 발포해 사망자가 발생했으며 시위는 전국으로 들불처럼 번진다. 고려대학교를 중심으로 대학생들이 대통령 하야 시위를 주도했으며, 초·중·고생까지 궐기한다. 미국 역시 이승만의 하야를 권고했으며, 전국 교수단까지 합세하고 민심이 걷잡을 수 없자, 이승만은 하와이로 망명한다. |

## 5 박정희 문제

### 1) 박정희 정권 20년사

| 집권기 | 방식 | 내용 |
|---|---|---|
| **군사정권 (1961~ 1963)** | **군사쿠데타/ 개헌** | 쿠데타 성공 이후 '혁명 공약'을 발표하여 '반공 강화', '경제 발전'을 천명한다.<br>↓<br>초헌법적 최고 기구인 국가재건최고회의를 구성하고 의장으로 취임한다.<br>↓<br>부정 축재자 처벌, 정치 깡패 소탕, 농어촌 부채 정리 등 각종 상징적인 개혁 조치를 내린다.<br>↓<br>모든 정치활동을 금지한 상태에서 중앙정보부, 공화당 등을 만들어 권력을 독점한다. 중앙정보부는 시작부터 각종 부정부패에 연루된다.<br>↓<br>제1차 경제개발 5개년 계획을 실시한다. 이후 국가가 주도하는 개발 경제체제가 대한민국 경제 모델의 주요한 요소로 자리 잡는다.<br>↓<br>혁명 공약을 지키지 않고 군인에서 민간인이 된 박정희는 대통령선거에 출마해 대통령이 된다. |
| | | 무기력한 야당에 정치적으로 승리하며 박정희는 재임에 성공한다.<br>↓<br>1965년 박정희 정권은 일본과의 외교관계를 재개한다(한일협정). 협상은 난항을 거듭했지만 '김종필-오히라 메모'를 통해 6억 달러(무상 3억, 유상 2억, 상업 차관 1억)로 식민지 문제를 청산한다. 이를 통해 한미일 3각 안보 체제가 만들 |

| | | |
|---|---|---|
| **제3공화국 (1960년대)** | **개헌** | 어지는 등 동아시아 냉전 구조는 더욱 공고해진다.<br>하지만 한일협정은 '굴욕적인 외교 협상'이라는 비판을 받으며 6·3 시위 등의 강력한 국민적 반발에 직면한다. 또한 독도 문제를 해결하지 못했으며 재일 동포의 법적 지위 문제, 사할린 동포 문제, 원폭 피해자 문제, 30만 점에 달하는 문화재 반환 문제 등 여러 문제에 대해 합의를 끌어내지 못한다. 또한 무엇보다 식민 지배에 대한 명확한 사과를 받아내지 못한다. 특히, 개인 청구권이 소멸되어 일본군 '위안부'를 비롯한 피해자들의 보상 문제에 현재까지도 큰 걸림돌이 되고 있다.<br>↓<br>베트남전쟁에 국군을 파병한다. 미국은 브라운 각서(1964)를 통해 한국군의 현대화를 비롯해 파병에 대해 다양한 보답을 한다. '베트남 특수'로 불리는 경제적 이득을 누린다. 하지만 불의한 전쟁에 참여해 경제적 이득을 취하거나, 현지에서 베트남인들에 대한 만행이 자행되고, 고엽제 문제 등 심각한 사회적 후유증이 남았다.<br>↓<br>경공업이 발전하며 본격적으로 산업화가 진행된다. 이 과정에서 정경유착, 도시 빈민, 저임금-저곡가 문제 등 다양한 사회문제가 발생하기도 한다. 1970년에는 경부고속도로-포항제철 등의 산업 기반이 마련되며, 전태일 분신 사건을 통해 노동문제가 제기되기 시작한다.<br>새마을운동도 이 시기부터 본격화된다. 농촌의 외형을 바꾸는 긍정적인 효과도 있었지만, 이촌향도 현상이 심화되는 등 농촌문제가 더욱 심각해진다. |
| | | '이번이 마지막'이며 '경제 발전을 위해 부득이'하다며 3선 개헌(1969)을 추진한다.<br>↓<br>중·미 관계가 개선되며 닉슨 독트린(1969)을 통해 '냉전 완화'가 공식화된다. 또한 여촌야도 현상이 두드러지는 가운데 가까스로 야당 김대중 후보를 누르며 또 대통령이 된다(1971). |

| | | |
|---|---|---|
| 유신<br>(1970년대) | 친위 쿠데타/<br>개헌 | ↓<br>1972년 10월 17일 오후 7시를 기준으로 국회를 해산하고 모든 정치활동을 금지하며 '유신체제'가 선포된다. 대통령은 국민이 직접 뽑지 않고 '통일주체국민회의'에서 간선제로 뽑는다. 대통령의 임기는 6년, 중임 제한은 완전히 철폐된다. 또한 국회의원의 3분의 1은 박정희가 직접 지명한 유신정우회가 차지한다. 법관도 대통령이 직접 임명했으며 국회해산권 또한 가진다. 대통령은 '긴급조치권'을 통해 헌법도 중지시킬 수 있는 강력한 권한을 부여받는다.<br>↓<br>유신체제에서 대한민국은 극단적인 독재국가가 된다. 민청학련 사건(1974) 같은 숱한 인권유린 사건이 발생한다. 또한 학도 호국단, 민방위대 창설 등 군사 통치가 강화되며, 국민의 문화생활까지 통제하기 시작한다.<br>↓<br>본격적으로 중화학공업을 일으키기 시작한다. 제1차 석유파동(1973~1974)이 일어나지만 중동 진출 등을 통해 극복한다. 하지만 재벌 체제가 굳어지며, 중복투자 등 과잉투자 문제로 무역 적자 현상이 심각해지고, 지가·물가 상승 등 다양한 경제문제가 발생한다. 또한, 유신체제에 저항하는 재야 정치운동, 노동자에 대한 인간적 권리를 요구하는 노동운동도 시작된다. |
| 몰락<br>(1979) | 암살 | YH무역의 여공들이 불법적인 사업장 폐쇄에 반발해 당시 야당인 신민당 당사에서 농성 시위를 벌인다. 이를 진압하는 과정에서 여공 1명이 사망하고 기자와 국회의원까지 구타를 당하는 등 심각한 문제가 발생한다.<br>↓<br>박정희 정권은 인권 외교를 표방한 카터 미국 대통령과 외교적 갈등을 빚는다. 신민당 총재 김영삼의 《뉴욕타임스》 인터뷰를 문제 삼아 사상 최초로 국회의원을 제명하는 사태도 발생한다.<br>↓<br>제2차 석유파동으로 인해 심각한 경제위기가 발생했으며, 부산과 마산에서는 민주항쟁이 시작된다. |

| | | ↓<br>10월 26일, 최측근인 중앙정보부 부장 김재규가 대통령 박정희와 비서실장 차지철을 살해하면서 유신체제가 붕괴한다. |
|---|---|---|

### 2) 타이완의 경제체제, 박정희 경제체제와 대조를 이루다

일본은 메이지유신에 성공한 후 근대국가로 발돋움합니다. 그리고 농민이나 소상공인을 억누르고 대기업이나 보다 큰 사업 단위, 자본 단위를 중심으로 경제성장을 도모합니다. 의미 있는 성공을 거두긴 했지만 대기업 중심의 사회구조가 이때부터 고착되지요. 그리고 1920년대 후반부터 '다이쇼 데모크라시'로 대표되는 일본의 민주주의가 쇠퇴하고, 극우파와 군부가 정치적 영향력을 발휘하면서 대기업들은 단숨에 재벌로 발돋움합니다. 전쟁을 통해 거대한 군수산업이 발전했기 때문입니다. 실제로 일본은 청일전쟁, 러일전쟁, 제1차 세계대전 등을 겪으면서 지속적으로 군비 확장을 해왔고 이후 만주사변, 중일전쟁, 태평양전쟁을 대비하면서 다시 한번 군수산업의 극적인 확대를 경험합니다. 결국, 대규모 자본을 동원해 국가정책에 부합할 수 있었던 미쓰비시, 미쓰이, 스미토모 같은 대기업들이 군수산업을 장악하면서 몸집을 더욱 부풀렸고, 전시경제의 이득을 독점하면서 일본식 재벌 구조를 확립합니다.

이와 유사한 구조가 우리나라에서도 나타납니다. 이승만 정권 때 일본이 남기고 간 귀속 자본을 처리하는 과정에서 새로운 경제 세력이 대두하기는 하지만, 기업의 규모가 미미해 영향력을 행사했다고 볼 수 없습니다. 하지만 박정희 정권 이후 지속적인 경제개발 사업이 진행되고, 그에 맞추어 재벌 중심의 경제구조가 형성됩니다.

정부가 주도한 경제성장이었고, 대기업들은 박정희 정권이나 전두환 정권에 정치자금을 제공하는 대가로 사업 특혜를 받는 이른바 정경유착이 생길 수밖에 없었고, 재벌은 자의든 타의든 독재 정권의 자금 지원처로써 중요한 역할을 하게 됩니다. 정부가 경제를 주도해 대기업에 특혜를 줌으로써 기업을 정치권력의 하수인처럼 만드는 구조, 그리고 정부 시책을 따라야 경제적 이득을 불릴 수 있는 구조는 결코 필연적인 것이 아닙니다.

1949년 이후 타이완을 살펴봅시다. 국민혁명(1927) 이후 중국을 장악했던 장제스와 국민당 정권은 여러 문제로 대륙에서 쫓겨나 타이완으로 넘어옵니다. 따라서 새로운 경제 모델을 구축하기 위해 노력하지요.

타이완의 중앙은행은 막강한 권한을 가지고 있습니다. 우선, 중앙은행의 중추를 이루는 상임 집행위원회는 전체 7명 중 2명만이 정부 측 인사입니다. 즉, 정부의 영향력이 제한적이죠. 그런데도 타이완 중앙은행은 국내 모든 금융기관을 감독하고 국제통화기금을 보유하며 환율을 조정할 수 있는 권한까지 갖고 있어요. 그리고 역으로 중앙은행 총재가 타이완 관료 사회에 강력한 영향력을 행사할 수 있고요. 즉, 정부 권력에 종속되지 않는 상당한 자율성을 확보하고 있다고 보면 됩니다.

그렇다면 우리나라는 어떨까요? 우리나라 역시 중앙은행인 한국은행이 있습니다. 하지만 이승만 정권 당시 산업은행이 별도로 있었고 이에 따라 전체 여신의 41.7퍼센트를 재무부 산하 산업은행이 담당하는 등 중앙은행의 영향력이 제한적이었죠. 박정희 정권이 들어서면서 중앙은행은 재무부의 통제를 받게 되죠. 한국은행 중추인 금융통화위원회 의장은 재무부 장관이 맡고, 정부 추천 위원이 9명 중 6명이 됩니다. 한국은행장은 재무부 장관의 추천과 내각의 승인을 얻어야 했고, 대통령은 임기 중에라도 한국은행장을 해임할 수 있었습니다.

이때부터 재무부는 사실상 한국은행의 정책을 모두 통제하게 됩니다. 한국은행은 예산 계획을 정부에 보고하고, 정부는 이를 원하는 대로 관리합니다. 환율 관리 역시 한국은행이 아닌 재무부의 별도 관리 사항으로 이임되고요. 즉, 모든 국가 주요 경제정책이 정부 주관으로 진행되는 거죠. 중앙은행의 자율성이나 중앙은행에 대한 민간의 영향력, 그리고 중앙은행이 정부에 영향력을 행사하는 모습은 찾아볼 수 없게 됩니다.

은행을 관리하는 데서도 이렇게 방식이 전혀 달라요. 타이완은 사실상 정부가 금융기관을 소유하고 관리했지만, 우리나라는 정부가 주요 상업은행들을 민간에 매각했고 이 과정에 재벌들이 상업은행의 주식을 매입하면서 상업은행 대부분을 간접적으로 지배하는 꼴이 되었습니다. 즉, 타이완의 경우 금융기관을 정부가 통제하고 다시 중앙은행이 금융기관을 통제하며 상호 견제성을 높이고 민간 부문의 자율화를 극대화했다면, 우리의 경우에는 정부와 재벌이 공동으로 금융을 지배하면서 민간 부문에 대한 지배력을 높였죠. 쉽게 말해, 정부와 대기업이 국내 시장을 좌지우지할 수 있는 모든 힘을 갖고 있는 것입니다.

여러 정치적인 이유가 있기는 했지만, 타이완은 대기업이나 대자본가를 통제하고 중소기업과 농민을 국가 발전의 파트너로 삼았다는 점에서도 우리와 대조되지요. 특히 장제스의 뒤를 이은 장징궈 총통 때는 금융자원의 배분을 통한 중소기업 지원에 집중적인 노력을 기울였고, 중화농민은행, 타이완 토지은행 등은 중앙은행의 관리하에 농민들에 대한 금융 지원을 체계화했습니다. 반면에 우리나라는 대기업이 정부 대출의 집중 대상이 되었고, 그만큼 재벌 집중 구조가 만들어진 것이고요.

지금도 이 구조는 여전합니다. 1997년 외환 위기 이후 살아남은 재벌들이 세계적 기업으로 성장하면서 대기업의 지배 구조가 더욱 심화하는 형편이지요. 대형마트, 아울렛 매장을 넘어서 동네 골목 상권까지 대기업 브랜드가 잠식하는 과정은 이러한 경제 모델에 따른 결과입니다.

## 6 고대사 문제

### 1) 고대사 논쟁의 특징

| 주장 | 내용 |
|---|---|
| **고대사 논쟁은 단순하다** | 재야사학계, 환단고기 신봉자들이 주도한다. 재야사학계의 경우 다양한 분파가 각기 다른 주장을 하는 일이 대부분이고, 비슷한 입장을 취할 때는 거의 같은 내용을 다양한 형태의 책으로 출간하기도 한다. 고고학을 전공한 학자가 거의 없으며, 특정 주장을 숭배한다. 학술적 성과보다는 대중 강연 등을 통해 영향력을 행사하고자 한다. 특히 환단고기 신봉자의 경우 종교적 색채가 강하다. |
| **고대사 논쟁은 반복적이다** | 대부분 '보다 넓고, 더욱 강하다'는 것을 강조한다. "고조선의 근거지는 중국 영토에 있었으며, 환국은 만주와 시베리아, 북중국을 아우른다.", "고구려-백제-신라는 당대 동아시아 전체를 호령했으며, 통념보다 광대한 영토를 확보하고 있었다.", "중앙아시아 지역에서 발견되는 여러 흔적 역시 모두 우리 민족과 관련 있다."<br>내용이 조금 바뀔 뿐 사실상 논리는 거의 같다. 과도한 민족주의라고 비판할 수도 있겠지만, 차라리 유사 역사학이라는 정의가 어울릴 정도로 단순하고 반복적이다. |
| **기존 역사학을 식민사학이라고 매도한다** | 기존의 역사학계는 일제 식민사학을 그대로 계승했다고 규정한다. 하지만 다양한 연구 성과에 대한 세세한 비판이나 대안을 제시하지 못한다. 또한, 무리한 주장을 반복하면서 북방 유목민족사, 중앙아시아사, 고대 문명사까지 함부로 규정하기도 한다. 무엇보다 신화학, 고고학, 문화인류학을 비롯한 다양한 인접 학문의 발달에 대한 이해가 없다.<br>즉, 연구자가 없고, 논리가 지극히 단순하고, 기존 학계의 연구 성과에 대한 이해가 없고, 반복적이며 공격적인 주장을 펼친다. 최근에는 집단적·정치적 영향력을 행사하려고 하는 과정에서 뉴라이트와 유사한 태도를 보인다. |

### 2) 동아시아사 연표

| | 중국 | 만주/한반도 | |
|---|---|---|---|
| 기원전 2500년경 | 황허문명 | | |
| 기원전 1600년경 | 상나라 성립 | | |
| 기원전 1000년경 | 주나라 성립 | | |
| 기원전 770년경 | 춘추시대 | | |
| 기원전 403년경 | 전국시대 | | |
| 기원전 221년경 | 진나라 성립 | 기원전 108년 고조선 멸망 | 북방 유목 민족 국가인 '흉노' 등장 |
| 기원전 201년경 | 한나라 성립 | | |
| 25년경 | 후한 성립 | 기원 전후 고구려, 백제, 신라 등 연맹왕국 등장 | |
| 250년경 | 한나라 멸망<br>위진남북조시대 개막 | | |

유적, 유물, 문헌으로 확인 가능한 범위에서 학계는 통상 이 같은 연표로 동아시아의 역사를 설명한다. 황허강과 양쯔강 유역에서는 다수의 신석기 문화가 발전했으며, 기원전 2500년경에는 청동기를 기반으로 황허강 일대에서 선진적인 문명이 발전하기 시작하며 이곳을 중심으로 고대 중국의 역사가 시작한다.

만주와 한반도의 경우 기원전 1500년경을 전후해 다양한 형태의 청동기, 도자기 등의 유물이 발견되면서 통상 이 시점에 고조선이 역사에 등장했다고 본다.

### 3) 만주 일대의 지리 정보

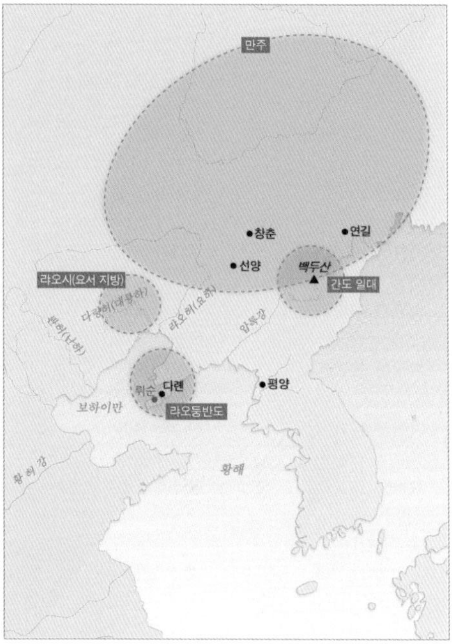


중국 동북 지역의 남부에 위치한 요하(랴오허)의 동쪽을 요동, 요하의 서쪽을 요서라고 한다. 요동 지역을 두고 고구려, 중국 세력 그리고 북방 민족 등이 오랜 싸움을 했는데, 고구려의 전성기인 광개토대왕 때 고구려에 복속되었다. 하지만 고구려 후기로 접어들면서 이 지역에 대한 지배권은 매우 약화되었으며, 발해 역시 요동 지역을 온전히 확보하지 못한다. 공민왕-최영-정도전 등이 이 지역을 장악하기 위해 노력했다고는 하나 이 시도에 큰 의미를 부여하기는 어렵다.

랴오둥반도 맨 끝에는 뤼순, 다롄 같은 대표 도시들이 있는데, 러시아와 일본이 이 지역의 지배권을 두고 치열한 공방전을 벌였다(러일전쟁). 오늘날에는 요동, 요서 일대가 중국의 '랴오닝성'에 포함되며 이 지역을 두고 '고조선 위치 논쟁'이 치열하다.

간도는 압록강과 두만강을 넘어 백두산 일대의 지역을 가리킨다. 백두산 북쪽을 북간도, 서쪽을 서간도로 통칭하는데, 한인들 대부분이 북간도에 살았기 때문에 통상 간도라고 할 때는 북간도를 의미한다. 만주와 간도의 개념은 전혀 다르다. 만주는 요동을 포함한 오늘날 중국의 동북 3성 모두를 지칭하는 넓은 지역이며 고구려와 발해뿐 아니라 북방 민족이 땅을 나누고 살던 지역이기도 하다.

사실 지리적인 기준은 시기에 따라 바뀌며 그 경계선이 명확하지 않다. 시베리아와 만주의 경계가 모호하고, 만주와 간도 역시 정확하게 구분되지 않는다. 심지어 만주와 요동을 분리해서 생각하기도 했다. 이러한 지역 개념을 우리의 편의에 따라 구분해서 더욱 광대하고 넓은 지역을 차지했다고 주장한다면, 동북공정을 통해 고구려와 발해 및 유목 민족의 역사까지 자국의 역사라고 주장하는 중국과 크게 다를 바가 없을 것이다.

혐오와 왜곡, 감정싸움 없이 한국사를 이야기하는 법

**한국사를 이성적으로 논하고 싶은 당신을 위한 안내서**

**1판 1쇄 발행일** 2017년 3월 13일
**개정판 1쇄 발행일** 2023년 5월 1일
**개정판 2쇄 발행일** 2023년 7월 17일

**지은이** 심용환

**발행인** 김학원
**발행처** (주)휴머니스트출판그룹
**출판등록** 제313-2007-000007호(2007년 1월 5일)
**주소** (03991) 서울시 마포구 동교로23길 76(연남동)
**전화** 02-335-4422 **팩스** 02-334-3427
**저자·독자 서비스** humanist@humanistbooks.com
**홈페이지** www.humanistbooks.com
**유튜브** youtube.com/user/humanistma **포스트** post.naver.com/hmcv
**페이스북** facebook.com/hmcv2001 **인스타그램** @humanist_insta

**편집주간** 황서현 **기획** 최윤영 **편집** 이여경 이영란 **디자인** 유주현 **일러스트** 김민지 **지도** 임근선
**용지** 화인페이퍼 **인쇄** 삼조인쇄 **제본** 해피문화사



ISBN 979-11-6080-999-2 03910